高职高专“十二五”规划教材

统计学基础

主　编　陈英乾　单　芳

副主编　申瑞芳　钟小敏

　　　　安　兵　王　霞

参　编　关卫棉　马文静

南京大学出版社

内容简介

统计学是经济、管理类专业的核心课程。《统计学基础》是根据高等院校专业基础课程教学基本要求编写而成，融科学性、基础性和实用性为一体，既可作为高等院校经济管理类专业统计学基础课教材，也可作为统计人员的业务培训教材。教材共十章内容，分别是总论、统计调查、统计整理、总量指标和相对指标、平均指标和变异指标、抽样推断、相关和回归、时间数列、统计指数、Excel 在统计中的应用。每章都配有大量的综合练习题，并提供了参考答案，使学生能对所学理论知识进行系统的训练，也为教师授课提供帮助。

图书在版编目(CIP)数据

统计学基础 / 陈英乾，单芳主编. — 南京：南京大学出版社，2015.2(2016.7 重印)
高职高专"十二五"规划教材
ISBN 978-7-305-14738-8

Ⅰ. ①统… Ⅱ. ①陈… ②单… Ⅲ. ①统计学-高等职业教育-教材 Ⅳ. ①C8

中国版本图书馆 CIP 数据核字(2015)第 030144 号

出版发行 南京大学出版社
社　　址 南京市汉口路 22 号　　邮　编 210093
出 版 人 金鑫荣

丛 书 名 高职高专"十二五"规划教材
书　　名 统计学基础
主　　编 陈英乾　单　芳
责任编辑 张建霞　王抗战　　编辑热线 025-83597482

照　　排 南京南琳图文制作有限公司
印　　刷 扬州市江扬印务有限公司
开　　本 787×1092　1/16　印张 16.5　字数 408 千
版　　次 2015 年 2 月第 1 版　2016 年 7 月第 2 次印刷
ISBN 978-7-305-14738-8
定　　价 36.00 元

网址：http://www.njupco.com
官方微博：http://weibo.com/njupco
官方微信号：njupress
销售咨询热线：(025) 83594756

前 言

统计是认识自然、认识社会客观规律的重要方法。人们在科学研究、经济管理活动以及日常生活中都离不开统计。只有学会利用统计工具，才能了解事物的本质，把握现象发展的规律，更好地为社会主义市场经济服务。教育部已将“统计学”列为高等院校经济管理类各专业的共同必修课程，这些都说明统计课程在经济学科中具有重要地位。因此，学习和掌握统计的基本原理和方法已成为从事经济理论研究和社会管理工作的基本要求。

为了顺应市场经济发展对统计信息的要求，我们组织了长期在统计一线工作的有关人员编写了这本《统计学基础》。在编写过程中，我们参阅了大量的有关书籍和最新的统计资料，力求内容新、结构新，具有实用性、针对性和通俗易懂的特点。

本书由河南牧业经济学院陈英乾、中州大学单芳担任主编，河南牧业经济学院申瑞芳、广西经贸职业技术学院钟小敏、河南牧业经济学院安兵、鹤壁职业技术学院王霞担任副主编，开封文化艺术职业学院关卫棉、河南牧业经济学院马文静参与了编写工作。最后由陈英乾对全书进行总纂、修改和定稿。

由于编者自身的水平及统计学本身的改革和发展，本书难免存在疏漏与不妥之处，恳请读者批评指正。

编者

2015 年 1 月

前　言

编者

2015年1月

目　录

第一章　总　论

学习目标

本章的目的在于从总体上对统计学提供基本的解释。通过本章的学习，要求理解：1. 社会经济统计学的研究对象及其学科性质；2. 统计活动过程和统计研究的基本方法；3. 统计的职能和特点；4. 统计学的基本概念和范畴。本章的内容为以后各章的学习奠定基础。

内容框架图

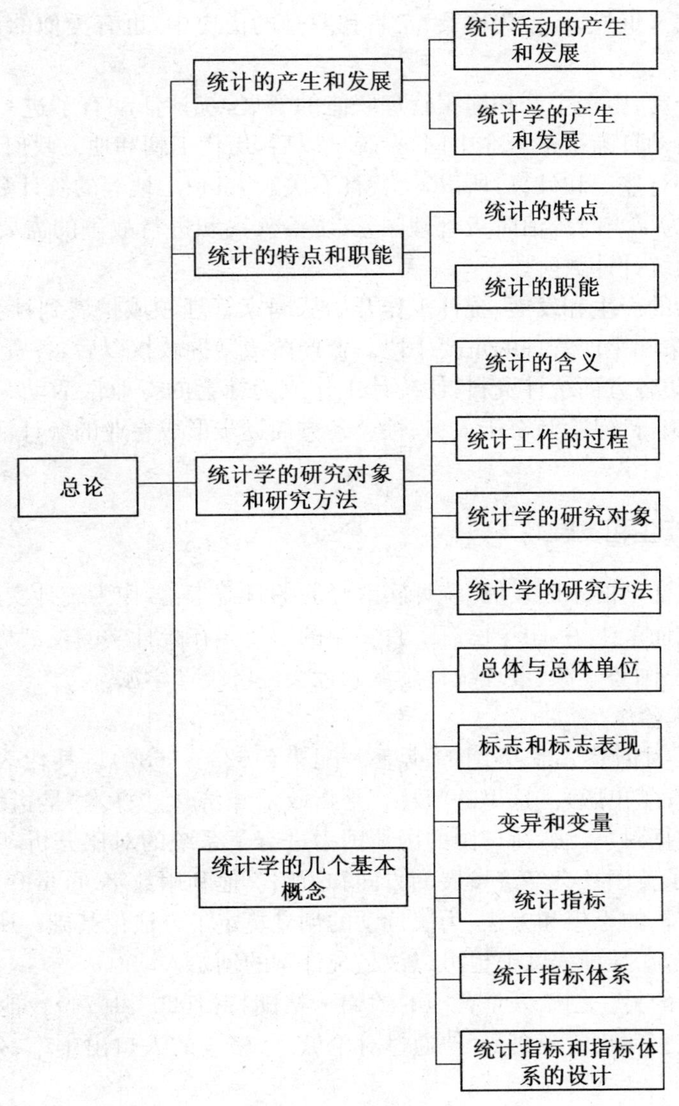

第一节 统计的产生和发展

一、统计活动的产生和发展

统计作为一种社会实践活动，是为了适应社会政治经济的发展和国家管理的需要而产生和发展起来的。最初的统计实践活动萌芽于人类早期简单的计数活动，人类社会初期的打绳结、画道道计数，可算是最初的统计。而统计实践的真正萌芽是在古代奴隶社会。根据历史记载，早在公元前两千年前的夏朝，我国就有了人口与土地数字的记载。到了春秋战国时期，开始建立各级政府逐级上报统计数字的“上计”制度。齐国的鲁仲把统计作为治理国家的手段，指出“不明于计数而欲举大事，犹无舟楫而经于水险也”。秦国的商鞅则总结“欲强国知十三数”的经验，这十三数包括粮食储备，人口及其各项分类数，农业生产资料以及自然资源等，作为治国图强的依据。世界上，古代埃及、希腊和罗马的历史中，也有类似的记载。这些就是原始形态的统计。

进入封建社会后，由于生产和国家管理职能的发展，统计活动有了进一步的发展。人口、土地等调查登记活动日渐平常。在中国，秦统一以后，历代王朝和地方政府都设立专门的管理机构和组织人员进行登记和计算，所以，历代都有关于人口、土地等的统计数字。不过，所有这些统计计数，都是为了当时统治阶级管理国家、统治人民和进行战争的需要而进行的，统计工作也停留在简单的统计计数阶段。

随着资本主义的产生和发展，统计工作开始从国家管理领域扩展到社会经济活动的多个领域，成为经营决策和生产管理的重要手段。资产阶级掌握政权以后，各资本主义国家都先后设立统计机关，收集各方面统计资料，使统计工作成为社会的专业性活动。工业、农业，商业、交通、邮电、海关、银行、保险乃至于人口、社会各方面逐步形成专业的统计活动，大大促进了统计事业的发展。

二、统计学的产生和发展

随着统计实践活动的不断发展，统计实践经验的日益丰富，作为统计实践活动的理论概括的统计学也就随之而产生了，距今已有三百多年的历史。在统计学的发展史上，比较主要的学派有政治算术学派、国势学派、数理统计学派和社会经济统计学派。

（一）政治算术学派

政治算术学派的创始人是英国的威廉·配第（1623—1687）。其代表作是《政治算术》（1671 年写出，1690 年出版）。这里的“政治”是指政治经济学，“算术”是指统计方法。配第在该书中运用大量数据对英、法、荷三国的国情国力进行了系统的对比分析，明确英国的国际地位并不悲观，提出了英国社会经济发展的方向和道路。他利用数字、重量和尺度对社会经济现象进行数量对比分析的思想和方法，为统计学的创立奠定了方法论基础。所以，马克思称他是“政治经济学之父”，在某种程度上也可以说是统计学的创始人。

政治算术学派的另一创始人是英国的约翰·格朗特（1620—1674）。他的代表作是《对死亡率公报的自然观察和政治观察》。他通过对伦敦 50 多年的人口出生率、死亡率和性别比例等进行分类计算，根据发现的数量关系对人口发展趋势进行推算和预测。该书采用的具体的数量对比分析的方法，对统计学的创立，同样起到了极其重要的作用。之后还有许多统计学家和统计著作，但一直没采用“统计学”这一命名，因此，该学派被认为是无统计学之名而有统计学之实。在统计学说史上，一直以《政治算术》的问世标志着统计学的诞生。

（二）国势学派

国势学派亦称记述学派。所谓国势学就是记述国家显著事项的学科。其代表人物是哥廷根大学教授阿亨瓦尔（1719—1722），代表著作是《近代欧洲各国国势学概论》。该学派以“统计学”命名，认为统计学是对国家各方面情况的描述，其内容涉及国家组织、人口、军队、领土、财政经济、政治、科学、艺术等方面的记述和研究，作为管理国家的依据。这个学派以文字记述国情国力的系统知识为其主要特征，并没采用统计学中的数量分析方法，所以被认为是有统计学之名但无统计学之实。

（三）数理统计学派

数理统计学派产生于19世纪中叶，该学派以比利时的凯特勒（1796—1874）为主要代表，其著作有《统计学的研究》、《关于概率论的书信》等。他最先把概率论原理应用于人口、人体测量和犯罪等问题的研究，并对观测的数据进行误差计算和分析，完成了统计学和概率论的结合。从此，统计学开始进入更为丰富的新阶段。许多学者从各个角度研究统计学，不断增加新内容，相继提出和发展了相关和回归理论、t分布理论以及抽样理论等，使数理统计学很快发展成为一门比较系统、完善的学科。数理统计学的建立，使数理统计方法在研究自然、技术现象以及带有随机性的社会经济现象方面得到了广泛的应用，对科学技术的发展起着一定的推动作用。目前，数理统计学派已成为欧美统计学的主流，并在世界各国统计学界产生了极其广泛的影响。

（四）社会经济统计学派

19世纪后半叶，德国统计学界在英国政治算术学派的响下，努力使统计学成为一门用统计数量表达社会经济现象及其规律的社会科学，从而社会经济统计学派逐渐形成。该学派对国际统计学界影响较大，研究成果流传较广。主要代表人物是恩格尔（1821—1896）和梅尔（1841—1925）。这一学派融汇了国势学派和政治算术学派的观点，并将政府统计和社会调查融合起来，进而形成社会经济统计学。

数理统计学派与社会经济统计学派并存并争论至今已有100多年，目前，虽然数理统计学派在国际统计学界占据着优势，但两者已出现了融合的趋势。

统计发展史表明，随着社会的发展与实践的需要，统计学也在不断发展和演变。从当前世界各国统计研究状况来看，统计学不仅为研究社会经济现象的数量方面，也为研究自然技术现象的数量方面提供各种统计方法；它既研究确定现象的数量方面，又研究随机现象的数量方面。从统计学的发展趋势来看，它的作用与功能已从描述事物现状、反映事物规律，向推断统计、预测决策方向发展。它已从一门实质性的社会性学科，发展成为方法论性质的综合性学科。

第二节　统计的特点和职能

一、统计的特点

统计,通常是指社会经济统计,它是对社会经济现象进行的一种调查研究活动,或者说是对社会经济现象的一种认识活动。

人们要改造世界,就必须认识世界,而要认识世界又必须对世界做周密细致的调查研究。调查研究有各种各样的方法,适用于不同的认识对象,在各种调查研究方法中,统计是很重要的一种形式。社会经济统计这种调查研究活动,有别于其他调查研究活动,它具有以下几个特点:

(一) 数量性

社会经济统计以社会经济现象的数量方面为认识对象。这里的数量方面包括:(1) 数量多少,即现象数量方面绝对数值的多少;(2) 现象之间的数量关系;(3) 质量互变的数量界限。社会经济统计正是通过对数量方面的认识来达到对事物规律认识的过程。

任何社会经济现象都是质和量的统一体,质和量又是可以分开来认识的。统计对现象的数量方面进行研究,必须和现象的质紧密地联系起来,也就是说,定量认识必须以定性认识为基础,要和定性认识结合起来。例如,要研究一个国家国内生产总值的数量、构成及其变化过程,首先要对国内生产总值的含义、作用有所了解,然后才能根据这种认识去确定国内生产总值的统计口径、范围和计算方法,才能进行正确的统计。可见,统计虽然具有数量性这一特点,但却不是纯粹的数量研究,它须要从对现象的定性认识开始,在质和量的密切联系中研究现象的量,这一点和数学研究抽象的数量关系是不同的。

(二) 总体性

社会经济统计是以社会经济现象总体的数量方面作为自己的认识对象。即统计所认识的是社会经济现象总体的数量而不是个体的数量。例如,要研究某城市居民的消费水平,目的不在于了解个别居民的消费状况,而是要通过对很多个别居民消费状况的了解,形成对全市居民总体消费水平的认识。

统计研究并不排除从个别现象入手,但统计研究个体是为了综合个体而认识总体,是手段而不是目的,其最终目的是要认识总体。当然,统计也不排斥对个别典型事物的深入研究,对个别具有代表性的典型单位作具体分析,了解现象的内在联系和具体情况,这样也是为了更加深刻地认识总体现象的规律性。

(三) 社会性

社会经济统计属于社会科学,具有明显的社会性。它主要体现在两个方面:一是统计研究对象具有社会性。就是说统计所研究的社会经济现象的数量方面是人类社会活动的过程和结果,是人们有意识、有目的的活动,会受到政治、经济、文化、宗教和法律等诸多社会因素的影响,因而统计本身具有社会性。二是统计认识的主体是社会的人,在对社会经济现象进行数量方面的研究时,会受到本人立场、观点、计算方法的影响,因而具有社会性。

（四）具体性

统计所研究的社会经济现象的量是一种具体的量，而不是抽象的量。这种量是具体的社会经济现象在具体时间、地点、条件作用下，实际已经达到的水平和程度。这是统计和数学的一个重要区别。当然，统计在研究社会经济现象的数量方面时，要广泛地应用到数学方法，并遵循一定的数学规律。以抽象方法为手段，以具体数量为目的，体现了统计研究中具体和抽象的辩证关系。

二、统计的职能

统计的信息、咨询、监督职能共同构成了统计的整体功能。多年的统计实践证明，只有将三大职能凝聚成一个合力，发挥其整体效应才能充分体现和发挥统计工作在现代国家管理系统中的重要地位和作用。

信息职能是指统计具有信息服务的功能，即统计根据科学的指标体系和调查方法，灵敏、系统地采集、处理、传输、贮存和提供大量的以数量描述为基本特征的社会经济信息。

咨询职能是指统计具有提供咨询建议和对策方案的服务功能。即统计部门利用已经掌握的丰富的统计信息资源，运用科学的分析方法和先进的技术手段，深入开展综合分析和专题研究，为科学决策和管理提供各种可供选择的咨询建议与对策方案。

监督职能是指统计具有揭示社会经济运行中的偏差，促使社会经济运行不偏离正常轨道的功能，即根据统计调查和分析，及时、准确地从总体上反映社会经济的运行状态，并对其实行全面系统地定量检查、监测和预警，以促使社会经济按照客观规律的要求，持续、稳定、协调地发展。

上述三种职能是相互作用、相辅相成的。统计信息职能是统计最基本的职能，是保证统计咨询和监督职能得以有效发挥的基础。统计咨询职能是统计信息职能的延续和深化。而统计监督职能则是在信息、咨询职能基础上的进一步拓展。统计监督职能的强化，又必然要对信息与咨询职能提出更高的要求，从而进一步促进统计信息和咨询职能的优化。

第三节　统计学的研究对象和研究方法

一、统计的含义

统计一词在不同的场合有不同的含义，目前，在统计理论界，关于统计一词的含义比较趋于一致的解释为：统计包含统计工作、统计资料和统计学三个方面的含义。

统计工作，即统计实践活动，是利用各种科学的方法，搜集、整理、研究和分析各种统计资料工作的总称。一个完整的统计工作过程包含统计设计、统计调查、统计整理、统计分析等环节，反映了统计认识的全过程。在我国，各级政府机构基本上都有统计部门，它们的职能主要就是从事统计数据的搜集、整理和分析工作，为政府各级领导、社会企业团体和广大人民群众服务。

统计资料，即统计工作的成果，是统计工作过程中所取得的反映各种经济、社会现象和过程的数字资料和相关的其他资料的总称。统计资料是统计工作的直接成果，包括统计调查资料和经过加工整理、分析研究而形成的综合统计资料。准确可靠的统计资料是宏观决策和微观管理的重要依据。

统计学是对统计工作实践经验的理论概括和科学总结，是认识宏观现象总体数量特征和数量关系的科学。统计学的具体门类很多，有社会经济统计学、数理统计学和自然领域方面的统计学等。

统计的三种含义之间有着紧密的联系：统计学与统计工作的关系，是理论与实践的关系，一方面统计工作是形成统计学的基础，统计实践的发展，丰富了统计科学并推进了统计科学的发展，另一方面，科学的统计理论又用以指导实践，统计科学研究大大促进了统计实践工作水平的提高，统计工作的现代化与统计科学的进步是分不开的；统计资料则是统计工作的重要成果，一方面，统计资料的需求支配着统计工作的设计，另一方面，统计工作的质量高低又直接影响着统计资料的数量和质量。

本书内容作为统计学基础，介绍的是统计学的基本理论和方法，并侧重于介绍这些理论和方法在社会经济领域中的应用，但实质上大部分知识是可以通用于各个领域的，如数据分布特征描述、动态数列分析、抽样推断和相关与回归分析等。

二、统计工作的过程

统计工作是人们运用各种统计特有的方法对社会经济现象进行调查研究以认识其本质和规律性的一种工作。作为人类认识客观世界的一种活动，统计工作是无止境的。但就一次具体的统计工作而言，一个完整的统计活动过程可以分为统计设计、统计调查、统计整理和统计分析四个阶段，经过这几个相互联系、上下衔接、紧密相连的调查研究活动，使统计认识从感性阶段上升到理性阶段。

统计设计是统计工作的首要环节，是根据统计研究对象的特点和研究的目的、任务，对统计工作的各个方面和各个环节进行通盘的考虑和安排。包括根据统计任务制定统计指标和指标体系，统计分组和分类设计，搜集资料与整理资料的方法步骤，统计工作各个部门各个阶段的衔接与协调，统计力量的组织安排等等。统计设计的结果形成设计方案，如指标体系、分类目录、调查方案、整理方案，以及数字保管和提供制度等。统计设计之所以必要，是因为统计是一项需要高度集中统一的工作，没有预先的科学设计，没有具体的工作规范，就难以达到预期的目的。因此，只有事先进行统计设计，才能做到统一认识、统一步骤、统一行动，使统计工作有秩序地协调进行，保证统计工作的质量。

经过统计设计，有了统计设计方案之后，就可以有计划有步骤地开展统计调查，占有充分的材料，这就是统计资料的搜集阶段，或称统计调查阶段。统计调查的任务就是根据事先确定的调查纲要，搜集所研究的社会经济现象准确可靠的材料，获得丰富的感性知识，这一阶段工作是认识事物的起点，同时也是进一步进行统计资料整理和分析的基础环节。

统计资料整理就是对调查得到的资料加以科学汇总，使它条理化、系统化。这一阶段的任务就是根据研究目的和现象的内在特点，按一定的标志将调查资料进行分组，并全面的综合汇总，以便于利用这些经过加工的资料进行分析，所以这一阶段是统计调查的继续、统计分析的前提，是统计研究的一个中间环节。

统计资料分析就是对经过加工汇总的资料加以分析研究。这一阶段的任务是对各分组和总计资料计算各项分析指标，揭示所研究社会经济现象的比例关系和发展趋势，阐明社会经济现象和过程的特征和规律，并根据分析研究做出科学的结论。这一阶段是理性认识阶段，是统计研究的决定性阶段。

统计工作过程的四个阶段并不是孤立的、全然分开的，而是紧密联系的一个整体，其中各个环节常常是交叉进行的。例如，小规模的调查，常把调查和整理结合起来；在统计调查过程中就有对事物的初步分析，在整理和分析过程中仍须进一步调查。

三、统计学的研究对象

统计学的研究对象是统计基本理论的中心问题之一，国内外统计学界经过长期争论，仍然存在着观点上的分歧。这种分歧主要体现在两个方面：

1. 社会经济统计学是否是一门独立的科学。主要有两种观点：

(1) 社会经济统计学不是一门独立的科学，只有数理统计学才是唯一的科学的统计学。它是通用于自然和社会的方法论科学。

(2) 数理统计学和社会经济统计学是两门不同的、独立的、并存的统计学，它们在研究对象、研究方法和研究内容上都有差异。

2. 社会经济统计学属于什么性质的科学，也主要有两种看法：

(1) 社会经济统计学是一门实质性科学，它以大量社会经济现象的数量方面为研究对象。目的是通过具体时间、空间、条件下的数量表现，找到社会经济发展规律。持这种观点的通常被称为“规律派”。

(2) 社会经济统计学不是一门实质性科学，而是一门方法论科学。也就是研究社会经济统计这种调查研究活动的规律和方法的科学。持这种观点的通常称为“方法派”。

本书认为，社会经济统计学是一门独立的统计学科，是对社会经济现象的数量方面进行调查研究的方法论科学。研究如何进行调查研究活动，即研究其规律和方法的科学。那么，相应的统计学的研究对象就是大量社会经济现象的数量方面。

四、统计学的研究方法

统计学作为一门方法论科学，具有完善的方法体系。统计研究的方法有很多，在这里先从整体上考察统计研究的方法，具体的方法分列于以后各章。

（一）大量观察法

所谓大量观察法是指对总体中的全部或足够多的单位进行调查并加以综合研究，用以反映现象总体的数量特征。

统计研究要运用大量观察法是由研究对象的大量性和复杂性所决定的。大量的、复杂的社会经济现象是在诸多错综复杂的因素作用下形成的，各单位的特征及其数量表现有很大的差别，不能任意抽取个别或少数单位进行观察。必须在对所研究的对象进行全面政治经济分析的基础上，确定调查对象的范围，观察全部或足够多的调查单位，以从中认识客观现象的规律性。统计调查中的许多方法，如统计报表、普查、抽样调查、重点调查等，都是观察研究对象的大量单位，以此来了解社会经济现象的发展情况。

需要指出，大量观察法并不是统计调查的具体方法，而是根据偶然性和必然性、特殊和一般的辨证规律的要求，进行调查研究时必须遵循的一个基本原则。对社会经济现象进行大量观察，可以根据具体情况采用不同的形式，既可以对研究现象的所有单位进行全面调查，也可以对足以表现现象本质和规律的部分单位进行各种非全面调查。此外,大量观察与典型调查相结合,可以加深对社会经济现象的特征和规律性的认识。

(二) 统计分组法

统计分组法是根据统计研究的任务和现象总体的内在特点,按一定标志,把总体划分为若干个性质不同的组成部分的一种统计研究方法。

统计分组法是统计研究的基本方法之一,贯穿于统计研究的各个环节。在统计调查阶段,首先要通过分组划分现象类型来确定调查范围。在统计资料整理阶段,由统计调查而取得的原始资料存在差异性,要使调查资料系统化、条理化,以便于进一步分析,就需要根据统计研究的任务,按照被研究总体的内在特点,选择一定的标志进行分组,使大量的原始资料得到归类。进行统计分析更要借助于分组法,以便确定各类型的数量特征,研究现象的内部结构,分析现象之间的联系等。统计分组是一种最简单、最基本的统计研究方法,在实践中被大量地运用着。

(三) 综合指标法

综合指标法是利用各种综合指标对社会经济现象的数量方面进行综合、概括分析的方法,它是统计分析的基本方法之一。对大量的原始数据进行汇总整理,计算出各种综合指标,可以反映出现象在具体时间、地点、条件下的总体规模、相对水平、平均水平和差异程度,概括地描述总体的综合数量特征及其变动趋势。常用的综合指标有总量指标、相对指标、平均指标等。

运用综合指标法表明现象的数量关系,不仅要分析总体数量,而且要进行对比分析,要通过众多的相互联系的综合指标进行纵向的、横向的、实际与计划之间等各方面的对比,以综合说明现象的规模、水平、速度、比例、结构和效益,认识现象的发展变化规律,使统计在国民经济建设中发挥应有的作用。

综合指标法和统计分组法之间存在着密切的联系。统计分组如果没有相应的统计指标来反映现象的规模水平,就不能揭示现象总体的数量特征;而综合指标如果不进行科学的统计分组,就无法划分事物变化的数量界限,就会掩盖现象的矛盾,成为笼统的指标。所以,在研究社会经济现象的数量关系时,必须科学地进行分组,合理地设置统计指标,指标体系和分组体系应该相适应。一般应把统计分组和综合指标结合起来进行应用。

(四) 统计推断法

统计研究中,经常要用到归纳的方法,所谓归纳是指由个别到一般,由事实到概括的推理方法。归纳法可以使我们从具体的事实中得出一般的知识,扩大知识领域,增长新的知识,所以是统计研究的常用方法。但是常常存在这种情况,我们所观察的只是部分或有限的单位,而所需要判断的总体对象范围都是很大的,甚至是无限的。这样就产生根据局部的样本资料对全部总体数量特征作判断的置信度问题。例如,根据城市 100 家居民的生活支出数据来判断该城市居民的消费水平。又如,根据有限次的种子催芽试验来判断该批种子的发芽率等。所作的结论都存在一定程度的置信问题。以一定的置信标准,根据样本数据来判断总体数量特征的归纳推理方法称为统计推断法。统计推断法可以用于总体数量特征的估计,也可以用于对总体某些假设的检验。从某种意义上来说,我们所观察的资料都是一种样本资料,因而统计推断方法也就广泛地应用于统计研究的许多领域。例如,建立经济模型,存在模型的参数估计和检验问题;根据时间数列进行预测也存在数列的估计和检验问题。可以说统计推断是现代统计学基本的方法。

第四节 统计学的几个基本概念

统计学中的概念较多。以下介绍几个最基本的概念，在本书后面的章节中要经常用到。在理解的基础上掌握这些概念有利于以后的学习。

一、总体与总体单位

统计总体就是根据一定的目的和要求所确定的研究事物的全体，它是由客观存在的、具有某种共同性质的许多个别事物构成的整体。例如，我们要研究全国工业企业的发展情况，就以全国工业企业作为一个总体。每个工业企业都是客观存在的，而且具有共同的性质，即它们都是工业企业，都是工业生产经营单位，向社会提供工业产品或劳务服务，有了这个总体，我们就可以研究全国工业企业的各种数量特征，如从业人数、资金规模、技术力量、设备状况、经济效益等。

总体单位是指构成总体的个别事物，它是总体的基本单位。随着研究目的的不同，总体单位可以是人、物，也可以是企业、机构、地域，甚至可以是状况、长度、时间等。例如，要研究全省工业企业的生产经营状况，那么全省的工业企业是总体，每个工业企业是总体单位。如果要研究粮食的亩产水平，那么播种面积（亩数）是总体，而每亩（土地面积）则是总体单位了。

统计总体按其单位数是否有限，分为有限总体和无限总体。有限总体是能够明确确定和划分总体范围的，总体单位数目是可数的；无限总体的总体单位是无限多的，或者是无法明确确定和划分总体范围的。例如，一个国家的人口、一个时期内生产的产品等，作为一个总体，其构成单位是可数的，故是有限总体。又如，大量连续生产的某种小件产品，江河中的鱼虾数，其总量是无法全面计量的，是无限总体。对于有限总体既可以采用全面调查的方法，又可用非全面调查的方法搜集统计调查资料；对于无限总体，只能采用抽样调查的方法获取统计调查资料。

统计总体具有三个基本特征：大量性、同质性、差异性。

（一）大量性

大量性是指统计总体应包含足够多的单位数，仅仅个别或少数单位不能形成总体。因为研究总体数量特征的目的主要是揭露现象的规律性，而现象的规律性，特别是社会经济现象的规律性只在大量现象的综合汇总中才能显示出来，个别社会现象有很大的偶然性，但大量现象的总体却相对稳定，表现出某种规律性的倾向。所以统计总体应该包含足够多的单位。总体的大量性和研究的目的要求有关，精确度要求越高，总体的单位数也应该相应增多。

（二）同质性

同质性是指总体中各单位至少在某一方面具有共同性质，就是这个共同性质使这些个体结合成一个整体，同质性是构成统计总体的基础。

（三）差异性

差异性是指总体中各单位至少在某一方面具有共同性质外，在其他方面存在差异，具有质的差别或量的差别，这种差别称为变异。正因为变异是普遍存在的，才有必要进行研究。如果说总体同质性是研究问题的前提，那么总体变异性则是研究问题的本身，它决定着要用统计的方法来研究这类差异现象。

需要注意的是,统计总体和总体单位的概念是相对而言的,在一次特定范围、目的的统计研究中,统计总体和总体单位是不容混淆的,两者的含义是确切的。但是随着统计研究目的及范围的变化,统计总体和总体单位可以相互转化。同一事物在不同情况下,可以作为总体,也可以作为总体单位。例如,研究某市工业企业的生产情况,该市所有的工业企业就构成了统计总体。当研究某一个工业企业的生产情况时,该企业被视作总体,而该企业的每个生产车间是总体单位。

二、标志和标志表现

标志是总体单位所共同具有的属性或特征的名称。每个总体单位从不同角度考虑,都具有许多属性和特征,例如,工人作为总体单位,他们都具备性别、工种、文化程度、技术等级、年龄、工龄、工资等属性和特征。企业作为总体单位,具有经济类型、所属行业、职工人数、工资总额、产值、成本、利润等属性和特征。统计标志是一个重要的概念。统计就是通过汇总各个单位标志值得到所研究现象总体的数量特征。

可以看出,总体单位与统计标志的关系是十分明确的,如果没有标志就无法表现总体单位的特点,反过来,如果没有总体单位,标志也就失去意义,所以总体单位是标志的直接承担者,标志是依附于单位的。

标志通常分为品质标志和数量标志两种。品质标志表明总体单位属性方面的特征,是不能用数值表现的,如工人的性别、设备的种类、企业的经济类型等。数量标志表明单位数量方面的特征,它是用数值表现的,如工人的工龄、工资、设备利用率、工厂的总产值、实现利税、工人的劳动生产率、工时利用率等。

标志在总体单位上的具体表现称为标志表现。任何一项统计工作,首先要掌握现象总体的各个单位在特定的时间、地点条件下实际发生的情况,因此标志的具体表现便是统计最关心的问题。如果说标志是统计所要调查的项目,那么标志表现则是调查所得的结果。总体单位是标志的承担者,而标志表现则是标志的实际体现者。

标志表现有品质标志表现和数量标志表现之分。前者只能用文字来表现,后者可以用数值来表示,就是所谓的标志值。例如,性别是品质标志,而标志表现则具体为男性或女性。职业也是品质标志,标志表现则具体为工人、农民、医生、教师等。又如工龄是数量标志,标志表现为三年、五年、八年、十五年等。产量也是数量标志,标志表现为 59 件、100 件、500 件、1 000 件等。

三、变异和变量

在同一总体中,总体单位所具有的各种标志,就其标志表现看,有的相同,有的不同。标志表现都相同的标志,称为不变标志。例如,在女学生总体中,每个单位在性别标志上都表现为女性,所以性别便是不变标志。在一个总体的所有单位中,当一个标志在各个单位的具体表现有可能不同时,这个标志便称为可变标志。例如,在女学生总体中,年龄这个标志在各单位可能表现不同,所以年龄便是可变标志。可变标志的属性或特征由一种状态变到另一种状态,统计上称之为变异,所以可变标志也称为变异标志,变异在统计学中是一个很重要的概念。正由于总体中某种现象在各单位之间存在着变异,也就是说总体单位具有变异标志,才需要调查,并有各种统计方法。如果没有变异标志也就没有统计。例如，全市居民各户的生活消费水平存在着差异，而我们又需要了解这种差异，才能开展调查统计工作。如果各户生活消费水平都一样，也就没有必要去统计，也不需用统计的方法来测度消费水平的高低。

在统计中，不变的数量标志称为常量，可变的数量标志称为变量。由于变量的函数仍为变量，所以由可变数量标志构造的各种指标也称为变量。变量的具体取值称为变量值，也就是标志值。变量和变量值是两个不同的概念，要分清，不要误用。例如，有几个学校的学生人数如下：甲校 2 000 人、乙校 1 500 人、丙校 1 200 人、丁校 1 000 人。这里学生人数是变量，四个数值是变量值。如果要计算其平均学生人数，不能说求四个变量的平均数，因为这里变量只有一个，即学生人数，所要平均的是“学生人数”这个变量的四个变量值。

变量按其变量值是否连续，可以分为离散变量和连续变量两种。离散变量的取值可以按一定次序一一列举，通常取整数形式。可以用计数的方法取得数值的表现。如学生数、设备台数、企业数等。连续变量的取值是连续不断的，相邻两值之间可以作无限分割，它必须用测量或度量的方法取得数值的表现。如身高、体重、粮食亩产量、平均温度等都属于连续变量。

变量按其性质可以分为确定性变量和随机变量。如果某一变量值能够被另一个变量或若干个变量(因素)的值，按一定的规律唯一地确定，则该变量就可以称为确定性变量。例如，在销售价格 P 一定的条件下，某商品的销售额 Y 的变动完全由销售量 X 所确定，Y 就称为确定性变量。所谓随机变量，其数值的变动受到许多种因素的影响，在相同条件下进行观测，由于影响因素的作用不同，其可能的实现值(或观测值)不止一个，数值的大小随机波动，带有偶然性，事前无法确定。例如，除了正常的、决定性的因素外，影响某工厂生产的同一批次灯泡的质量波动还受许多偶然因素的影响，如果抽取一部分灯泡进行检验，这种灯泡的寿命值不尽相同，数值的大小带有偶然性的波动，检验前是不能预先确定的，则灯泡寿命就是随机变量。随机变量具有随机性或偶然性，但它的数值变动却有一定的规律性，通过大量观察，应用统计技术方法，可以揭示和描述其数量特征以及变动的规律性。

四、统计指标

(一) 统计指标的概念

关于统计指标有以下两种理解和使用方法：

(1) 统计指标是指反映总体现象综合数量特征的概念或范畴。它主要是根据实质性科学的概念或范畴来确定的。如果要研究某公司所属企业的情况，则该公司的职工人数、工业总产值、工业增加值、单位产品成本、劳动生产率等均是统计指标，它反映了社会经济现象的质的规定性。这是理论上和设计上常使用的概念。

(2) 统计指标是反映总体现象综合数量特征的概念和具体数值。统计指标是反映总体特征的，如果没有具体的数值，总体的数量特征就难以体现；如果没有科学的概念，具体数值的表现就会失去意义。所以，任何一个统计指标都是质和量的统一，都是统计指标概念和统计指标数值的统一。这是实际工作中对统计指标含义的概括。

以上对统计指标的两种理解都是成立的，它们分别应用于不同场合。在一般的统计理论和统计设计中，只能设计出统计指标的名称、内容、范围、口径、计量单位和计算方法等，它不可能包括指标数值。只有经过统计调查、整理和分析才能得到包括具体数值的统计指标，所以，由不包括具体数值的统计指标到包括具体数值的统计指标，恰好反映了统计工作的过程。

(二) 统计指标的特点和作用

1. 统计指标主要有如下几个特点：

(1) 数量性。即所有的统计指标都是可以用数值来表示的。这是统计指标最基本的特点。统计指标所反映的就是客观现象的数量特征，这种数量特征，是统计指标存在的形式，没有数量特征的统计指标是不存在的。

(2) 综合性。统计指标说明的对象是总体而不是个体，它是大量个别现象的数量综合的结果。例如，一个人的年龄，一个人的工资不能叫统计指标，而许多人的平均年龄，许多人的工资总额和平均工资才叫统计指标。个体现象的数量综合成为指标必须有一个前提：这些个体在性质上必须是相同的，否则，通过统计指标来反映客观现象的数量特征时，会产生认识上的偏差。

(3) 具体性。统计指标的具体性有各方面的含义：一是统计指标不是抽象的概念和数字，而是一定的、具体的社会经济现象的量的反映。只要是统计指标，反映的都是具体的社会经济现象内容。这一点使社会经济统计和数理统计、数学相区别。二是统计指标说明的是客观存在的、已经发生的事实，它反映了社会经济现象在具体时间、地点和条件下的数量变化。这一点又和计划指标相区别。统计指标反映的是过去的事实和根据这些事实综合计算出来的一般数量，而计划指标则说明未来要达到的预期目标。当然，由于统计与计划关系十分密切，因而要求统计指标和计划指标在总体范围、指标口径、计算方法等方面应保持一致。

2. 统计指标的作用

每个统计指标都有它特定的作用，但总的来讲统计指标具有两方面的作用：

(1) 从认识角度讲，统计指标起社会仪表和反映数量规律性的作用。它用数字表明社会经济活动中的各种事实、现状、发展过程等，若社会经济活动过程中发生问题，统计指标就像设备仪表反映设备现状及其运转情况一样，可以及时反映社会经济发展的现状。此外，统计指标还可以根据大量事实总结出事物之间及其发展上的一般数量关系。

(2) 从社会管理和科学研究的角度讲，统计指标是基本根据之一。无论是制定政策，编制计划，还是进行科学研究，都必须从实际出发，也就是从客观实际状况出发，而统计指标提供的就是用数字表现的事实，因此，它成为分析研究的基本根据之一。

(三) 统计指标的种类

根据不同的研究目的、统计指标可以从以下几个角度来分类：

1. 统计指标按所反映的数量特点不同可分为数量指标和质量指标。

凡是反映社会经济现象的总规模、总水平或工作总量的统计指标称为数量指标，它表示事物外延量的大小，如人口总数、职工总数、企业总数、耕地面积、国内生产总值、国民收入、商品流转额、工资总额等。数量指标是用绝对数来表示的，并具有实物的或货币的计量单位。数量指标受总体范围的影响，数值随总体范围的大小变化而增减，是认识总体现象的出发点。

凡是反映社会经济现象的相对水平或工作质量的统计指标称为质量指标，它表示事物的内涵量状况，如产品合格率、平均工资、人口密度、出生率、死亡率、工人出勤率、设备利用系数、单位产品原材料消耗、利润率等。质量指标是用相对数或平均数来表示的，统计工作中，这类指标通常是以相对指标或平均指标的形式出现。由于质量指标反映的是现象总体内部的数量关系，因此其指标数值大小不随总体范围的大小变化而增减。数量指标和质量指标的关系表现在：数量指标是计算质量指标的基础，质量指标是数量指标的派生指标。

在实际工作中，要把数量指标和质量指标结合起来应用。在研究总体现象时，不仅要用数量指标了解总体的绝对数量多少及其发展变化，而且还要用质量指标了解总体内部的数量关系及其发展变化，二者不可偏废。

2. 统计指标按其作用功能不同可以分为描述指标、评价指标和预警指标。

描述指标是用于反映社会经济现实状况，反映社会生产活动的过程和结果的统计指标。例如，反映社会经济条件的指标，如自然资源拥有量指标、土地面积指标、人口指标、劳动资源指标等。反映生产经营过程和结果的指标，如国内生产总值、流动资金、利润总额、财政收入与支出、物资库存量、进出口贸易额等。反映社会物质文化生活情况的指标，如居民平均收入与支出指标、居民文化程度指标、在校的学生人数、医疗床位数、文化娱乐设施指标等。这类指标提供对社会经济情况的基本认识，也是统计信息的主体。

评价指标是用于对社会经济行为的结果进行比较、评估、考核，以检查其工作质量和经济效益的统计指标。例如，企业经济活动的评价指标，如劳动生产率、出勤率、工时利用率、流动资金周转速度、生产能力利用率、单位产品成本、资金利润率等，又如国民经济评价指标，如国内生产总值增长速度、国民收入增长速度、社会劳动生产率、社会积累率、投资使用率等。统计评价指标通常要和计划、预算或其他定额指标相比，才能确定其优劣程度。

预警指标主要用于对宏观经济运行的监测，并根据指标数值的变化，预报国民经济即将出现的异常状态、突发情况以及某些结构性障碍。通常利用国民经济关键性指标或敏感性指标建立监测指标体系以发挥预测警报的作用，如通货膨胀率、失业率、物价指数、储蓄和投资率、汇率和利率等。

3. 指标按其数量表现形式不同，可以分为总量指标、相对指标和平均指标。这部分内容将在第四章做详细介绍。

以上介绍的是一些主要的分类。还有一些其他的分类，如统计指标可分为基础指标和派生指标，也可以分为考核指标和非考核指标等。同一个统计指标也可以从不同的角度来理解它。

从以上介绍可以看出，标志和指标是两个既有区别又有联系的概念。两者的主要区别是：① 反映的对象和范围大小不同。标志是说明总体单位特征的，而指标是说明总体特征的；② 表现形式不同。标志有不能用数值表示的品质标志与能用数值表示的数量标志，然而不论什么指标，都可以用数值表示。标志与指标的主要联系是：① 汇总关系。有许多统计指标的数值是从总体单位的数量标志值汇总得到的，如一个县的粮食总产量是所属各乡村粮食产量的汇总数，一个工业主管局的总产值是所属各企业总产值的总和等；② 转换关系。由于统计研究的目的不同，总体和总体单位之间可以相互转化，导致相伴而生的指标和标志也相互转化。随着研究目的的变化，原来的总体转变为总体单位，相应的统计指标也就成为标志，反之亦然。

五、统计指标体系

社会经济现象总体存在着多个互相联系的方面，不同的社会经济现象总体之间也存在着各种各样的联系。而一个统计指标往往只能反映现象总体某一方面特征，说明某一方面的情况，要反映客观现象各方面的联系，描述事物发展的全过程，仅靠单个的统计指标是不行的，必须建立和运用统计指标体系。

所谓统计指标体系，就是若干个相对独立又相互联系的统计指标所构成的整体，用以说明所研究的社会经济现象各方面相互依存和相互制约的关系,例如,一个工业企业把产品产量、总产值、净产值、职工人数、劳动生产率、消耗、销售收入、利润等统计指标联系起来就组成了指标体系,这便于我们全面、准确地评价该企业的生产经营情况。

统计指标体系大体上可以分为两大类,即基本统计指标体系和专题统计指标体系。基本统计指标体系是反映国民经济和社会发展及其各个组成部分的基本情况的指标体系,它包括反映整个国民经济和社会发展的统计指标体系,各地区和各部门的统计指标体系,以及基层统计指标体系。专题指标体系是指针对某一个经济或社会问题而制订的专项指标体系。例如,就环境问题应建立环保指标体系,就能源问题建立能源统计指标体系,就社会保障问题应建立社会保障指标体系。

六、统计指标和指标体系的设计

统计指标和指标体系是人们认识客观世界的重要手段。统计指标的设置不但要符合客观现象性质的要求,而且也要符合主观认识的要求。可以说统计指标和指标体系是主客观结合的产物。它是反映客观事物联系的,但又不是也不可能是反映对象的所有联系。它所反映的仅仅是所要研究问题的主要联系。因此统计指标及其体系的设计在认识上便具有十分重要的地位,它是人们认识客观的能动作用,也是人们认识能力的反映。统计指标与统计指标设计过程也就是从一个概念或问题形成一个指标或指标体系的过程。

(一) 统计指标和指标体系设计的内容

(1) 确定统计指标体系的框架。包括确定要使用的统计指标的种类、数量,明确哪些指标是核心指标,统计指标之间具有什么样的联系等。

(2) 明确各项指标的概念和口径范围。统计指标反映一定社会经济范畴,但要对范畴的各方面关系加以明确规定。例如,要建立居民基本生活费用价格指标,就要明确什么是居民生活费用,什么是生活消费品等;确定统计指标口径范围就是确定所要调查的总体,如居民基本生活费用价格指标中测算的消费品的品种是多少等。

(3) 确定统计指标的计算方法。包括具体的计量单位、分类方法、计算公式等。统计指标计算方法应该根据理论所提供的原则,不应该背道而驰。但由于社会经济现象的复杂性和联系的多样性,统计指标在计算上常有某些假定性。例如,从理论上讲,生产资料产品和生活资料产品的划分是明确的,但在实际中,存在着同一产品既可以用于生产,也可以用于生活的情况,严格的划分是困难的。统计上只按产品的主要用途来计算这两部分产品的数量。

(4) 确定统计指标的空间标准和时间标准。

(二) 统计指标和指标体系设计的原则

(1) 理论与实际相统一的原则。统计指标虽然是研究数量关系的,但它却是从现象的定性分析开始。因此进行统计设计要根据各种经济理论对总体进行深刻的定性分析,使统计指标的含义与社会经济学对应的社会经济范畴所作的概括相适应。另一方面,统计指标与指标体系又要满足实际工作的需要,必须坚持从实际出发,充分考虑社会发展的新情况、新问题,把理论分析与实际情况结合起来,解决当前所提出的问题。

(2) 需要与可能相结合的原则。统计指标和统计指标体系的设计,应该根据实际工作的需要来决定。这些需要包括经常性的经济管理工作的需要和各项中心工作需要,包括解决当前各项工作任务的需要和长期系统研究问题的需要。但是设计统计指标项目的繁简和要求的粗细，却必须和实际可能条件相适应。把工作需要和实际可能结合起来，求得稳步发展。

(3) 实用性与科学性兼顾的原则。一般地说，统计指标和指标体系对实用性的要求与对科学性的要求是一致的，没有科学性也就谈不上实用性，而没有实用性也就不存在科学的价值。在实际工作中，由于条件的限制，也会发生实用性的要求和科学性的要求不一致的情况，例如有些统计指标体系虽然不很完整，但只要是切实可行的，能在一定程度上反映现象发展的趋势，可以先推广使用，在实施过程中逐步充实完善。

课后练习

一、思考题

1. 社会经济统计的研究对象是什么？有人认为统计学的研究对象是统计工作，而统计工作的研究对象才是社会经济现象的数量方面，你的看法如何？

2. 作为统计研究对象的社会经济数量方面有哪些特点？

3. 统计工作的全过程有哪些环节？每个环节的主要任务是什么？

4. 统计研究的基本方法是什么？为什么要用大量观察法？综合与分析的关系怎样？什么是统计推断？

5. 统计的职能是什么？它们之间的关系怎样？

6. 怎么理解统计总体的大量性、同质性和变异性？它们是总体同时必备的特征吗？

7. 品质标志和数量标志有什么区别？

8. 为什么说总体、总体单位、标志等概念是相对的？

9. 什么是统计指标？统计指标和标志有什么区别和联系？

10. 什么是数量指标、质量指标？

11. 什么是描述指标、评价指标和预警指标？

12. 什么是统计指标体系？什么是国民经济基本统计指标体系？什么是专题统计指标体系？

13. 设计统计指标与指标体系的基本原则是什么？

二、单项选择题

1. 要了解某企业职工的文化水平情况，则总体单位是 ( )

① 该企业的全部职工 ② 该企业每一个职工的文化程度

③ 该企业的每一个职工 ④ 该企业全部职工的平均文化程度

2. 总体与总体单位不是固定不变的，是指 ( )

① 随着客观情况的变化发展，各个总体所包含的总体单位数也是在变动的

② 随着人们对客观认识的不同，对总体与总体单位的认识也是有着差异的

③ 随着统计研究目的与任务的不同，总体和总体单位可以相互转化

④ 客观上存在的不同总体和总体单位之间，总是存在着差异

3. 下列标志中，属于数量标志的是 ( )

① 学生性别 ② 学生年龄 ③ 学生专业 ④ 学生住址

4. 下列标志中，属于品质标志的是 ( )

① 工人性别 ② 工人年龄 ③ 工人体重 ④ 工人工资

5. 下列属于数量指标的有 ( )

① 劳动生产率　② 废品量
③ 单位产品成本　④ 资金利润率

6. 下列属于质量指标的有 (　　)
① 平均工资　② 工资总额　③ 销售总量　④ 上缴利润额

7. 某工人月工资 150 元,则“工资”是 (　　)
① 数量标志　② 品质标志　③ 质量指标　④ 数量指标

8. 标志与指标的区别之一是 (　　)
① 标志是说明总体特征的,指标是说明总体单位的特征的
② 指标是说明总体特征的,标志是说明总体单位的特征的
③ 指标是说明有限总体特征的,标志是说明无限总体特征的
④ 指标是说明无限总体特征的,标志是说明有限总体特征的

9. 某单位有 500 名职工,把他们的工资额加起来除以 500,则这是 (　　)
① 对 500 个标志求平均数　② 对 500 个变量求平均数
③ 对 500 个变量值求平均数　④ 对 500 个指标求平均数

10. 下列变量中,属于连续变量的是 (　　)
① 大中型企业的个数　② 大中型企业的职工人数
③ 大中型企业的利润额　④ 大中型企业拥有的设备台数

11. 一个统计总体 (　　)
① 只能有一个标志　② 只能有一个指标
③ 可以有多个标志　④ 可以有多个指标

三、多项选择题

1. 对某地区工业生产进行调查,得到如下资料,其中,统计指标有 (　　)
① 某企业亏损 20 万元　② 全地区产值 3 亿元
③ 某企业职工人数 2 000 人　④ 全地区职工 6 万人
⑤ 全地区拥有各种设备 6 万台

2. 社会经济统计的特点,可概括为 (　　)
① 数量性　② 同质性　③ 总体性　④ 具体性　⑤ 社会性

3. 变量按其取值是否连续可分为 (　　)
① 确定性变量　② 随机性变量　③ 连续变量
④ 离散变量　⑤ 常数

4. 总体和总体单位不是固定不变的,随着研究目的的不同 (　　)
① 总体单位可转化为总体　② 总体可转化为总体单位
③ 总体和总体单位可以互相转化　④ 只能是总体单位转化为总体
⑤ 只能是总体转化为总体单位

5. 下列标志中,属于数量标志的有 (　　)
① 性别　② 工种　③ 工资　④ 民族　⑤ 年龄

6. 在说明和表现问题方面,其正确的定义是 (　　)
① 标志是说明总体单位特征的　② 指标是说明总体特征的
③ 变异是可变的品质标志　④ 变量是可变的数量标志和指标

⑤ 变量值是变量的数值表现

7. 社会经济统计认识社会时具有数量性的特点，是因为 (　　)

① 是通过对社会经济现象数量方面的研究来认识客观世界的本质

② 要运用一系列的统计数字资料来反映现象的发展变化情况

③ 要研究社会经济现象数量方面的数量关系、联系与发展趋势等

④ 是纯数量的研究

⑤ 是从社会经济现象质与量的辩证统一中研究其数量的表现

8. 统计指标根据作用和表现形式不同，可分为 (　　)

① 数量指标　② 总量指标　③ 相对指标　④ 平均指标　⑤ 质量指标

四、判断题

1. 统计学是从质与量的对立统一中研究社会经济现象总体数量特征的。 (　　)

2. 统计学是一门研究现象总体数量特征的方法论科学，所以它不关心、也不考虑个别现象的数量特征。 (　　)

3. 人的年龄是数量指标。 (　　)

4. 大量观察法要求对社会经济现象的全部单位进行调查。 (　　)

5. 标志是说明总体单位特征的名称和具体数值。 (　　)

6. 三位工人的工资不同，因此存在三个变量。 (　　)

7. 总体单位是标志的承担者，标志是依附于总体单位的。 (　　)

8. 数量指标是由数量标志汇总来的，质量指标是由品质标志汇总来的。 (　　)

五、综合训练

1. 在日常生活中，我们经常会接触到"统计"这一术语。例如：

(1) 陈老师是教统计的；

(2) 他干了几十年统计工作了；

(3) 据统计，3月份居民消费价格指数同比上涨了2.3%。

要求：指出上述资料中"统计"一词的含义分别是什么。

2. 2013年国民经济平稳较快增长。初步核算，全年国内生产总值568 845亿元，比上年增长7.7%。其中，第一产业增加值56 957亿元，增长4.0%；第二产业增加值249 684亿元，增长7.8%；第三产业增加值262 204亿元，增长8.3%。第一产业增加值占国内生产总值的比重为10.0%，第二产业增加值比重为43.9%，第三产业增加值比重为46.1%，第三产业增加值占比首次超过第二产业。(资料来源：2013年国民经济和社会发展统计公报)

要求：

(1) 根据上述资料，指出哪些是数量指标，哪些是质量指标。

(2) 说明统计在社会经济管理中的作用。

第二章　统计调查

学习目标

本章主要阐述统计调查的意义、种类、调查方案、调查的各种组织形式、调查误差的产生与防止等几个问题。通过本章的学习，要求：1. 认识统计调查承担提供基础统计资料的任务；2. 掌握统计调查的组织形式和调查方案的制订；3. 初步根据调查目的和客观实际情况，正确地采用调查方法，准确、及时的搜集统计资料。

内容框架图

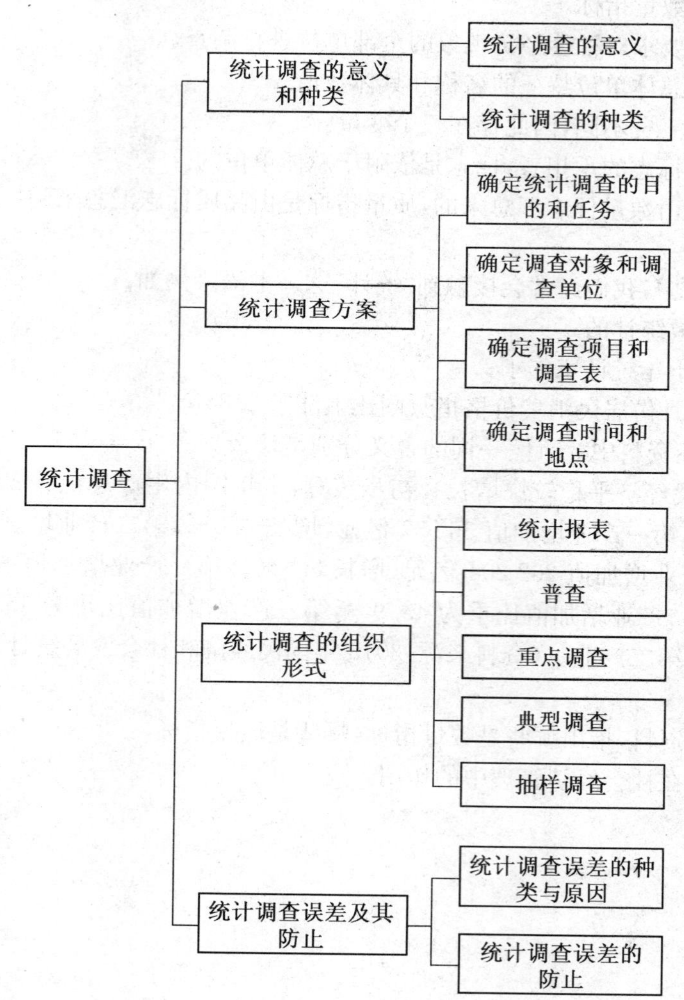

第一节　统计调查的意义和种类

一、统计调查的意义

统计调查是根据预先制定的统计任务，运用科学的统计调查方法，有计划、有组织地搜集数据信息资料的过程。统计调查的基本任务，就是按照确定的指标体系，通过具体的调查，取得反映社会经济现象总体全部或部分单位以数字资料为主体的信息。这些信息是总体各单位有关标志的标志表现，既可以是尚待整理、系统化的原始的资料，也可以是有过初步整理，需要进行进一步系统化的次级资料。搜集大量的、以数字资料为主体的信息是统计调查不同于一般社会调查的主要特征。

统计工作的各个环节是相互依存、紧密相连的。统计调查是整个统计工作的基础环节，其调查取得资料的质量直接影响到最终成果的质量。搜集来的资料如同大厦的基石，如果想让大厦更加牢固，基石必须是坚实的。如果在搜集资料的时候出现差错，又没有及时地加以修正，那么在以后的环节无论怎样去整理这些资料，这些差错都将影响最终结论的正确性和可靠性。

统计调查的基本要求是准确性和及时性。准确性是指调查资料客观地反映现象和过程本质的程度，及时性是指搜集资料完成的时间符合该项调查所规定的要求。统计调查中的准确性和及时性，是相互结合在一起的。及时离不开准确，而准确又是达到及时的重要途径。把准确性和及时性结合起来，做到准中求快，快中求准，才能达到统计调查的基本要求。准确性和及时性也是衡量统计调查工作质量的重要标志。

二、统计调查的种类

社会经济现象错综复杂，千变万化，为了准确及时的搜集统计资料，应根据不同的调查目的和调查对象的特点，选择合适的调查方法。统计调查可以从不同角度按不同标志来进行分类。

（一）统计调查按组织形式的不同，可以分为统计报表和专门调查

统计报表是指政府主管部门为了定期取得系统、全面的基本统计资料而采取自上而下的行政手段进行布置，然后由企事业单位自下而上层层汇总上报提供基本统计数据的一种调查方法，目的在于掌握国民经济和社会发展基本情况的统计资料。统计报表在我国统计工作中占有重要地位。

专门调查是指为了了解和研究某种情况或问题而专门组织的统计调查，包括普查、重点调查、抽样调查和典型调查等调查方法。

（二）统计调查按调查对象包括范围的不同，可以分为全面调查和非全面调查

全面调查是指对调查对象中所包含的全部单位进行逐一的、无一例外的调查，即被研究总体的所有单位都要被调查到。例如，人口普查就是对全国人口的相关资料进行登记，以此来提供全国基本人口数据。

非全面调查是指对被研究现象总体中的一部分单位进行调查。例如，为了掌握企业产品

的质量情况，对其一部分产品进行检验。非全面调查主要包括抽样调查、重点调查和典型调查等调查方法。

（三）统计调查按调查登记的时间是否连续，分为经常性调查和一次性调查

经常性调查是指随着被研究现象的变化，对其进行一种经常的、连续不断地登记。在进行经常性调查时，被研究现象或过程量的所有变化都被观察记录下来。例如，工厂产品生产过程中原材料的投放、燃料及动力的消耗、工人的出勤及劳动工时等都在观察期内连续登记。可见，经常性调查的资料说明的是被研究现象的发展过程，体现现象在一段时间的总量。

一次性调查是指间隔一定时间进行的调查，一般间隔时间相当长。例如，人口数量、固定资产原值、生产设备拥有量等，短时期内几乎不会发生变化，不必进行连续不断的登记，只需要隔一段时间登记某一时刻或某一天的数量。

（四）统计调查按所搜集资料的来源不同，可以分为直接调查、凭证调查和询问调查

直接调查是指调查人员对调查单位实地进行察看、测量和计量以取得统计资料的一种调查方法。例如，在对土地面积进行调查时，调查人员可以到调查地块实地进行测量；在研究工人劳动消耗量时，调查人员实地来测定完成作业所需的时间。

凭证调查是指以各种原始和核算凭证为调查资料来源，向有关单位提供资料的方法，我国现有的企事业单位所填写的统计报表就采用这种调查方法。

询问调查是指调查人员以询问为手段，从调查对象的回答中获得信息资料的一种方法。人口普查、各种社会调查和民意测验可采用这种方法。询问调查进行的方式有口头询问和被调查者自填。口头询问调查的情况下，调查人员对被调查者逐一进行采访，提出所要了解的问题，借以收集资料。这种方式由于双方能够直接接触，逐项询问，因而收集的资料比较深入和准确。被调查者自填的情况下，调查人员把调查表交给被调查者，说明填表的要求和方法，并对有关注意事项加以解释，由被调查者按实际情况进行填写，填好后寄回调查机关或统计机关，这种调查就是问卷调查，比口头询问节省人力和时间，但被调查者必须具有相当的文化程度和乐于合作支持的态度，才能保证资料的正确性。而且由于调查者与被调查者分离，导致调查表往往收不回或不能及时收回，所以这种方式对于全面调查是不适宜的。

第二节　统计调查方案

统计调查是一项复杂、细致的工作，一个统计调查往往需要很多人共同完成，为了能在统计调查过程中统一认识、统一内容、统一方法、统一步调，顺利完成任务，在调查之前必须有一个统一的统计调查方案。该统计调查方案作为统计调查工作的指导性文件，是保证统计调查有计划、有组织地进行的首要步骤，是统计设计在统计调查阶段的具体化。一个完整的统计调查方案，应包括以下几方面的内容：

一、确定统计调查的目的和任务

统计调查目的和任务是指调查所要达到的具体目标，确定统计调查的目的和任务是制订任何一项统计调查方案首先要解决的问题。不同的调查目的和任务，决定了不同的调查内容和范围。例如，对于农村经济情况既可以从农业生产方面来研究，也可以从农民消费方面来考虑,还可以从农产品生产成本、推广农业科技的经济效益等方面来研究。所以,只有明确了调查目的和任务,才能进一步确定具体的调查方案。同时,调查目的和任务应该尽可能的具体明确,否则,调查取得的资料可能并不是需要的,而需要的调查资料,又不能充分的取得。

二、确定调查对象和调查单位

调查的目的和任务确定以后,需要确定调查对象和调查单位。确定调查对象和调查单位,就是回答向谁进行调查以及由谁来提供统计资料的问题。调查对象,是指在某项调查中需要进行调查研究的社会现象的总体,它是由许多性质相同的个别单位所组成的。确定调查对象,首先需要根据调查目的和任务,对研究对象进行认真分析,科学地规定调查对象的含义;其次需要明确规定调查对象的总体范围,划分清楚与其他社会现象的界限。只有做到调查对象的含义清楚、界限明确,才能避免登记时的重复或者遗漏,保证统计资料的准确性。调查单位,是指在某项调查登记中的每一个个体单位,是调查项目的承担者。调查单位的确定取决于调查目的和调查对象。例如,为了调查工业企业的生产经营状况,其调查对象就是所有的工业企业,调查单位是每一个工业企业,这里就需要把工业企业和农业企业、商业企业等其他企业区分开来,即划清工业企业的总体界限,明确工业企业的含义。又如,在全国人口普查中,调查对象就是具有中华人民共和国国籍并在中华人民共和国境内常住的人,调查单位是每一个人。

需要特别强调的是,调查单位和报告单位是有区别的,在调查阶段,有时候还需要明确报告单位。报告单位也称为填报单位,是指负责向上报告调查内容,提交统计资料的单位。报告单位一般在行政上、经济上有一定的独立性,而调查单位可以是人,也可以是企事业单位,还可以是物。调查单位和报告单位有时是一致的,有时是不一致的。例如,在工业普查中,调查单位和报告单位都是每一个工业企业,二者是一致的。又如,工业企业生产设备状况的普查,调查单位是工业企业的每台生产设备,报告单位则是每一个工业企业,二者又是不同的。

正确地确定调查单位具有十分重要的意义,因为它不仅关系到调查对象统计的完整性和准确性,而且关系到调查结果的准确性。如果我们去调查工业企业生产情况时,对工业企业的概念都不清楚,就无法统计工业企业的确切数目,也就无法确定准确的调查单位,更不可能对工业企业的生产情况资料进行正确的搜集,所以统计结果也就必然是不准确的。

三、确定调查项目和调查表

(一) 确定调查项目

调查项目又称调查纲要,是指所要调查的内容,即依附于调查单位的基本标志,它由调查的目的和任务以及调查对象的性质所决定,包括由品质标志和数量标志所构成的标志体系。例如,要调查企业职工的情况,调查对象是企业全体职工,调查单位是每一位职工,调查项目可以包括姓名、性别、民族、年龄、文化程度、工龄、工资等,里面既包括品质标志,也包括数量标志。

制定调查项目是一件非常有意义且责任重大的工作。调查项目制定的正确与否,决定了整个工作的成效。调查项目的确定,以调查目的和任务为依据,同时需要考虑到国家政策、经济管理和科学研究对统计资料的需要。具体来说,包括以下几点:

(1) 取得资料的必要性和可能性。即调查项目只应列出切实满足调查目的所需要的且又可能得到答案的内容,对于不必要或者虽然必要但是却没有可能取得资料的项目,就应该加以限制。

(2) 解释的统一性。即对调查项目的表述必须明确、易懂、统一,不能模棱两可,避免因调查人员或被调查者理解不同而引起误解,从而造成登记的差错。

(3) 项目间的衔接性。即调查项目之间彼此联系和衔接,以便相互核对,提高调查资料的质量。

(4) 时间上的对比性。即本次调查项目同过去同类调查项目应尽可能一致,以便进行动态对比,研究现象的发展变化。

(二) 拟订调查表

调查表是指把确定好的调查项目按照一定的顺序排列在一起的表格。使用调查表是由统计调查工作大量性、系统性的要求所决定的,是统计调查过程的基本手段。调查表是调查方案的核心部分,利用调查表不仅能条理清晰地填写搜集的资料,还为下一阶段的统计整理提供了极大的方便。

设计好一张调查表并不容易,项目要求少而精,措辞要求清晰明了,形式上还要求能够让被调查者易填易答。一个繁琐的、项目繁杂的调查表往往会让被调查者难以理解,产生错答、拒答或者不完整回答、随意回答的现象。因此,确定调查项目、设计调查表时就应该考虑到可能发生的登记性误差,防止误差的发生。

调查表一般有单一表和一览表两种形式。单一表是每个调查单位填写一份调查表。这种形式的优点是可以容纳较多的项目,便于详细了解情况和汇总整理;缺点是每份调查表上都要注明调查地点、时间及其他共同事项,造成人力和时间的浪费。一览表是若干个调查单位填写在一份调查表上,这种形式的优点是可以同时容纳多个调查单位,对于共同事项只需登记一次,可以节省人力和时间,而且还可以将调查表中各个单位的资料相互核对,以便检查调查资料填报的正确性;缺点是在调查项目较多的情况下,这一形式并不适用,因为这样势必会使得调查表篇幅过大。一般来说,调查项目较多时用单一表,调查项目不多时则采用一览表。

为了取得正确的调查结果,调查表上有必要附上简明扼要的填表说明和项目解释。填表说明用来提示填报时应该注意的事项,项目解释是为了具体解释调查表中某些标志的含义、范围、计算方法等。填表说明和项目解释应该根据国家制定的统一标准,以保证统计调查中采用的指标含义、计算方法、分类目录和统计编码等方面的标准化,这是填报人员必须遵循的准则。

四、确定调查时间和地点

(一) 确定调查时间

调查时间包括两方面的含义:第一,调查资料所属的时点或时期,即所谓的客观时间。如果所要进行的调查是时期现象,统计调查必须指明资料所属的期间,如果所要进行的调查是时点现象,统计调查必须规定统一的标准时间。第二,调查期限,是指调查工作进行的起讫时间,包括搜集资料和报送资料的整个工作所需要的时间,即所谓的主观时间。统计调查的及时性就要求统计调查必须遵守这个时间要求。例如,企业 2012 年度经济活动成果年报呈报时间规定在次年的 1 月底,则调查时间为一年,调查时限为一个月。又如,固定资产状况调查,按 12 月 31 日固定资产情况进行登记,持续 2 个月,则调查时间即 12 月 31 日这个标准时间,调查期限为 2 个月。需要说明的是,任何调查都应该尽可能缩短调查期限。

（二）确定调查地点

调查地点是指登记所调查的事实、填写调查表的场所，也就是确定调查单位在什么地方接受调查的问题。一般情况下，调查地点和调查单位是一致的。例如，在我国执行统计报表制度的企事业单位，填报调查资料时，在企事业单位所在地进行。而专门组织的统计调查，调查单位所在地有变化时，就需要专门指明调查地点，例如人口普查，是按照居民的常住地进行登记，而不是按照暂住地进行登记的。规定调查地点，也是统计资料达到可靠性的重要保证。

五、确定调查的组织实施计划

除了上述几个方面之外，在调查方案中，还需要确定调查组织计划，以保证调查工作能够顺利进行。调查组织计划具体包括：确定调查工作的组织领导，明确调查的方式方法，规定调查的工作步骤、工作程序和工作内容，以及组织培训相关调查人员，制定调查经费开支计划等事项。

第三节　统计调查的组织形式

统计调查的组织形式主要有统计报表和专门调查（包括普查、重点调查、典型调查和抽样调查）。在计划经济体制下，我国用来搜集统计资料的常用方法是全面统计报表，专门调查则是统计调查的辅助方法。随着市场经济的发展，全面统计报表已经不适应瞬息万变的市场环境，为了适应需要，灵活机动的专门调查成为了主要的调查组织形式。

一、统计报表

统计报表是指政府主管部门为了定期取得系统、全面的基本统计资料而采取自上而下的行政手段进行布置，然后由企事业单位自下而上层层汇总上报，提供基本统计数据的一种调查方式。

（一）统计报表的特点和种类

1. 统计报表的特点

统计报表在各种统计调查的组织形式中，具有显著的特点，具体包括：

(1) 为了保证所搜集资料的统一性，统计报表的指标体系、表格形式、报送程序和报送时间都是由国家统一规定的。

(2) 统计报表作为一种全面调查形式，在报表的实施范围内各单位都必须全面贯彻执行，这样，从基层单位的填报，再到部门、地区以及全国的汇总综合，便可以得到国民经济全面的基本统计资料，满足各个层次统计工作的需要。

(3) 统计报表的资料是以基层单位的原始记录、核算资料作为依据的，具有相对的可靠性。

同时，统计报表也具有一定的局限性，主要表现在：第一，统计报表制度是一种全面的报告制度，在搜集资料时，需要耗用大量的人力、物力和财力，而且由于工作量大，涉及面广，不如非全面调查灵活。第二，在逐级汇总过程中，中间环节较多，容易产生误差，不够准确，并且影响及时性。第三，统计报表只能反映基本情况资料，如果想要深入了解，必须结合专门调查一起进行。

2. 统计报表的种类

从不同的角度,统计报表可进行不同的分类:

(1) 按照调查对象范围的不同分为全面统计报表和非全面统计报表。前者要求调查对象中全部单位填报,属于全面调查范畴;后者只要求调查对象中一部分单位填报,属于非全面调查范畴。目前,我国大多数统计报表是全面统计报表。

(2) 按照实施范围的不同分为国家统计报表、业务部门统计报表和地方统计报表。国家统计报表也称为国民经济基本统计报表,是国家统计部门为了搜集反映国民经济和社会发展情况的基本统计资料,由国家统计局统一制定,并在规定的范围内,统一报送执行的统计报表,包括农业、工业、交通运输、对外经贸、财政金融、教育、居民生活等国民经济的基本统计资料。业务部门统计报表是国民经济各业务部门为了搜集本系统内业务管理所需要的统计资料而制定的统计报表。地方统计报表是针对地区特点而补充制定的地区性统计报表,用来满足地方统计的专门需要。国家统计报表是统计报表体系的基本部分,业务部门和地方的统计报表是国家统计报表的必要补充。

(3) 按照报送周期长短的不同,统计报表分为日报、旬报、月报、季报、半年报和年报等。各种报表报送周期的长短和报送指标的项目的多少具有一定的关联性,通常报送的周期越短,报送的指标就越少;报送的周期越长,报送的指标就越多。年报作为一年来的生产经营情况的全面总结,它的指标最多,内容最详尽,范围也最广。日报、旬报因为时效性强,报送的内容一般都比较简要、精炼,重点报送生产中最主要的指标。在报表选择时的一般原则是:对于年报或者半年报能够满足需要的,就不要用季报、月报;对于月报能满足要求的,就不要用日报、旬报。

(4) 按照报送方式的不同,统计报表分为邮寄报表和电讯报表。电讯报表又可分为电报、电话、电视传真和网络报送等形式。日报和旬报要求迅速上报,通常用电讯报送的方式。目前,随着互联网技术的发展,网络报送方式也越来越得到人们的青睐。邮寄报表是通过邮局寄送的方式报送报表,这种方式比较安全,但是缺乏时效性,一般月报、季报、半年报和年报都通过邮寄报送。

(5) 按照填报单位的不同,统计报表分为基层报表和综合报表。基层报表是由基层企事业单位根据本单位的原始记录,整理、填报的统计报表。综合报表是由主管部门或者统计部门根据基层报表逐级汇总整理,编制的统计报表。基层报表只能反映一个基层单位的经济情况,而综合报表反映的是一个部门、行业、地区或国家的基本经济情况,相对基层报表其反映更全面、更综合。

(二) 统计报表制度的内容和制定原则

统计报表制度是一整套搜集国民经济和社会发展基本情况数据资料的系统,是我国统计调查的重要组织形式。执行统计报表制度,是我国各地区、各部门、各单位按照国家法律的规定,必须向国家履行的一种义务。

1. 统计报表制度的内容

统计报表制度主要包括表式和填表说明两项内容。

(1) 表式。表式是指统计报表的具体格式,是统计报表制度的主体内容。报表的格式由国家统计部门根据研究目的和任务的需要进行设计。一份统计报表,表式的主要内容包括主栏项目、宾栏指标以及补充资料项目等。此外,每张报表还列出表名、表号、填表单位、审批单位、报出日期以及报送单位负责人和填表人的签名等。有了这些内容,才能成为一份完整的统计报表。

(2) 填表说明。为了保证统计报表报出数据的准确性和可靠性,需要对统计报表的填报事项进行详细的解释说明,以保证基层单位对报表内容有统一的理解,从而能够正确填报,保证报表资料的质量。主要内容有:

① 填报范围,是指统计报表的实施范围。一方面需要明确每种统计报表应该由哪些单位填报,以避免填报单位的遗漏,保证统计资料的完整性;另一方面需要明确各级主管机关或统计部门进行汇总时的范围,从而方便统计资料的汇总整理,而且在填报范围发生变动时,便于调整统计资料,使不同时期或不同地区的统计资料具有可比性。

② 分类目录,是指统计报表中主栏项目的一览表。分类目录是统计报表中需要填报的详细类目,是填报单位的重要依据,有了分类目录,可以保证统计报表内容的完整性。分类目录也不是一成不变的,随着客观情况的变化和管理工作的改进,可以做必要的修订。

③ 指标解释,是指对列入表式的统计指标的解释。通过对指标的概念、计算口径、计算方法以及其他相关问题的具体说明,使填报单位对指标概念有统一的理解,从而保证统计数据的准确性和统计资料的可比性。

2. 制定统计报表制度的原则

为了保证统计报表制度的贯彻执行,统计报表制度应遵循以下原则:

(1) 表式和统计指标的确定,既要适用,又要精简。在满足各级领导和有关部门了解情况、计划管理和业务需要的前提条件下,表式和统计指标要力求简练,避免繁琐重复。

(2) 合理确定统计报表的报告周期。根据统计资料的实际需要,分清轻重缓急,对统计报表规定按月、按季或者按年进行报送。

(3) 基层报表要做到统一、配套。统计部门可以会同有关主管部门共同制定一套基层单位统一使用的统计表式,或者划分不同类别的报表,由统计部门和有关主管部门分别制定,最终组成一套基层单位统一使用的统计表式。这套表式一经确定,在一定时期应保持相对稳定。

(4) 结合地方实际情况。地方综合统计报表应在满足上级部门需要的前提下,增加地方需要的指标和分组。

(5) 国家、部门和地方必须适当分工,相互配合。国家、部门和地方的统计报表内容如果存在重复的地方,不应要求基层单位重复填报,以减轻基层单位的负担。

总之,统计报表制度的制定应符合科学、统一、适用、精简的要求。在满足统计需要的同时,尽量减轻基层单位的负担。

(三) 统计报表的资料来源

基层单位的原始记录和统计台账是统计报表资料的两项重要来源。

1. 原始记录

原始记录是基层单位通过一定的表格形式,对生产经营活动的具体内容和状况进行的最初的数字和文字记载。原始记录是基层单位生产经营活动的第一手资料。只有提高原始记录的准确性,才能提供真实可靠的统计数据,从而服务统计分析和统计监督工作,因此,建立和健全原始记录制度,对做好统计工作,提高统计信息的准确性,强化统计监督,加强企业管理都具有极其重要的意义,同时为企业编制统计报表和经济核算提供依据,使得各级领导及时掌握经济运行的实际情况，从而为正确的决策和科学的管理提供基础。建立和健全原始记录制度应遵循以下几条基本原则：

第一，原始记录的设置要从基层单位的实际情况出发，使之符合本单位生产经营的特点和适应经营的需要，防止生搬硬套，脱离实际。同时，还应随着生产业务的发展、变更和经营管理水平的提高，对原始记录及时做出相应的调整。

第二，原始记录的设置要兼顾本单位经济核算的需要。原始记录在设置时既要符合国家统计制度和会计制度的要求，又要满足统计、会计、业务三种核算的需要，因此，在设置原始记录时，应与各有关部门共同协商，使得原始记录的设置简单明了，格式统一，同时满足各方工作的需要，避免各部门单独设置出现互相矛盾的情况。

第三，原始记录的设置，力求简明扼要、通俗易懂、填写方便，易于各级人员掌握和运用。

原始记录根据内容的不同可以分为两类：一是反映生产活动情况的记录。例如，工业企业的产品产量、质量的记录，工人的出勤、工时的记录，原材料、燃料及动力的消耗记录，固定资产的变动、运转记录等。二是反映经营管理情况的记录。如工业企业的原材料入库单、产成品的入库单、库存产品的出库单、商品的销售单等；又如商业企业的进货单、销售发票和商品调拨单等。

哪里有生产经营活动，哪里就一定有原始记录。因此，原始记录具有以下的特点：

(1) 广泛性。原始记录涉及生产经营活动的各个环节，人财物、供产销都会产生原始记录。

(2) 经常性。生产经营活动是连续不断进行的，因此，原始记录与之相对应，也是连续不断地进行记录的。

(3) 真实性。原始记录是根据生产经营活动的真实事项加以记载的。

2. 统计台账

统计台账是基层单位根据统计报表的要求和基层经营管理的需要，而按时间顺序设置的一种系统积累统计资料的表册。它是介于原始记录和统计报表之间的一种资料形式，比原始记录更系统化、条理化。统计台账的主要特点有：第一，它的资料来源不仅包括原始记录，还包括各种汇总表、计算表等；第二，统计台账是按照时间顺序进行登记的；第三，它是基层统计人员为了积累统计资料，开展统计分析研究而设置的。

各单位可以根据自身情况和管理需要来设置统计台账，因此它形式多样，在一个企业，可以建立班组统计台账、车间统计台账、厂部统计台账，还可以分部门设置台账，例如产量台账、产品质量台账、原材料收发存台账等。

统计台账在经济管理中具有重要的作用，具体如下：

(1) 为编制统计报表做好准备工作。建立统计台账可以将整理大量繁琐的原始记录工作在平时完成，到期末只需要分类汇总就可以把统计报表编制完成，有利于实现统计报表报送的及时性。

(2) 便于及时发现统计数字的差错。统计台账逐日登记，逐日汇总，在整理过程中便于资料的前后比对，可随时发现数字差错，从而及时更正，保证统计资料的准确性。

(3) 有利于及时反映经营管理活动的情况。分散的原始记录经过系统整理，可以及时反映企业生产进度及经营情况、计划完成情况等，为各级领导安排生产提供了资料保证。

在建立统计台账时，首先，要有明确的目的和要求，防止工作繁琐和重复；其次，要把编制统计报表、积累资料和开展分析工作结合起来；最后，要明确规定统计台账的保管、使用和交接等责任制度，做到统计台账既便于管理，又能满足各方面的需求。

二、普查

（一）普查的意义和方式

普查是根据统计任务的特定目的而专门组织的一次性全面调查，主要是调查社会经济现象在某一时期或某一时点的状况。例如人口普查、第三产业普查等。

普查是一种重要的调查方法。通过统计报表，虽然通常可以搜集到全面的基本统计资料，但它不能代替普查。普查的主要作用在于掌握某些关系到国计民生和国情国力的重要数据，为国家从实际出发制定政策和计划，尤其是对国民经济长远发展规划提供基本依据。普查需要动用很多人力、物力、财力，要求调查的内容具有较高的准确性和时效性，因此普查工作必须统一领导、统一要求、统一行动。

普查的组织方式一般有两种：一是组织专门的普查机构，配备一定的调查人员，自上而下的对调查单位直接进行登记调查。例如，2010 年的第六次人口普查，就是由国务院及各级政府组成专门的普查机构，由基层普查人员直接进行调查登记。二是利用调查单位的原始记录和核算资料，通过使用一定的调查表，由调查单位自行填报。例如物资库存普查就属于这种形式。

按照普查资料汇总特点的不同，普查又分为一般普查和快速普查两种形式。一般普查是采取逐级布置和逐级汇总上报的办法，前后花费的时间较长。对于调查任务急迫，逐级上报的方式就需要采取快速普查的方式。这种形式下，普查任务的布置和资料的报送都越过中间环节，直接由普查工作的最高机关布置到各基层单位，各基层单位则直接把调查结果报送到普查工作的最高领导机关。同时，布置任务和报送资料一般都采用报表，并对普查资料采用超级汇总的办法，即集中在普查工作的最高机关，以缩短资料的传递和汇总时间。

（二）普查的组织原则

普查是一次性的全面调查，涉及面广，工作量大，而且要求调查的内容具有较高的准确性和时效性，为了能够完成普查任务，在组织普查工作的时候，应该遵循以下原则：

（1）必须规定标准时间。使所有的资料都反映这一个时间上的状况，避免调查资料的不统一。

（2）确定明确的普查期限。即确定普查的起止时间，各调查单位或调查点应同时进行工作，保持在方法、步调上一致，从而保证调查资料的准确性和时效性。

（3）规定统一的普查项目。普查项目的统一，有利于保持前后普查的一致性，从而方便进行比较。对于已经确定的普查项目，不能随意进行改变或者增减。

（4）选择最适当的普查时期。社会经济现象周而复始，循环往复，具有一定的周期性，普查应该尽可能地按照周期进行，这样便于进行前后期的动态分析和比较研究，从而发现事物的发展规律。

在普查的组织原则的基础上，要想做好普查工作，还需要仔细考虑普查的全过程，做好各项准备工作，包括：第一，建立普查的领导机构，为后续的普查工作做好组织准备，并对群众进行广泛的宣传，阐明调查目的、任务、方法和相关政策，取得广大群众的支持和合作；第二，设计普查方案，根据普查的目的和任务，确定普查对象和单位、普查项目和普查时间等；第三，组织和培训普查队伍；第四，普查工作全面进行之前应组织试点工作，及时总结经验，修订普查办法和工作细则。试点的过程也是修订和完善普查方案并培训普查干部的过程，为后面普查工作的全面展开奠定良好的基础；第五，物质准备和经费预算。

在做好准备工作的基础上，可以正式的开始调查登记，将普查资料及时报送受报机关，受报机关汇总分析普查资料，报送有关部门，最后公布资料，总结普查工作。

三、重点调查

重点调查是指在全部调查单位中，选择一部分重点单位进行调查，以了解和掌握现象总体基本情况的一种非全面调查。重点单位虽然在数量上只占全部单位的一小部分，但是它们的标志总量在总体标志总量中却占绝大部分，因此，对这些重点单位进行调查能够反映总体现象的基本情况。例如，如果需要了解我国钢铁生产的基本情况，只需要对全国几个重点钢铁企业，如宝钢、鞍钢、首钢、武钢等钢铁企业进行调查就能取得所需要的资料，了解整个钢铁行业的基本情况。

重点调查的关键是重点单位的选取，选取的标准有两个：第一，重点单位的数量占总体单位数量的比重较小；第二，重点单位的某一数量标志值的总和占全部单位数量标志值的总和的比例较大。

重点调查的调查单位少，只需要花费较少的人力、物力就可以取得较多的项目和指标，能够较好地反映总体的基本情况。但是重点单位的选择通常具有主观性，因此不能根据重点单位的数量特征来推断总体的数量特征。

重点调查的组织形式，可以是组织专门调查，也可以颁发统计报表，由选中的重点单位填报。

四、典型调查

典型调查是指根据调查的目的和任务，在对研究总体进行全面分析的基础上，有意识地选择少数具有典型代表性的单位进行深入调查研究的一种非全面调查。例如，编制上市公司股票价格指数时，选取在上海和深圳上市交易的各行业板块最具代表性的300家公司的股票作为代表，通过沪深300指数来反映股票价格变动情况。典型调查的主要特点是：第一，被调查的范围较小，调查单位少，便于从典型入手，逐步扩大到事物的一般性和普遍性；第二，能够用较少的人力、物力和时间对某一问题进行深入细致的调查研究，提高调查工作的时效性；第三，典型调查是一种深入、细致的调查，通过典型调查，既可以搜集到有关数字资料，又可以掌握具体、生动的情况，从而探索事物发展变化的规律性。

典型调查的首要问题是选择具有代表性的典型单位。典型单位，就是指在性质上最有代表性的单位。只有正确地选取典型单位，才能提高典型调查的质量。典型单位的选取要根据调查的目的和任务来决定，当研究的目的是为了探索事物发展的一般规律时，可选取一般的能代表全面情况的单位作为典型单位；如果研究的目的在于总结经验教训时，则可以选取先进或者落后的单位作为典型单位。典型单位选取的多少，要根据调查对象的总体特点来决定。当调查单位之间的差异性很大时，可以将调查对象进行分类，从每一类别中选取几个典型单位，全部类别的典型单位形成一个典型单位的整体；如果调查单位之间的差异性不大，可以选择其中一、二个典型单位进行调查。

典型调查是统计工作中常见的调查形式，其主要作用有：第一，典型调查可以深入研究社会经济现象中出现的新生事物。当出现新情况、新问题时，通过典型调查的方式，对其及时地进行深入的研究，可以从中看出事物发展的规律和方向，从而形成科学的预见。第二，典型调查能对具体问题进行深入细致的分析。通过对研究问题的具体分析，弄清事物发生、发展的过程，从而认识事物的本质特征，才能找到解决问题的办法。第三，典型调查可以弥补全面调查的不足。全面调查范围广，只能搜集少数最基本的指标，而通过典型调查则可以通过少数几个典型单位的调查研究来验证和弥补全面调查资料。第四，在一定条件下，典型调查的结果可以用来推断总体的指标数值。例如，当总体中各单位之间标志值差异很小，且每个单位都具有一定代表性时，或者当总体中各单位之间标志值差异较大，但通过对总体分类，掌握各类型的典型单位的数字资料和各类型单位在总体中的比重时，可以按比例推算总体指标的数值，但是无法计算误差。

五、抽样调查

抽样调查是指按照随机原则从总体中抽取一部分单位进行调查研究，用以推断总体数量特征的一种非全面调查。抽样调查具有以下特点：第一，它是按照随机原则抽取样本的，完全排除人为主观因素的影响，总体中各单位被抽取的机会均等；第二，能够从样本数据推断总体数量特征，并用概率度来判断推断的可靠程度。例如，要检测一批灯泡的使用寿命，只需要从总体中随机抽取若干个灯泡进行检测，测得他们的使用时间，从而可以推断出该批灯泡的平均寿命。

由于抽样调查的单位少，调查、登记和汇总都可以专业化，因而节省了人力、物力和时间，而且通过这种方式，还能取得比较正确的全面统计资料，因此，抽样调查方法在社会经济领域和科学试验中都具有广泛的应用。有关抽样调查的知识，我们在后文中还要专门进行研究。

以上从不同角度介绍了统计调查方法，每种调查方法都具有自身的优点和局限性，各有不同的实施条件，只采用一种统计调查方法，不能较好的反映社会经济现象的真实情况，同时，随着社会经济的发展，统计调查对象日趋复杂，经济结构日益多元，国民经济门类众多，变化莫测，只有采用多种多样的统计调查方法，将各种调查方法合理结合起来，才能搜集到丰富的统计资料，更好地发挥统计在认识社会中的作用。

第四节 统计调查误差及其防止

统计调查资料搜集过来之后，需要对统计资料进行检查，才能进入统计整理阶段。检查的内容包括资料的准确性、完整性和及时性。其中准确性的检查是难度最大，最费时费力的检查。

一、统计调查误差的种类与原因

统计调查误差是指统计调查结果与所调查现象的真实数量之间的离差。分为登记性误差和代表性误差两种形式。登记性误差是指由于错误判断事实或错误登记事实而发生的误差，不管是全面调查还是非全面调查都会存在登记性误差。代表性误差是非全面调查所固有的，因为非全面调查只调查现象总体中的部分单位，部分单位不能完全反映总体的性质，就会产生误差。非全面调查中，只有抽样调查能够计算代表性误差，因此，通常所说的代表性误差是就抽样误差而言的。

调查资料的准确性检查指的是登记性误差的检查，即审核和修正调查过程中产生的误差。登记性误差又分为偶然登记误差和系统登记误差。偶然登记误差的特点是不具有倾向性，即在数量上不偏向于某一方，这类误差既可能被放大，也可能被缩小，在对大量调查资料进行整理时，通常会相互抵消。偶然登记误差原因很多，例如调查人员不认真，或者由于技能原因发生的遗忘、笔误、错填，或者是被调查者回答不当等。系统登记误差具有明显的倾向性、一贯性，而在数量上偏向某一方，又称为偏差。系统登记误差产生的原因可能是由于仪器本身不精确，或者统计方法粗略，或者统计方案设计不完善等产生的。例如，使用没有校正好的测量工具而使得测量数据连续偏大或偏小；又如，统计调查方案中的项目不明确而造成调查资料普遍的放大或缩小；或者主观故意的歪曲事实。无论哪种原因，系统性误差的危害性都比较大，对最后整理综合的结果影响程度较大。

二、统计调查误差的防止

为了取得准确的统计资料，应该采取各种必要的措施，尽可能防止可能的统计调查误差，把误差降低到最低限度。

对于代表性误差的防止，如果是典型调查，应在调查前从多方面对调查对象进行比较分析，广泛征求意见，选出同类事物中具有较高代表性的单位作为典型单位进行调查；如果是抽样调查，则应严格遵守随机原则，具体控制方法在抽样推断一章进行详述。

对于登记性误差的防止，首先，要制定正确的统计调查方案，详细说明指标含义和计算方法，合理选择统计调查方法，使之符合实际情况，并且让调查人员或者填报人员不产生歧义，能够准确执行。其次，有了科学的统计调查方案，还应该抓好调查方案的贯彻执行，这就包括：(1) 加强对统计调查工作人员的培训，使每个统计人员都能严格地执行统计调查方案。(2) 扎扎实实地搞好统计基础工作。建立统计机构，配备必要的统计工作人员。建立健全原始记录、统计台账、班组核算等相关制度，使统计资料的来源准确可靠。(3) 在统计调查过程中，加强对数字填报质量的检查。采取的方法是逻辑检查和计算检查。逻辑检查就是检查调查资料内容的合理性，项目之间有无相互矛盾的地方，或者检查数字的平衡关系，以发现逻辑上的矛盾。计算检查就是检查调查表或报表中各项数字在指标口径、计算方法和结果上有无差错，单位是否符合规定等。

课后练习

一、思考题

1. 什么是统计调查？它在整个统计研究中占有什么地位？
2. 统计调查有哪些分类？它们有什么特点？运用于什么样的社会经济现象？
3. 为什么搞好统计调查工作需要事先制订调查方案？包括哪些内容？
4. 调查对象、调查单位和报告单位的关系如何？
5. 统计报表有哪些特点？有哪些种类？
6. 如何认识统计报表制度？

7. 统计普查有哪些主要特点和应用意义?

8. 重点调查和典型调查有何区别?

9. 重点调查中的重点单位的含义是什么?

10. 调查误差有哪些种类?

二、单项选择题

1. 某地区对小学学生情况进行普查,则每所小学是　　(　　)

① 调查对象　② 调查单位　③ 填报单位　④ 调查项目

2. 对百货商店工作人员进行普查,调查对象是　　(　　)

① 各百货商店　② 各百货商店的全体工作人员

③ 一个百货商店　④ 每位工作人员

3. 在统计调查阶段,对有限总体　　(　　)

① 只能进行全面调查

② 只能进行非全面调查;

③ 既能进行全面调查,也能进行非全面调查

④ 以上答案都对

4. 有意识地选择三个农村点调查农民收入情况,这种调查方式属于　　(　　)

① 重点调查　② 普查　③ 抽样调查　④ 典型调查

5. 统计报表大多属于　　(　　)

① 一次性全面调查　② 经常性全面调查

③ 经常性非全面调查　④ 一次性非全面调查

6. 人口普查规定统一的标准时间是为了　　(　　)

① 避免登记的重复和遗漏　② 具体确定调查单位

③ 确定调查对象的范围　④ 为了统一调查时间,一起行动

7. 第六次人口普查的标准时点为 2010 年 11 月 1 日零点,11 月 1 日调查员在各家调查时,得知王××家 10 月 31 日 23 点 38 分生了一个小孩,过了半小时李家也生了一个小孩,则这两个小孩如何登记?　　(　　)

① 两家小孩均予登记

③ 王家的小孩应予登记,李家小孩不予登记

② 两家小孩均不予登记

④ 王家小孩不予登记,李家小孩应予登记

8. 在统计调查中,调查单位和填报单位之间　　(　　)

① 一致的　③ 是无关联的两个概念

② 是无区别的　④ 一般是有区别的,但有时也一致

9. 在统计调查中,填报单位是　　(　　)

① 调查项目的承担者

② 构成调查对象的每一个单位

③ 负责向上报告调查内容的单位

④ 构成统计总体的每一个单位

10. 非全面调查中最完善、最有计量科学根据的方式方法是　　(　　)

① 重点调查　② 典型调查　③ 抽样调查　④ 非全面统计报表

三、多项选择题

1. 普查是　（　）

① 非全面调查　② 专门调查　③ 全面调查　④ 经常性调查　⑤ 一次性调查

2. 非全面调查形式有　（　）

① 重点调查　② 抽样调查　③ 典型调查　④ 非全面统计报表　⑤ 统计报表

3. 乡镇企业抽样调查中，抽取的每一个乡镇企业是　（　）

① 调查主体　② 调查对象　③ 调查单位　④ 调查项目　⑤ 填报单位

4. 全国工业企业普查中　（　）

① 全国工业企业数是调查对象　② 每个工业企业是调查单位

③ 每个工业企业是填报单位　④ 全国工业企业数是统计指标

⑤ 全国工业企业是调查对象

5. 下列统计调查中，调查单位与填报单位一致的是　（　）

① 工业企业设备普查　② 零售商店调查

③ 人口普查　④ 工业企业普查

⑤ 学校学生健康状况调查

6. 重点调查是在调查对象中，选择其中的一部分重点单位所进行的调查，所谓重点单位是　（　）

① 在总体中举足轻重的单位

② 在总体单位数中占有很大比重的单位

③ 在总体中数目不多的单位

④ 能够反映出总体的基本情况的那些单位

⑤ 就调查的标志值来说，在总体中占有很大比重的单位

7. 调查单位和填报单位既有区别又有联系，是指　（　）

① 某一客体不可能既是调查单位又是填报单位

② 某一客体可以同时作为调查单位和填报单位

③ 调查单位是调查项目的承担者，填报单位是向上报告调查内容的单位

④ 调查单位是向上报告调查内容的单位，填报单位是调查项目的承担者

⑤ 调查单位和填报单位都是总体单位

8. 专门组织的调查包括　（　）

① 典型调查　② 统计报表　③ 重点调查　④ 普查　⑤ 抽样调查

四、判断题

1. 普查可以得到全面、详细的资料，但需花费大量的人力、物力和财力及时间。因此，在统计调查中不宜频繁组织普查。　（　）

2. 统计调查人员以调查表或有关材料为依据，逐项向调查者询问有关情况，并将结果记录下来，这种统计调查方法是直接观察法。　（　）

3. 重点调查的重点单位在全部总体中虽然数目不多、所占比重不大，但就调查的标志值来说却在总量中占很大的比重。　（　）

4. 统计调查中，调查单位与填报单位是一致的。　（　）

5. 调查时间是指调查工作所需的时间。（　　）

6. 各种调查方式结合运用,容易造成重复劳动,故不宜提倡。（　　）

五、综合训练

将本班学生分为几个学习小组,每小组结合学生校园生活情况确定统计调查目的,结合实际,编制一份统计调查方案,设计一份调查问卷,实地调查,写出调查分析报告。

第三章　统计整理

学习目标

本章阐述统计整理中分组的方法、汇总的技术以及表现整理结果的统计表设计。学习本章，要求：1. 认识统计整理在统计研究中承前启后的地位；2. 理解并掌握统计分组的基本方法和汇总技术；3. 学会统计表的编制并能熟练地运用。

内容框架图

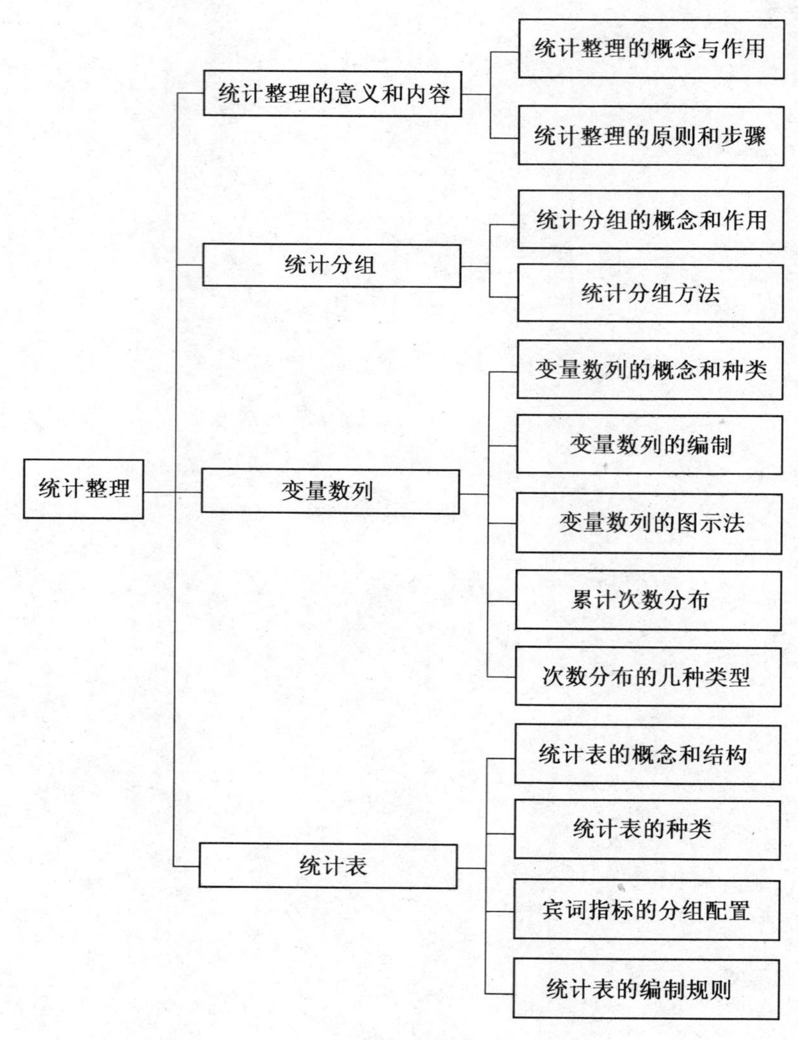

第一节　统计整理的意义和内容

一、统计整理的概念与作用

统计整理是统计研究工作的重要阶段，因为统计调查搜集来的资料是大量的、凌乱的，统计整理是根据统计研究的目的，将统计调查搜集来的原始资料进行科学的分类与汇总，或对已经加工的综合资料进行再加工，使之系统化、条理化，为进行下阶段的统计分析做好准备。

通过统计调查取得总体各个单位的资料是不系统的、分散的，仅能表明各个调查单位的具体情况，反映的是事物的一个侧面，不能说明被研究总体的全貌。这就需要通过统计整理，对大量原始资料进行加工汇总，提炼出数据中有用的信息，使调查资料系统化、条理化和科学化，最终能够实现从个别单位的标志值向总体数量特征的指标值过渡。统计整理是人们对社会经济现象从感性认识上升到理性认识的过渡阶段，为以后的统计分析提供了基础。因此，它在统计研究中起到了承前启后的作用。

统计整理在整个统计研究工作中起着十分重要的作用，资料整理是否正确，直接决定了整个统计研究任务能否顺利完成。如果整理过程不恰当，整理方法不完善，会使原本丰富、完备的资料失去价值，从而不能看到真相，得不到正确的结论。因此，必须以正确、科学的原则和方法对统计资料进行加工整理，以保证统计研究工作的顺利完成。

二、统计整理的原则和步骤

统计整理的目的是通过对事物个体的研究来达到对事物总体的认识，揭示事物的发展规律。而社会经济现象不是单一的，而是多方面的，彼此之间有着密切的联系。因此，在统计整理过程中，应该首先对所研究的社会经济现象进行深刻的分析，在此基础上运用最基本的、最能反映问题本质特征的统计分组和统计指标对统计资料进行加工整理。

统计整理是一项复杂而又细致的工作，需要有组织、有计划地进行。统计整理的步骤如下：

（一）设计和编制统计资料整理方案

正确地制定统计资料整理方案，是保证统计整理工作有计划、有组织地进行的首要步骤，是统计设计在统计整理阶段的具体化。在进行统计整理工作之前，应该根据统计研究的目的，确定对统计调查中搜集的资料进行整理的具体内容。同时，还需要确定如何进行统计分组，采用哪些汇总指标，以及统计资料如何表现等。这些统计整理方案的内容体现在一系列的整理或汇总表中。

（二）对原始资料进行审核

在进行统计整理之前，需要对搜集到的原始资料进行审核和检查，也就是对搜集到的数据资料进行预处理。通过审核和检查，以保证原始资料的准确性、及时性、完整性和系统性。这是一项必不可少的准备工作。

对原始资料准确性的审核是重点，通过逻辑检查和计算检查两个方面进行。逻辑检查是指从逻辑关系上审查调查项目之间或数据之间有无矛盾，是否合乎逻辑规律。计算检查是指对搜集到的数据资料进行检查，看计算方法和口径是否正确，有关联的数据之间能否相互验证，合计数与各项数据之间是否平衡等。

原始资料及时性的审核是指检查资料是否符合调查的时间规定，资料的报送是否及时等。

原始资料完整性和系统性的审核主要是检查资料是否系统周密，是否按规定的调查项目进行了搜集，调查单位有无重复和遗漏，报送单位是否存在不报、漏报的情况等。不完整、不系统的统计资料难以全面反映现象的总体特征和规律，也会影响到以后统计资料的整理和分析工作。

在审核原始资料时，既可以逐项对资料进行全面的审核，也可以抽取重要部分或容易出现差错的部分进行重点审核。对于审核过程中发现的错误和问题，应当予以及时的查询和纠正。

（三）对原始资料进行统计分组和统计汇总

调查搜集来的原始资料是大量的、零星分布的，为了对资料进行分析，可以按照一定的标准，将原始资料进行分类或分组。然后对分组资料进行综合汇总，计算各种指标，以反映总体的数量特征。

（四）编制统计表或绘制统计图

将整理结果编制成统计表或绘制成统计图，简明扼要地表明现象的数量特征。

第二节　统计分组

一、统计分组的概念和作用

（一）统计分组的概念

统计分组是指根据统计研究的目的和任务，按照某一个或几个标志将总体划分为不同类型或不同性质的组的一种统计方法。统计分组的原则是“组内同质性，组间差异性”，也就是使性质相同的总体单位分在一组，把性质不同的总体单位区别开来。

社会经济现象是复杂多样的，我们对社会经济现象的研究，不仅要关注现象共性的一面，还要关注现象个性的一面。统计是为了认识总体，不仅需要确定总体单位数，还需要对总体中所有总体单位在质量和数量上的差异进行分析研究。这是我们认识社会经济现象的基础。因此，我们需要按照某一特征表现进行分组和分类，并通过相应的指标来分析他们的构成及关系，这样才能实现认识事物本质和规律的目的。对统计资料的分组，是整理和分析统计资料的基础，也是统计工作的基本方法。

（二）统计分组的作用

统计分组是研究社会经济现象的重要方法。它在统计研究中的作用可以归纳为以下几方面：

1. 划分社会经济现象类型

由于社会经济现象的多样性，各种不同类型的现象具有不同的特点和发展规律，在进行统计整理时，只有将现象总体划分为不同的类型，分别进行研究，才能全面深刻地了解社会经济现象总体。例如，将国民经济划分为物质生产部门和非物质生产部门两种类型，在物质生产部门中又包括工业、农业、建筑业、运输业、邮电业、商业等生产部门。工业又可划分为重工业和轻工业两种类型。在重工业中，又可划分为采掘工业、原料工业、制造工业等类型。

2. 研究总体的内部结构

统计总体按照某种标准分组后，被划分为若干个性质不同的组成部分，用总体中某一组的数量指标值除以总体相应的数量指标值，可以计算出各组在总体中所占的比重，以此来研究总体内部各部分之间存在的差别和相互关系，从而认识现象发展过程和发展规律。例如，2006—2011 年我国按三次产业分类的从业人员构成情况，如表 3-1 所示。

表 3-1　我国按三次产业分类的从业人员构成情况　　单位：%

年份	构成		
	第一产业	第二产业	第三产业
2006	42.6	25.2	32.2
2007	40.8	26.8	32.4
2008	39.6	27.2	33.2
2009	38.1	27.8	34.1
2010	36.7	28.7	34.6
2011	34.8	29.5	35.7

资料来源：根据国家统计局网站数据整理计算。

通过表 3-1 可以看出，从 2006—2011 年我国第一产业从业人员的比重在逐年下降，第二产业的从业人员所占比重基本稳定，第三产业的从业人员所占比重逐年上升。

3. 分析现象之间的相互依存关系

一切经济现象都不是孤立存在的，而是处于广泛的相互联系、相互依存和相互制约之中，通过统计分组，有助于人们全面、深刻地认识事物，从而揭示现象的相互依存关系。例如，某地区粮食单位面积产量和施肥量情况，如表 3-2 所示。

表 3-2　某地区粮食单位面积产量和施肥量情况

每公顷化肥施用量（千克）	粮食单位面积产量（千克/公顷）
116.25	2 827.5
133.50	3 124.5
145.50	3 396.0
153.75	3 608.3
163.50	3 484.0

通过表 3-2 可以看出，化肥施用量与粮食单位面积产量之间存在依存关系，合理适度地施用化肥可以有效地提高粮食单位面积产量。

二、统计分组方法

要充分发挥统计分组的作用，必须在科学的理论指导下，进行恰当的分组，其中涉及分组标志的选择、组的界限的划分、分组体系的确定等问题。

（一）分组标志的选择

分组标志是指进行统计分组时所依据的标准。统计分组的关键就在于分组标志的选择。对于同一资料，选择不同的分组标志，常常会得到不同的结论。因此，分组标志作为把现象总体划分为各个不同性质的组的标准，选择正确与否，关系到能否正确地反映总体的性质特征，从而关系到能否实现统计研究的目的和任务。分组标志一旦确定，必将突出现象总体在此标志下的性质差异，而掩盖总体在其他标志下的差异。不恰当的分组，不但无法反映现象的本质特征，甚至会把不同性质的事物混杂到一块，歪曲社会经济现象的实际情况。

任何事物都有很多标志可以选择，要从中选取能够反映总体本质特征的标志进行分组。在选择分组标志时，应遵循如下的基本原则：

第一，根据统计研究的目的和任务来选择分组标志。在分组标志选择时，根据统计研究的目的和任务，选择恰当的分组标志，才能更全面深刻地认识现象总体。例如，要研究北京市居民的房屋居住改善情况，应选择按人均居住面积进行分组；要研究北京市居民的文化素质，应选择按居民的受教育程度进行分组。统计研究的目的和任务不同，选择的分组标志也应该不同。

第二，要选择能够反映事物本质特征的标志作为分组标志。在总体的标志中，有的标志能够揭示总体的本质特征，有的则是非本质的、无足轻重的，只有选择能够揭示事物本质特征的标志作为分组标志，才能揭示事物的本质和规律。例如，要研究北京市居民房屋居住改善情况，首选的分组标志是人均居住面积，而房屋的建筑面积、结构、朝向、层次等情况都不能反映真实的居住改善情况。

第三，要结合经济现象所处的历史条件和经济条件来选择分组标志。社会经济现象是在不断发展变化的，在不同的历史时期和经济条件下，选择的分组标志也应该有所变化，在一定的时间、地点和条件下，一个分组标志可以反映经济现象的本质，但是随着时间的推移，可能已经失去了原来的意义，所以，要根据具体情况的变化选择恰当的分组标志。例如，为了研究企业规模与劳动生产率等因素之间的关系，需要按企业的规模进行分组。反映企业规模的指标包括职工人数、生产能力、固定资产原值、年产量、年产值等，选择其中的哪个标志作为分组标志，需要根据具体情况来定。在技术不发达或劳动密集的情况下，适宜用职工人数的多少来表示企业规模的大小；而在技术进步的历史时期或技术装备比较先进的条件下，就应该考虑采用固定资产原值或年产量等作为分组标志。同时还应注意，即使在相同的历史条件下，不同的经济部门或生产部门，也应该根据具体情况，考查它们经济发展的条件、生产性质、经营方式的不同，选择不同的分组标志。例如，在经济建设飞速发展的今天，对于有些农作物产区仍处于粗放式经营的情况，可以采用耕地面积来反映生产单位的规模；而在集约发展的地区，则要选择产值来反映生产单位规模的大小。

（二）分组标志的种类

按照分组标志特征的不同，对统计总体可按品质标志和数量标志进行分组。

(1) 品质标志分组。按品质标志分组是指选择反映事物属性差异的品质标志作为分组标志进行分组。例如，在校大学生按照专业进行分组；企业职工按照职称进行分组；企业按所有制形式进行分组等。按照品质标志进行分组比较简单，在对品质标志分组的结果进行数量统计时，只能统计出各组的频数和频率，无法进行其他方面的数量分析。

在实际工作中，常常需要对所研究的现象进行复杂的品质分组。这种复杂的品质分组也称为分类，例如国民经济行业分类、产品分类、人口职业分类等。它们不仅涉及复杂的分组技术，而且也涉及国家的政策和有关科学理论，因此在分组时要十分慎重。为了保证各种分类的统一性和完整性，国家制定了统一的分类目录和标准。

(2) 数量标志分组。按数量标志分组是指选择按照反映事物数量特征的数量标志作为分组标志进行分组，并在数量标志的变异范围内划定分组界限。例如，在校大学生按照年龄进行分组；企业职工按照工龄进行分组；企业按照固定资产价值进行分组等。

与按照品质标志进行分组不同，数量标志分组表现为不等的变量值，这些变量值能够准确地反映现象在数量上的差异，却不能明确反映出现象在性质上的差异。因此，在按数量标志进行分组时，应当根据研究的目的和任务，首先确定总体在已选定的数量标志特征下有多少种性质不同的组成部分，然后再研究确定各组成部分的数量界限，使分组的数量界限能够区分现象的性质差异。关于按照数量标志分组的具体问题，将在后面进行阐述。

（三）简单分组和复合分组

根据分组标志选择的多少，统计分组可以分为简单分组和复合分组。简单分组是指在对所研究的现象总体进行分组时，只采用一个分组标志进行分组。简单分组只能从事物的某一方面反映其分配状况和内部结构，例如，人口总体按照性别进行分组，在校学生按照年级进行分组。复合分组是指在对所研究的现象总体进行分组时，采用两个或两个以上的标志层叠起来进行分组。即先按一个标志分组，然后再按另一个标志将已分好的各组又划分为若干组。例如，人口按性别和年龄进行分组，先将人口分为男、女两组，然后再以不同年龄把每组划分为若干组成部分；在校学生按照年级和性别进行分组，先将在校学生按照年级进行划分，然后每个年级按照男、女分为两组。这种分组形式，能够比简单分组更全面、深入地分析问题，但是复合分组不宜选择过多分组标志，因为分组标志越多，分组的组数会成倍地增加，所以，采用复合分组的情况下，分组标志个数的选择要适当。

（四）统计分组体系

无论是简单分组，还是复杂分组，都只是对社会经济现象的一个方面或几个方面进行观察和研究，不能反映经济现象的全貌。为了全方位的分析某一社会经济现象，必须从多个方面进行观察和分析，才能获得对事物的全面认识。这就需要将多种有联系的分组标志结合起来，对现象总体进行分组，再排列起来，从而组成分组体系。将社会经济现象按多个标志进行简单分组，再排列起来称为平行分组体系。复合分组本身就是多个标志结合起来分组，形成复合分组体系。在社会经济统计中，统计分组体系应用非常广泛，将统计分组体系和统计指标结合起来，形成一个统计资料信息系统，共同反映经济现象各个方面的联系。

第三节　变量数列

一、变量数列的概念和种类

（一）变量数列的概念

在讨论变量数列前，首先介绍一下次数分布的问题。在分组的基础上，把总体的所有单位按组归类整理，形成总体中各个单位在各组间的分布，称为次数分布。分布在各组的总体单位数称为次数或频数。各组次数与总次数之比称为比重、比率或频率。次数分布是统计分组的一种重要形式。次数分布实质是反映统计总体中所有单位在各组间的分布状态和特征的一个数列,因此也称为次数分布数列,简称分布数列。例如,人口按年龄分组后形成的人口数在各组分布情况的数列,学生按年级分组后形成的学生人数在各组分布情况的数列等,都是次数分布数列。

次数分布数列主要由各组名称(或各组变量值)与各组单位数(次数)两部分构成。有时也可以把比重列入分布数列中。次数分布数列的形式很简单,但是它是统计整理的重要形式。次数分布数列直观地表明了总体单位的分布特征和结构,在此基础上,可以进一步研究总体的构成、平均水平及其变动规律,是后续统计分析的一种重要手段。

根据分组标志特征的不同,次数分布数列分为品质分布数列和变量分布数列。按品质标志分组形成的次数分布数列称为品质分布数列,简称品质数列,如表 3-3 所示;按数量标志分组形成的次数分布数列称为变量分布数列,简称变量数列,如表 3-4 所示。

表 3-3 某学校学生的性别分布

性别	人数(人)	比重(%)
男	3 200	36.36
女	5 600	63.64
合计	8 800	100.00
各组名称	次数	频率

表 3-4 某企业利税计划完成情况

按计划完成程度分组(%)	企业数(个)	比重(%)
80～90	2	8
90～100	5	20
100～110	15	60
110～120	3	12
合计	25	100
各组变量值	次数	频率

对于品质数列,如果分组标志选择恰当,现象性质上的差异表现就比较明显,总体中各组的划分也比较容易。对于变量数列,现象在数量上的差异表现得比较明显,在性质上的差异却并不显著。人们在对现象性质差异的数列界限进行判断的时候,往往带有主观意识,因此,按照同一数量标志进行分组,也有可能形成多种变量数列。

(二) 变量数列的种类

根据变量的类型和变量值的多少,变量数列可以分为单项变量数列和组距变量数列两类。

1. 单项变量数列

当变量是离散型且变量值的个数不多时,可以将每个变量值代表一组形成变量数列,这样的数列称为单项变量数列。如表 3-5 所示。

表 3-5　某班同学的年龄分布情况

按年龄分组(岁)	学生数(人)	比重(%)
16	2	6.67
17	6	20.00
18	12	40.00
19	7	23.33
20	3	10.00
合计	30	100

如表 3-5 所示,其中某班学生年龄最大是 20 岁,最小是 16 岁,最大和最小仅差 4 岁,变量值只有 5 个,因此可以采用单项变量数列来反映。

2. 组距变量数列

当变量是连续型或是离散型但变量值的个数很多时,可以将若干个变量值放在一组,用变量值变动的一定范围(即组距)来编制变量数列,这种变量数列称为组距式数列。如表 3-4 所示。

在组距变量数列中,表示各组界限的变量值称为组限,其中较小的变量值称下限,较大的变量值称上限。如表 3-4 中,80%、90%、100%、110%、120%都是组限,第一组中的 80%是下限,90%是上限。各组上限与下限之间的距离称为组距,上限与下限之间的中点值称为组中值。即:

组距＝上限－下限

组中值＝(上限＋下限)÷2

例如,表 3-4 中的第一组组距＝90%－80%＝10%,组中值＝(90%＋80%)÷2＝85%。

编制组距变量数列时,常常使用像"××以上"或"××以下"这样不确定组限的组,这种组称为开口组,如表 3-6 所示。

表 3-6　某企业利税计划完成情况

按计划完成程度分组(%)	企业数(个)	比重(%)
100 以下	7	28
100～110	15	60
110 以上	3	12
合计	25	100

开口组的组中值按下列公式计算:

缺下限的最小组的组中值＝上限－相邻组的组距÷2

缺上限的最大组的组中值＝下限＋相邻组的组距÷2

例如,表 3-6 中,第一组的组中值＝100%－(110%－100%)÷2＝95%,第三组的组中值＝110%＋(110%－100%)÷2＝115%。

根据各组的组距是否相等，可以将组距变量数列分为等距数列和异距数列。各组组距均相等的数列，称为等距数列；各组组距并不都相等的数列，称为异距数列。编制组距变量数列时，采用哪种形式，要根据研究目的和研究现象的特点来决定。等距数列能够反映总体的分布特征，而异距数列能比较准确地反映总体各组成部分的性质差异。

二、变量数列的编制

编制变量数列是统计整理的主要内容，也是计算各种综合指标的基础。要想编制变量数列，首先，应根据被研究现象的特征，确定是编制单项变量数列还是组距变量数列。若编制组距变量数列，还应根据统计研究的目的，确定是编制等距数列还是异距数列。如果分组的目的是为了直接比较各组次数分布或分析对比各组的综合指标，则可采用等距分组的形式；如果分组的目的在于从数量上区分性质不同的总体，或者有特定的目的要求，则可以采用异距分组的形式。下面以等距数列为例，来说明变量数列编制的方法。

假设某班 30 名学生的“统计学”考试成绩资料如下：

61　79　69　85　52　70　73　83　82　61

68　57　72　69　76　79　80　67　81　66

78　83　85　51　90　78　63　74　92　75

首先，将搜集到的资料(成绩)按照数值的大小排列顺序：

51　52　57　61　61　63　66　67　68　69

69　70　72　73　74　75　76　78　78　79

79　80　81　82　83　83　85　85　90　92

从排序后的变量值，可以观察到全距和变量值分布的集中趋势。全距＝92－51＝41。从变量值的排列中看出成绩的分布集中在 60～80 分之间。

其次，确定组数和组距。在总体单位数既定的情况下，组数与组距呈反比例变化关系：组数越多，组距则越小，扩大组距，组数则会变少。组数和组距的确定，一般先确定组数，再确定组距。组数的确定应全面反映所分析现象的内容，即变量值的变动趋势。如果上例确定组数为 5 组，则组距＝全距÷组数，即组距＝(92－51)÷5＝8.2 分。为了方便计算，组距一般采用 5 的倍数的形式，所以将组距定为 10 分。

再次，确定组限和组中值。应根据整理资料的实际分布情况，合理确定各组的上限和下限。在分组前，应对变量值的高低、分布情况进行仔细的审查，根据分布比较集中的变量值确定组距的中心位置，然后再根据组距的大小确定上限和下限。第一组的下限不应大于最小变量值，最末一组的上限值不得小于最大变量值。尽可能使总体各单位的标志值在组内均匀分布，同时，在选取各组上限和下限时，也应尽可能使组中值恰为整数，以减少计算工作量。

在确定组限时，应当注意的是，不同的变量类型，组限的确定方法是不一样的：

对于离散型变量，因为变量值都是整数，变量值之间具有明显的界限，因而，组的上、下限可用具体数值表示，组限非常清楚。例如，将某高校各专业按学生人数进行分组，其组限可表示为：199 人以下，200～299 人，300～499 人，500 人以上。

对于连续型变量，因为变量值可能存在小数，相邻的组限不能用断开的数值来表示，而只能用前一组重叠的组限，即各组的上限值与上一组的下限值应该相同。例如，将某县所属各乡按照粮食亩产量(单位：公斤)进行分组，其组限可表示为：300 以下，300～350，350～400，400

～450,450～500,500～550,550 以上。一般原则是,把达到某组上限值的单位划入其上一组内,即"上组限不在内原则"。例如,当亩产量是 400 公斤时,该单位属于"400～450"组内,而不属于"350～400"这一组。

最后,计算频数,编制变量数列。各组的组限确定之后,根据资料中各组变量值所包含的总体单位数,即频数,来编制变量数列。应当注意的是,各组频数占总频数的比率必须大于 0,其比率的总和应为 100%(或 1)。

将 30 个学生"统计学"考试成绩的资料编制变量数列如下:

表 3-7 某班学生"统计学"考试成绩表

成绩(分)	人数(人)	频率(%)
60 以下	3	10.00
60～70	8	26.67
70～80	10	33.33
80～90	7	23.33
90～100	2	6.67
合计	30	100

三、变量数列的图示法

变量数列的资料可以用统计图进行表示。分为直方图、折线图和曲线图三种。

(一) 直方图

它是表示频数分布的最普遍的一种图形。根据表 3-7 的资料所绘制的直方图如图 3-1 所示。直方图中的横轴表示各组的组限,纵轴表示频数(有频率的直方图频率标在右方,频数标在左方),然后按分布在各组的频数及频率确定各组在纵轴上的坐标,并依据各组组距的宽度与频数(频率)的高度绘成直方图。直方图的纵轴通常从零开始,横轴可以从任何数字开始,也可以选择任何合适的位置开始。

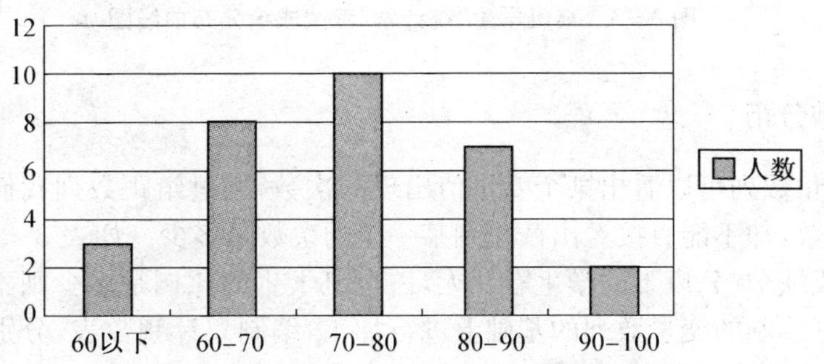

图 3-1 某班学生"统计学"考试成绩分布直方图

如果是异距数列,在绘制图形时,应将异距变换为等距。因为在异距数列的情况下,各组频数的分布不仅受变量值大小的影响,还受到各组组距大小的影响,若不对其加工,则绘制的图形就不能如实地反映次数分布的特征,整个图形也不能反映次数总量。所以,绘制异距数列图形时，首先应消除异距的影响，将异距变换为等距，求出等距数列的次数，再绘制分布图形。也可以根据原数列计算频数密度(频数密度＝频数÷组距)来绘图。

(二) 折线图

连接直方图每个长方形顶端中点(即组中值)的连线，或依各组组中值与频数求得各组坐标点并相连接而成的连线，称折线图。根据表 3－7 的资料所绘制的折线图如图 3－2 所示。

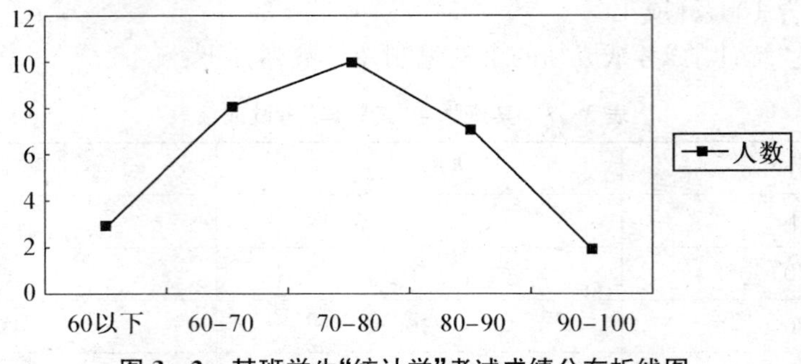

图 3－2 某班学生“统计学”考试成绩分布折线图

(三) 曲线图

当变量值非常多，变量数列的组限无限增加时，折线便近似地表现为一条平滑的曲线。曲线图是组数趋向无限多时折线图的极限描绘，是一种理论曲线，根据表 3－7 的资料可以近似地绘制如图 3－3 所示的频数分布曲线图。

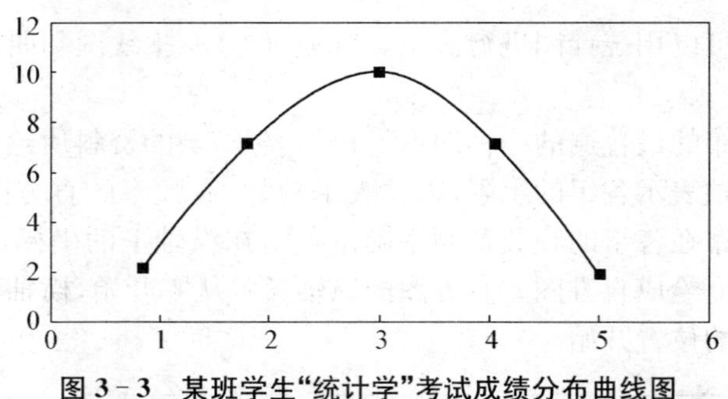

图 3－3 某班学生“统计学”考试成绩分布曲线图

四、累计次数分布

通过单项变量数列可以看出某个变量值出现的次数，通过组距数列我们可以看出某个变量组所包含的次数，却不能直接看出截止到某一组的次数是多少。如表 3－7 中，60～70 分的学生有 8 人，但成绩 70 分以下的学生有几人，占全班学生的比例是多少则不能直接看出。为此，我们需要在已编制的变量数列的基础上进行加工，编制累计频数表，分别就频数和频率进行累计。累计频数表的编制有两种方法，分别为向上累计和向下累计。向上累计是指将各组的次数或频率，由变量值的最小组开始，依次向变量值最大组累计。某一组的向上累计次数或频率，表明该组上限以下的单位总数，即小于该组上限值的变量值个数。向下累计是指将各组的次数或频率，由变量值最大组开始，依次向变量值最小组累计。某一组的向下累计次数或频率表明该组下限以上的单位总数，即大于该组下限值的变量值个数。

例如，根据表 3－7 中的数据，可以编制如表 3－8 所示的某班学生“统计学”考试成绩分布的累计频数表。

表 3－8　某班学生“统计学”成绩累计频数表

成绩(分)	人数(人)	频率(%)	向上累计		向下累计	
			频数(人)	频率(%)	频数(人)	频率(%)
60 以下	3	10	3	10	30	100
60～70	8	26.67	11	36.67	27	90
70～80	10	33.33	21	70	19	63.33
80～90	7	23.33	28	93.33	9	30
90～100	2	6.67	30	100	2	6.67
合计	30	100	—	—	—	—

五、次数分布的几种类型

由于社会经济现象的多样性，统计总体也会有不同的次数分布，形成不同类型的分布特征。常见的次数分布有以下三种类型：钟形分布、U 形分布和 J 形分布。

(一) 钟形分布

钟形分布是指较大和较小的变量值出现的次数都比较少，而中间的变量值出现的次数比较多，其分布特征是“两头小，中间大”，因曲线形状如钟而得名。如图 3－4，图 3－5，图 3－6 所示。

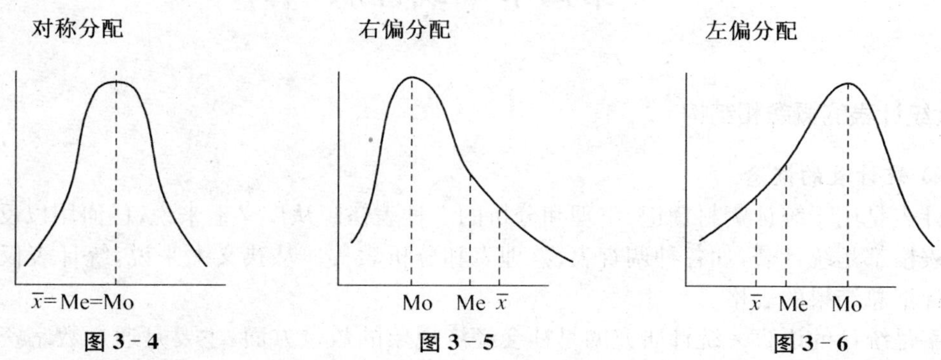

图 3－4　　图 3－5　　图 3－6

从图示可以看出，图 3－4 是对称分配的，在社会经济现象中，许多现象表现为钟形的对称分布，对称分布的特征是中间变量值分布的次数最多，以标志的中心变量值为对称轴。两侧变量值分布的次数随着与中心变量值距离的增大而逐渐减少，并且围绕中心变量值两侧对称分布，这种分布在统计学中称为正态分布。社会经济现象中许多变量呈正态分布。例如，农作物的单位面积产量，商品市场价格等。正态分布在社会经济统计中具有重要的意义。也有很多经济现象表现为非对称分配，分别为右偏分配和左偏分配，如图 3－5 和图 3－6 所示。

(二) U 形分布

U 形分布的特征和钟形分布相反，靠近中间的变量值分布的次数少，靠近两端的变量值分布的次数多,形成“两头大,中间小”的 U 字形分布。例如,死亡人数按年龄分布就是如此,由于幼儿和老年人死亡人数较多,而中年死亡人数较少,因而死亡人数按年龄便表现为 U 形分布。如图 3－7 所示。

(三) J 形分布

在社会经济现象中,也有一些经济现象呈 J 形分布,如图 3－8,图 3－9 所示。

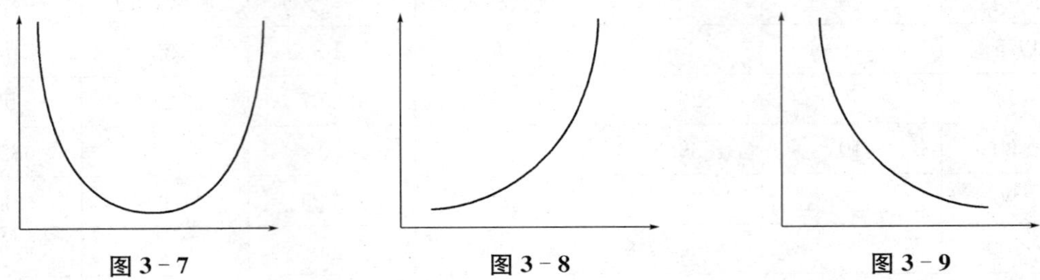

图 3－7　　**图 3－8**　　**图 3－9**

图 3－8 表现为次数随着变量值的增大而增多,例如,市场经济条件下,投资额按利润率大小分布。图 3－9 表现为次数随着变量值的增大而减少,使得图形变为倒“J”,例如,人口总体按年龄大小的分布。

次数分布的类型主要取决于社会经济现象的性质。次数分布和统计图会因统计总体所处的客观条件不同而有不同的表现,但次数分布和图形的形态仍应符合该社会经济现象的分布特征。如不符合,可能是因为社会经济现象总体发生了异常变动,也可能是因为统计分组违背了现象的内在规律,应当予以检查纠正。

第四节　统计表

一、统计表的概念和结构

(一) 统计表的概念

统计表是用于统计资料登记、整理和分析的一种表格。从广义上来说,任何用以反映统计资料的表格都是统计表,如各种调查表、整理表和分析表等。从狭义上来说,统计表仅指用以表现统计汇总结果的表格。

数字是统计的语言。统计研究的是社会经济现象的数量方面,主要是通过数字资料进行表现的,常见的表现形式有:统计表、统计图和统计报告。其中统计表是表现统计资料的基本形式,在统计工作中应用最为广泛。用统计表来表现统计资料具有以下优点:

第一,能使大量的统计数据资料系统化和条理化,更清晰地反映统计资料的内容。

第二,通过科学、合理地组织统计资料,可以更加简单明了、直观地反映总体的数量特征和数量关系。

第三,便于比较各项统计指标,并易于检查数字的完整性和正确性。

第四,是进行后续统计分析研究不可缺少的工具。

(二) 统计表的结构

统计表的结构可以从内容和形式两个方面来看。

(1) 从统计表的内容上来看，统计表由主词和宾词两个基本部分构成。主词是统计表所要说明的总体、总体的各个组或各个单位的名称。宾词是统计表中用来说明主词的各种指标。通常情况下，主词位于表的左方，即位于横行；宾词位于表的右方，即位于纵栏。但是，当这样排列会使表式过于狭长或者宽短时，也可以将主词和宾词合并排列或者变换位置进行排列。

(2) 从统计表的形式上来看，统计表由总标题、横行标题、纵栏标题和数字资料等部分构成。有些统计表还在下端增设注解、计算方法、填报单位和其他说明的问题等。

总标题即统计表的名称，它用概括性的文字简单说明统计表的基本内容，一般列于表的上端中部。

横行标题用来说明总体的名称或分类(组)名称，说明统计表统计的各个项目，通常列在表的左边。

纵栏标题用来说明统计表记录的各项统计指标，通常列在表的上方。

数字资料是统计表中横行标题与纵栏标题相交汇的地方及相应的统计数据，是统计表的具体内容。

二、统计表的种类

(一) 按照统计表的主词是否分组以及分组的程度，可以将统计表分为简单表、简单分组表和复合分组表。

(1) 简单表是表的主词未经分组的统计表。简单表的主词仅按总体各单位名称排列或按时间顺序进行排列，当总体比较简单且单位数不多时采用这种形式。

(2) 简单分组表是表的主词按照某一标志进行简单分组的统计表。简单分组表可以说明总体中不同类型组的数量特征。

(3) 复合分组表是表的主词按照两个或两个以上的标志进行复合分组的统计表。复合分组表可以更深刻、详细地反映客观现象。

(二) 按照统计表的用途可以将其分为调查表、整理表和分析表。

(1) 调查表，是统计调查中用于登记调查项目的表格，表中的数字是未经综合整理的各个单位的标志值。

(2) 整理表，也称为汇总表、综合表，是统计整理中用于表现整理过程和结果的表格，表中的数字是经过汇总的总量指标，包括总体单位总量和系列标志总量。

(3) 分析表，是统计分析中对所得的统计资料进行统计定量分析的表格。这类表格往往和整理表结合在一起，是整理表的延续。表中的数字既会有总量指标，也会有在总量指标基础上计算的相对指标和平均指标。

三、宾词指标的分组配置

为使统计表能够科学地表明指标体系的先后次序及其相互关系，必须注重对宾词指标的配置。在宾词指标不要求进一步分组的情况下，宾词配置就按照指标体系的顺次列举，根据指标说明问题的主次先后排列，保持指标之间的逻辑关系。

当宾词指标需要进行分组时，有平行配置和层叠配置两种形式。平行配置指宾词栏中各分组标志彼此分开，各标志的分组做平行排列；层叠配置是将各分组标志层叠在一起，使各标志的分组有较大程度的增多。平行配置使得各分组标志彼此分开，不易发现其内部联系；层叠配置将各分组标志层叠在一起，能够详细地说明研究现象的特征。在平行配置的情况下，宾词指标占有栏数等于各标志的分组项数之和；而在层叠配置的情况下，宾词指标占有的栏数等于各标志的分组项数的乘积。因此，层叠配置指标不宜过多，否则统计表就会过于庞杂，不能一目了然。下面以某地区各高校学生性别和年龄为例，列出宾词指标不同分组配置的表式。平行配置如表 3－9 所示，层叠配置如表 3－10 所示。

表 3－9　宾词平行配置表

分组	学校数	学生人数	性别		年龄		
			男	女	18 岁以下	18～20 岁	20 岁以上
(甲)	(1)	(2)	(3)	(4)	(5)	(6)	(7)

表 3－10　宾词层叠配置表

分组	学校数	学生人数			年　龄								
					18 岁以下			18～20 岁			20 岁以上		
		男	女	合计	男	女	合计	男	女	合计	男	女	合计
(甲)	(1)	(2)	(3)	(4)	(5)	(6)	(7)	(8)	(9)	(10)	(11)	(12)	(13)

从表 3－9 可以看出，平行配置的宾词占有栏数为 2＋3＝5 栏，层叠配置的宾词占有栏数为 2×3＝6 栏。如果宾词指标中，再按年级设置 4 个年级分组，这两种配置的差别就更大了。在平行配置的情况下，在原有栏数的基础上，只需要补充 4 栏，变为 2＋3＋4＝9 栏。而在层叠配置的情况下，则要扩充到 2×3×4＝24 栏。在这里还没有把合计栏计算在内。

四、统计表的编制规则

在编制统计表时，无论主词的内容还是宾词指标的配置都要目的明确，内容鲜明，使读者能从表中看出研究现象的具体内容和情况。因此，在制表时，要根据编制的目的和要求，做到简明、紧凑、重点突出，避免过分烦琐。一个“包罗万象”的统计表，往往会使问题的实质被一些细枝末节所掩盖。在编制统计表时要注意以下几个规则：

(1) 统计表的各种标题，尤其是总标题应能简洁明了地概括所要反映的内容。同时总标题还应标明资料对应的时间和地点。

(2) 表中的主词各行和宾词各栏，一般应按先局部后整体的原则进行排列，即先列各个项目，后列总计。当没有必要列出所有项目时，可以先列总计，然后列出其中的一部分重要项目。

(3) 如果统计表的栏数较多，通常要加以编号。在主词和计量单位等栏，用(甲)、(乙)、(丙)等文字标明，宾词指标各栏，用(1)、(2)、(3)等数字编号。

(4) 表中上下各栏数字的位数应当对齐，同类数字要保持统一的有效数字位数。当数字为0或因数字小可略而不计时，要填入"0"，当不要求填写或无数字时，用符号"—"填入，当缺少数字时，用符号"…"填入。

(5) 统计表中必须注明数字资料的计量单位。当全表只有一种计量单位时，可以把它标示在表头的右上方。如果表中需要分别注明不同单位时，横行的计量单位可以专设一栏，纵栏的计量单位，要与纵栏标题写在一起，用小字标写。

(6) 统计表的格式一般是"开口"式的，即表的上下两条边通常用粗线封口，左右两边不画边线。

(7) 必要时，统计表应加注说明或注解。例如，某些指标有特殊的计算口径，某些资料只包括一部分地区等，都要加以说明。此外还要注明统计资料的来源，以便查考。说明或注解一般写在表的下端。

课后练习

一、思考题

1. 统计整理在统计研究中的地位如何？统计整理的内容包括哪几方面？
2. 什么是统计分组？统计分组可以进行哪些分类？
3. 什么是简单分组和复合分组？为什么不宜用过多的标志进行复合分组？
4. 分组体系通常表现为哪两种形式？举例说明。
5. 为什么说统计分组的关键在于分组标志的选择？
6. 单项式分组和组距式分组分别在什么情况下运用？
7. 什么是分配数列？它包括哪两个要素？有哪些分类？
8. 统计表在结构与内容上包括哪几个方面？
9. 统计表有哪些种类？它们有什么不同？
10. 统计表的编制规则是什么？

二、单项选择题

1. 将统计总体按照一定标志划分为若干个组成部分的统计方法是（　　）

① 统计整理　② 统计分析　③ 统计调查　④ 统计分组

2. 统计整理的资料（　　）

① 只包括原始资料　② 只包括次级资料

③ 包括原始和次级资料　④ 是统计分析结果

3. 采用两个或两个以上标志对社会经济现象总体层叠起来分组的统计方法是（　　）

① 品质标志分组　② 复合标志分组　③ 混合标志分组　④ 数量标志分组

4. 统计分配数列（　　）

① 都是变量数列　② 都是品质数列

③ 是变量数列或品质数列　④ 是统计分组

5. 将 25 个企业按产值分组而编制的变量数列中，变量值是 （　　）

① 产值　② 企业数　③ 各组的产值数　④ 各组的企业数

6. 一般情况下，按年龄分组的人口死亡率表现为 （　　）

① 钟形分布　② 正 J 形分布　③ U 形分布　④ 对称分布

7. 划分连续变量的组限和划分离散变量的组限时，相邻组的组限 （　　）

① 必须重叠　② 前者必须重叠，后者可以间断

③ 必须间断　④ 前者必须间断，后者必须重叠

8. 在分组时，凡是遇到某单位的标志值刚好等于相邻两组下、上限数值时，一般是（　　）

① 将此数值归入上限所在组

② 将此数值归入下限所在组

③ 将此数值归入上限所在组或下限所在组均可

④ 另立一组

9. 有 12 名工人分别看管机器台数资料如下：2、5、4、4、3、4、3、4、4、2、2、4，按以上资料编制变量数列，应采用 （　　）

① 单项式分组　② 等距分组

③ 不等距分组　④ 以上几种分组均可

10. 在等距数列中，组距的大小与组数的多少成 （　　）

① 正比　② 等比　③ 反比　④ 不成比例

11. 某连续变量数列，其末组为开口组，下限为 500，又知其邻组的组中值为 480，则末组的组中值为 （　　）

① 520　② 510　③ 500　④ 490

三、多项选择题

1. 统计整理是 （　　）

① 统计调查的继续　② 统计汇总的继续

③ 统计调查的基础　④ 统计分析的前提

⑤ 对社会经济现象从个体量观察到总体量认识的连续点

2. 统计分组 （　　）

① 是一种统计方法　② 对总体而言是“合”

③ 对总体而言是“分”　④ 对个体而言是“合”

⑤ 对个体而言是“分”

3. 统计分组的关键在于 （　　）

① 按品质标志分组　② 按数量标志分组

③ 选择分组标志　④ 划分各组界限

⑤ 按主要标志分组

4. 按分组标志特征不同，分布数列可分为 （　　）

① 等距数列　② 异距数列

③ 品质数列　④ 变量数列

⑤ 次数与频率

5. 分布数列的两个组成要素为 （　　）

① 品质标志 ② 数量标志 ③ 各组名称 ④ 次数 ⑤ 分组标志

6. 在组距数列中,组中值 ( )

① 是上限和下限的中点数

② 是用来代表各组标志值的平均水平

③ 在开口式分组中无法确定

④ 在开口式分组中,可以参照邻组的组距来确定

⑤ 就是组平均数

7. 现将某班级 40 名学生按成绩分别列入不及格、及格、中等、良好、优秀 5 个组中去,这种分组 ( )

① 形成变量数列　　② 形成组距数列

③ 形成品质分布数列　　④ 形成开口式分组

⑤ 是按品质标志分组

四、判断题

1. 由于电子计算机的广泛使用,手工汇总已没有必要使用了。 ( )

2. 统计分组的关键问题是确定分组标志和划分各组界限。 ( )

3. 无论是变量数列还是品质数列,都是通过现象的数量差异来反映现象之间的本质区别的。 ( )

4. 组中值可以近似地表示各组变量值的平均水平。 ( )

5. 按一个标志分组的就是简单分组,按两个或两个以上标志分组的就是复合分组。 ( )

6. 统计分组是编制次数分配数列的基础。 ( )

五、综合训练

1. 有 27 个工人看管机器台数如下:

5 4 2 4 3 4 3 4 4

2 4 3 4 3 2 6 4 4

2 2 3 4 5 3 2 4 3

根据上述资料,试编制分配数列。

2. 某车间同工种的 40 名工人完成个人生产定额百分数如下:

97 88 123 115 119 158 112 146 117 108

105 110 107 137 120 136 125 127 142 118

103 87 115 114 117 124 129 138 100 103

92 95 113 126 107 108 105 119 127 104

根据上述资料,试编制分配数列,再进一步编制累计频数和累计频率数列。

3. 今有如下工厂资料:

序号	年平均工人数(人)	年产量(百万元)	序号	年平均工人数(人)	年产量(百万元)
1	160	2.4	8	182	1.9
2	207	2.2	9	299	4.2
3	350	3.6	10	252	2.3
4	328	3.7	11	435	5.5
5	292	2.8	12	262	2.2
6	448	6.1	13	223	1.9
7	300	2.2	14	390	6.1
			15	236	4.5

为了研究工人人数同产量、劳动生产率之间的依存关系,试按年平均工人人数进行等距分组,组距和组数自行确定。每组计算:(1) 工厂单位数;(2) 工人人数;(3) 产量(总产量和平均每个工厂产量);(4) 每个工人的平均产量。

请使用汇总表进行汇总,把汇总结果用一张统计表表示出来,并做简要分析。

4. 2013 年某管理局所属工厂计划总产值和年报实际总产值如下:

单位:万元

工厂编号	计划总产值	实际总产值	工厂编号	计划总产值	实际总产值
1	186	203.0	17	720	777.6
2	732	754.0	18	232	232.0
3	32	38.1	19	384	307.2
4	782	920.4	20	260	286.0
5	392	439.0	21	200	244.0
6	3 612	3 323.0	22	592	621.6
7	60	60.0	23	192	182.4
8	392	384.2	24	429	419.4
9	720	590.4	25	240	240.0
10	2 380	2 713.2	26	3 920	3 998.4
11	92	94.8	27	288	325.4
12	34	34.0	28	128	137.2
13	160	147.2	29	336	352.8
14	50	60.0	30	220	217.8
15	19	24.6	31	412	440.8
16	12	13.0	32	192	184.3

根据上述资料,计算各工厂总产值计划完成程度指标(实际总产值除以计划总产值),并进行分组汇总,编制出该管理局产值计划完成情况统计表:

(1) 按总产值计划完成程度分组，可分为三组：甲表示完成计划者，乙表示完成计划和超额完成计划10%以内者，丙表示超额完成计划10%以上者。

(2) 汇总各组工厂数、实际和计划总产值，计算各组和全局总产值计划完成程度。

(3) 根据(1)(2)资料编成统计表。

5. 假定知悉某车间职工性别、年龄、工种和月工资收入四个方面的资料，试设计下列统计表样：

(1) 按一个数量标志分组，宾词简单设计；

(2) 按一个数量标志分组，宾词复合分组；

(3) 按一个品质标志分组，宾词简单设计；

(4) 按一个品质标志分组，宾词复合设计。

第四章 总量指标和相对指标

学习目标

从本章开始，进入了对统计分析的阐述。统计分析的方法很多，其中综合指标法是统计分析的基础。通过本章学习，要求：1. 理解总量指标和相对指标的概念、作用和特点；2. 了解单位总量、标志总量、时期指标和时点指标；3. 熟练掌握几种相对指标的计算方法；4. 明确计算和运用总量指标和相对指标的原则。

内容框架图

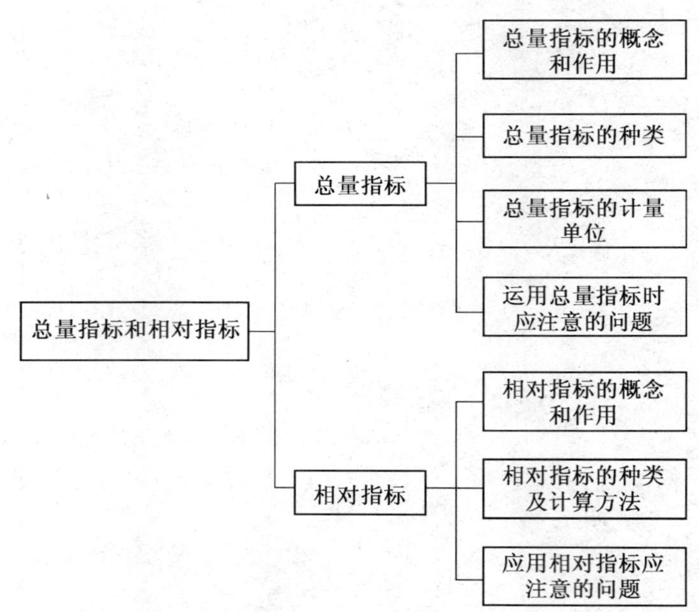

第一节 总量指标

一、总量指标的概念和作用

（一）总量指标的概念

总量指标是指反映社会经济现象在一定时间、地点和条件下的总规模、总水平的综合指标。它是对统计调查的原始资料进行分组和汇总之后得到的各项总计数字，表现为绝对数的形式，因此也称为绝对指标或绝对数。如一个国家的人口数、土地面积等都是总量指标。总量指标是统计整理的直接成果,能够为后续的统计研究提供可靠的基础。

(二) 总量指标的特点

总量指标是最基本的综合指标。它具有以下特点：

(1) 总量指标的表现形式为绝对数或者绝对数差额,并且一定要有计量单位。

(2) 总量指标的数值随统计范围的大小变化发生增减变动。例如,一个学校的学生人数一定大于该校一个班级的学生人数;一个省的粮食产量一定大于该省一个县的粮食产量。

(3) 只有对有限总体才能计算总量指标,对于无限总体只能推算其近似值。

(三) 总量指标的作用

社会经济统计中,总量指标具有重要的作用,具体包括：

(1) 总量指标是对社会经济现象总体认识的起点。因为人们对于社会经济现象的认识往往首先表现为认识总量,因此,总量指标经常用来反映一个国家的国情、国力,反映一个地区、部门或单位的规模和水平。例如,我国土地面积 960 万平方公里,2010 年末第六次人口普查显示我国总人口截至当时为 137 054 万人,这两个绝对数指标表现了我国幅员辽阔、人口众多的基本特点。又如,一个企业可以通过职工人数、固定资产总值、利税总额等数据来反映该企业人力、物力、财力的基本情况以及企业的生产经营成果。

(2) 总量指标是编制计划、实行科学经营管理的重要依据。无论是宏观调控还是微观管理,都必须从实际出发,而能够反映今天和历史情况的相关总量指标就成为了重要的参考依据。例如,要制定宏观经济调控政策,国民经济的总供给和总需求、货币供应量和需求量、财政收入和支出、国际收支、外汇储备等反映宏观经济运行情况的总量指标就是主要依据。

(3) 总量指标是计算相对指标、平均指标的基础。在各种综合指标中,总量指标是基础指标,相对指标和平均指标都是由相关的总量指标加工后而得到的派生指标。总量指标计算结果的正确与否,直接影响到相对指标和平均指标的计算结果。例如,2010 年人口普查显示当时我国男性人口为 68 685 万人,女性人口为 65 287 万人,根据这两个总量指标可以计算出总人口性别比(以女性为 100,男性对女性的比例)为 105.20。

二、总量指标的种类

总量指标多种多样,依据不同的标准可以对其进行不同角度的分类。

(一) 按其反映总体经济内容的不同,分为总体单位总量和总体标志总量

总体单位总量是指总体中所包含的总体单位的个数,也称为单位总量。例如,研究某市国有企业的经营情况,则该市国有企业总数是总体单位总量。总体标志总量是指总体中各单位的某种数量标志值之和,也称为标志总量。例如,上例中国有企业的职工人数、工资总额、总产值、利税总额等是总体标志总量。

需要指出的是,总体单位总量和总体标志总量并不是固定不变的,它们会随着研究目的的不同而发生变动。例如,考察某地区工业企业生产经营情况时,该地区全部工业企业构成一个总体,其中每一个工业企业为一个单位,全部工业企业数则构成了总体单位总量,可以反映出总体规模的大小,职工人数、年产值、利税总额、固定资产原值等则构成了总体标志总量指标,形成一套完整的指标体系,用来分析该地区工业企业的状况。当研究目的是考察该地区工业企业全体职工状况时,总体是全体职工,总体单位是每一位职工,全体职工总数构成了总体单位总量,而职工的出勤总工时、总生产量、工资总额等则构成了总体标志总量指标。这也构成了一套完整的指标体系，用以对职工的状况做出系统的评价。在本例中，职工人数在前者是总体标志总量指标，而在后者则是总体单位总量指标。这也说明对作为标志直接承担者的总体单位的确定是非常重要的，只有确定了总体单位，才能正确地区分总体单位总量和总体标志总量指标。

（二）按反映时间状况的不同，可分为时期指标和时点指标

时期指标是指反映社会经济现象在一定时期内发展变化结果的总量指标。例如，一定时期的工业总产值、人口出生数、产品产量、产品销售量等。时点指标是指反映社会经济现象在某一时点状况上的总量指标。例如，人口数、商品库存量、储蓄余额、固定资产原值等。

时期指标和时点指标有不同的特点：

（1）时期指标的数值是通过连续性记录取得的，时点指标的数值是通过一次性记录而取得的。

（2）时期指标各期的数值具有可加性，时点指标的数值不具有可加性。不同时期的时期指标数值相加，表现为更长时期内的变动总量，而不同时点的时点指标数值直接相加，则没有任何意义。例如，把某企业 2000 年到 2010 年的产值相加，可以得到该企业这十年的总产值；而该企业 2000 年到 2010 年年底的职工人数，则不具有可加性，因为相加没有任何实际意义。

（3）时期指标的数值大小与时间的长短直接相关，时期越长，指标值越大；时期越短，指标值越小。而时点指标的数值大小与时间间隔长短没有直接关系。例如，某企业一年的总产值大于该年中某一月的总产值，而一个企业年末职工人数不一定比该企业年初职工人数多。

三、总量指标的计量单位

总量指标是对有关社会经济现象的数量方面进行的汇总，可以反映现象在一定时间、条件和地点下的总规模和总水平。因而，总量指标在计算的时候，不只是简单的加总，还需要考虑其计量单位。总量指标的计量单位主要包括实物量单位、价值量单位和劳动量单位。

（1）实物量单位：实物量单位是指根据事物本身的自然属性和特点而采用的计量单位。实物量单位一般包括：

① 自然单位。它是根据事物的自然属性来计算其数量的单位。例如，人口以“人”为单位，电脑以“台”为单位，汽车以“辆”为单位等。

② 度量衡单位。它是根据统一规定的度量衡制度而采用的计量单位。例如，长度以“米”为计量单位，重量以“千克”为计量单位，体积以“立方米”为计量单位等。

③ 复合单位。它是将两种以上的计量单位结合起来，以计量某事物的数量。例如，发动机的功率以“千瓦/台”为单位，客流量以“人次”为单位等。

④ 专用单位。它是某些特殊需要的计量单位。例如，电量以“度”为单位，热量以“卡”为单位。

⑤ 标准实物量单位。它是把不同规格或不同化学成分的同类产品折算为某一标准产品的产量。例如，各种发热量不同的能源折算为 7 000 大卡的标准煤。

实物单位能直接反映现象的具体内容，给人们以明确具体的概念，是人们日常生活中常用的计量单位，但是实物量单位因计量基础不同，不方便进行汇总，所以综合性能较差。

（2）价值量单位：价值量单位也称为货币单位，是指使用货币作为价值尺度来计量物质财富和劳动成果的计量单位。货币具有衡量商品价值的作用，将各种商品的实物量乘以价格，就得到了以货币单位表示的价值指标。价值指标最大的特点是具有最广泛的综合性，能够反映现象总体的规模和发展状况，应用范围十分广泛。

(3) 劳动量单位：劳动量单位也称为时间单位，是指用劳动时间来表示的计量单位。例如，我国《劳动法》规定，劳动者每天工作 8 个小时，即 8 个“工时”；每周工作 40 个小时，即 5 个“工日”，这里的“工时”和“工日”就是劳动量单位。劳动量单位可以加总，将生产各产品的劳动消耗量加总便得到劳动消耗总量。

四、运用总量指标时应注意的问题

总量指标一般是通过对总体单位的全面调查取得，可以采用直接计数、点数或测量的方式，逐步计算汇总得出。例如，统计报表中的总量数据，普查中的总量数据，都是采用这种方式直接计量取得。在少数情况下，如不能直接计算或不必直接计算总体的总量指标的情况下，可以通过估计推算的方法，取得相关的总量指标。为了取得准确的总量指标资料，在进行总量指标统计时有如下要求：

(一) 明确总量指标的实质，对其含义和范围做严格的确定

总量指标的计算，并不是简单的加总问题。有一些总量指标，如国内生产总值，首先必须确定国内的概念，然后确定生产总值的计算范围和方法后才能进行正确的统计。又如，工业企业数，首先要对工业企业的含义进行明确的界定，才能统计出准确的工业企业数。

(二) 计算实物总量指标时，要注意现象的同类性

实物指标是针对物质产品而言的，同类性意味着同名产品，它直接反映产品同样的使用价值和经济内容，无疑是可以综合汇总的。而对于不同类产品，则不能通过简单相加来计算其实物指标。比如，把钢铁、煤炭、粮食等产品进行直接汇总是毫无意义的。不过，对于现象同质性要求不能绝对化。例如，在计算货物运输总量时，产品的同质性就不能成为计算条件，因为它只要求通过货物的重量和里程，计算出货物总量和货物周转量。

(三) 要有统一的计量单位。

计算实物指标总量时，不同的实物单位，甚至同类实物单位可能采用不同的计量单位，如果计量单位不统一，就容易造成统计上的差错和混淆，所以，重要的总量指标的实物单位，应该按照国家统一规定的指标目录中的单位进行计量。我国从 1991 年开始统一使用以国际单位制为基础的法定计量单位制度，有力促进了实物指标的准确统计。

第二节　相对指标

一、相对指标的概念和作用

(一) 相对指标的概念

相对指标也称为统计相对数，是指通过社会经济现象中两个有联系的指标数值的比率，来反映现象的发展程度、结构、强度、普遍程度或比例关系。例如，人口的性别比和年龄构成、人的出生率和死亡率、人口密度等。相对指标是把两个具体数值抽象化，使人们对现象之间所存在的联系有更为深刻的认识。相对指标的应用领域非常广泛，借助于相对指标对现象进行

对比分析,是统计分析的一种基本方法。

相对指标具有以下两个特点:第一,相对指标是一种抽象化的数值,反映了现象之间差别的相对程度;第二,相对指标数值的大小不随总体范围的变化而变化。

(二) 相对指标的作用

在统计分析中,相对指标的作用主要表现在以下两个方面:

(1) 相对指标为人们对事物的相互联系以及发展程度的深刻全面的认识提供依据。社会经济现象是相互联系、错综复杂的关系,要想分析一种社会经济现象,如果仅仅利用某一项指标,往往不能全面反映这一经济现象,只有把有关指标联系起来进行比较分析,才能对事物发展规模的大小、变化速度的快慢、各种比例协调与否等有全面深刻的认识。

(2) 相对指标可以使不能直接对比的现象找到对比的基础,进而进行更为有效的分析。例如,考察不同类型企业生产经营情况时,由于条件不同、产品不同,一般不能直接用产值指标进行对比,但如果都以各自的计划指标和利润指标作为依据,计算出计划完成程度和成本利润率指标,就可以进行比较,找出差距,做更为深入的分析。

(三) 相对指标的表现形式

相对指标的表现形式有两种:一是无名数,二是有名数。

(1) 无名数。相对指标一般表现为无名数的形式,它是一种抽象化的计量单位,具体表现形式有:

① 系数或倍数。系数或倍数是将对比的基数定为 1 而计算出来的相对数。两个数字对比,分子数值和分母数值相差不大时常用系数表示。分子数值和分母数值相差很多时可用倍数表示。

② 成数。成数是将对比的基数定为 10 计算出来的相对数。例如,今年第一季度的工业总产值比去年同期增加了三成,即工业总产值增加了 3/10。

③ 百分数和千分数。百分数是将对比的基数定为 100 而计算出来的相对数,它是相对指标中最常用的一种表现形式。另外,统计中还经常用到"百分点"的概念,百分点相当于百分数的单位,一个百分点就是 1%,百分点常用于两个百分数相减的情况,用来表示百分数的增减变动情况。例如,某企业计划产量比去年同期提高 20%,实际提高了 24%,这就说明实际产量提高率比计划任务多完成了 4 个百分点。千分数是将对比的基数定为 1 000 所计算出来的相对数,千分数在分子数值小于分母数值很多时应用。例如,人口出生率和死亡率多用千分数表示。

(2) 有名数。有名数是相对指标的另一种表现形式。当相对比的两种现象是不同类现象时,要把两种现象指标的计量单位结合起来使用,以表明相对比的结果和程度。主要用于强度相对指标数值的表现。例如,人口密度以"人/平方公里"为计量单位,某地区某家银行的网点密度以"个/平方公里"为计量单位。

二、相对指标的种类及计算方法

根据研究的目的和任务不同,指标对比基础的不同,可以把相对指标分为以下六类:

(一) 结构相对指标

结构相对指标是指在对总体进行统计分组后,用总体中某一部分数值和总体的全部数值的比率,表明总体内部各部分的构成状况和分布特征。例如,反映生活水平高低的恩格尔系数，是指食品支出占消费总支出的比重。食品支出占消费总支出的比重越大，表明生活水平越低，反之，食品支出占消费总支出的比重越小，则表明生活水平越高。结构相对指标的计算公式如下：

$$结构相对指标=\frac{总体部分数值}{总体全部数值}\times 100\%$$

公式中分子上的指标数值包含在分母的指标数值之中，因此，结构相对指标具有以下两个特点：第一，各部分结构相对指标（比率）相加的总和等于100%或者系数1；第二，结构相对指标的分子和分母指标位置不能互换。

例如，2011年底我国三次产业从业人数为76 420万人，其中第一产业从业人数为26 594万人，所占的比重为34.8%（26 594/76 420）；第二产业从业人数为22 544万人，所占的比重为29.5%（22 544/76 420）；第三产业从业人数为27 282万人，所占的比重为35.7%（27 282/76 420）。这就表明了2011年我国三次产业从业人员的分布状况。

（二）比例相对指标

比例相对指标是指总体中不同部分数值对比的比率，用以分析总体范围内各个局部、各个分组之间的比例关系和协调平衡状况。比例相对指标的计算公式如下：

$$比例相对指标=\frac{总体中某一部分数值}{总体中另一部分数值}$$

常见的比例相对指标有男女性别比例、农轻重比例、积累与消费比例等。例如，某大学2013年招收的新生中男生1 273人，女生627人，则新生的性别比例指标为203.03%（以女生为100），或男生数与女生数之比为2.03∶1或203∶100。

比例相对指标是一种结构性的比例，和结构相对指标相比，对比的方法不同，侧重点有所不同。其特点表现为：第一，反映了总体各部分之间的比例关系；第二，分子和分母可以相互调换，其分子和分母，既可以是总体单位总量，也可以是总体标志总量；第三，指标数值不具有可加性。

（三）比较相对指标

比较相对指标是指同一现象在同一时间，不同总体中的数量对比关系。比较相对指标的计算公式如下：

$$比较相对指标=\frac{某一总体的某类指标数值}{另一总体的同类指标数值}$$

比较相对指标主要用来说明某一同类现象在同一时间内不同单位（包括国家、部门、地区、企业等）发展的不平衡程度，以表明同类事物在不同条件下的数量对比关系。比较相对指标的数值通常用百分数或倍数的形式表示。例如，可以用企业的各项经济技术指标与同类企业的先进水平进行对比，也可以与国家规定的标准对比，从而找出差距，来提高本单位生产水平和经营管理水平。又如，可以通过比较国家经济力量的主要指标，找出国与国之间经济发展水平的差异程度。其特点表现为：第一，一般情况下，分子分母可以互换，从不同的角度来说明问题；第二，比较相对指标既可以是绝对数对比，也可以是相对数或平均数对比。由于采用绝对数进行比较时，总量指标数值容易受到总体范围和生产条件的影响，不能确切反映所要说明的问题，所以，在计算比较相对指标时，更多的是采用相对数和平均数进行比较；第三，比较相对指标不具有可加性。

（四）动态相对指标

动态相对指标是指同一总体的同类现象在不同时期的指标数值的对比关系，即报告期数值与基期数值对比形成的相对指标。通过动态相对指标，可以表明现象在时间上的发展变动程度及方向，一般用倍数或百分数的形式表示。动态相对指标的计算公式如下：

$$动态相对指标=\frac{报告期数值}{基期数值}\times 100\%$$

基期是指用来作为比较标准的时期，报告期是指同基期比较的对比时期，也就是所研究的时期。动态相对指标的特点是：第一，先发生的作为基期数据，后发生的作为报告期数据；第二，分子和分母不能对换。关于动态相对指标的详细内容在第八章进行介绍。

（五）强度相对指标

强度相对指标是指两个性质不同但有联系的总量指标之间的对比，用来表明某一现象在另一现象中发展的强度、密度和普遍程度。它和其他相对指标的根本不同之处在于，它不是同类现象指标的对比。这里的对比现象可能分属于不同的总体，也可能是同一总体中的不同指标。例如，以人口数与土地面积对比得到人口密度指标；以铁路（公路）长度与土地面积对比得到的铁路（公路）密度等。强度相对指标的计算公式如下：

$$强度相对指标=\frac{某现象总量指标值}{另一有联系而性质不同的总量指标值}$$

强度相对指标是统计中重要的对比分析指标，具有广泛的作用，主要表现为以下几个方面：

（1）强度相对指标能够说明社会经济现象的强弱程度，因而被广泛地应用于衡量一个国家或地区的经济发展水平的高低和经济实力的强弱。例如，常把人均国内生产总值这一强度相对指标作为衡量一个国家或地区人民生活水平的一个重要指标。

（2）强度相对指标还可以反映现象的密度或普遍程度。如人口密度、商业网点密度等。人口密度是人口数与土地面积对比的强度相对指标，用来反映人口的密集程度。商业网点密度是商业网点数与人口数进行对比的强度相对指标，用来反映商业网点的密集程度和保证程度。

（3）强度相对指标也可以用来反映社会生产活动的条件或效果。如每万公顷耕地拥有的拖拉机台数、每百元资金实现的利税额、每百元产值的利润等指标。

强度相对指标中作为对比的两个总量指标，有些分子和分母可以互换，有些不能互换。如果分子和分母可以互换，这些指标就有了正指标和逆指标两种形式。正指标是指强度相对指标的数值大小与现象的发展程度或密度成正向变动关系；逆指标是指强度相对指标的数值大小与现象的发展程度或密度成反向变动关系。例如，用商业银行网点数和人口数进行对比，可以反映一个商业银行网点服务的人数，商业银行网点越多，指标数值越大；用人口数与商业银行网点数进行对比，可以反映多少人数拥有一个商业银行网点的服务，商业银行网点越少，指标数值越大。如果分子和分母不能互换，则该强度相对指标只有正指标，没有逆指标，如一个国家的铁路网密度。

需要指出的是，计算强度相对指标时必须要注意社会经济现象之间的内在本质联系，这样两个总量指标的对比才会有意义。例如，人口数与土地面积进行对比，能够说明人口的密度，但是用钢产量与土地面积进行对比，就没有任何意义。

（六）计划完成程度相对指标

计划完成程度相对指标也称为计划完成程度相对数、计划完成百分比。它是以一定时期内某一指标的实际完成数与计划任务数相对比的结果，用来检查和监督计划完成情况的统计指标。通常以百分数的形式表示。其基本计算公式如下：

$$\text{计划完成程度相对指标}=\frac{\text{实际完成数}}{\text{计划数}}\times 100\%$$

公式中的分母是计划指标数值，分子是计划执行结果的实际数值。因此，要求分子、分母在指标含义、计算口径、计算方法、计量单位以及时间长短和空间范围等方面都要一致。其特点主要表现为：第一，因为计划数是用来衡量计划完成情况的标准，所以该指标的分子和分母不能互换；第二，判断计划完成情况的好坏，不能根据数值大小来判断，而要根据具体情况来定。对于正指标，例如，产品产量、产值、利润等完成情况要求相对指标数值大于100%才算超额完成计划；对于逆指标，例如，产品成本、原材料消耗量等，则要求相对指标小于100%才能算超额完成计划；对于少数指标，例如，职工人数、工资总额、固定资产投资额等，是不允许突破计划数的，因此，这些指标的完成情况以100%为好。

在实际情况中，下达的计划任务数可以是绝对数，也可以是相对数和平均数。因此，计划完成相对指标可以用绝对数计算，也可以用相对数或平均数来计算。

1. 计划数为绝对数时的计算方法

计划数为绝对数时，可以有两种计算方法：

第一种是用同期的实际数与计划数进行对比，例如，年计划数与年实际数对比，说明年度计划执行情况。假设某企业2013年利润计划数为600万元，实际完成数值为720万元，则其计划完成情况为：

$$\text{计划完成程度相对指标}=\frac{720\text{ 万元}}{600\text{ 万元}}\times 100\%=120\%$$

从计算结果可以看出，该企业2013年超额20%完成利润计划。

第二种是用计划期初至某时间的实际累计完成数与全期计划数进行对比，来说明计划执行的进度。其计算公式为：

$$\text{计划执行进度相对数}=\frac{\text{自计划期初至某时间的实际累计完成数}}{\text{全期计划数}}\times 100\%$$

例如，某企业2013年工业总产值计划完成情况如表4-1：

表4-1　某企业2013年计划完成情况

	计划产值（万元）	实际产值（万元）	实际累计产值（万元）	计划执行进度（%）
第一季度	200	180	180	17.1
第二季度	250	270	450	42.9
第三季度	300	330	780	74.3
第四季度	300	—	—	—
全年	1 050	—	—	—

计算结果表明，该企业 2013 年的工业总产值计划执行进度情况是：截至第一季度末只完成全年计划的 17.1%；截至第二季度末完成全年计划的 42.9%；截至第三季度末，已完成全年计划进度的 74.3%。因此，该企业应在第四季度采取适当措施，才能完成全年的工业总产值计划。

2. 计划数为相对数时的计算方法

计划数为相对数时，计算计划完成情况相对指标的计算公式为：

$$\text{计划完成情况相对数}=\frac{\text{实际完成的百分比}}{\text{计划规定的百分比}}\times 100\%$$

它适用于考核社会经济现象的增长率、降低率的计划完成情况。如考核某种产品的成本降低率、流通费用降低率、人口自然增长率等计划完成情况。

(1) 计划数为增长率时，计划完成情况相对数的计算公式为：

$$\text{计划完成情况相对数}=\frac{1+\text{实际增长率}}{1+\text{计划增长率}}\times 100\%$$

例如，某企业计划劳动生产率比上年水平提高 20%，实际比上年提高了 32%，则：

$$\text{计划完成情况相对数}=\frac{1+32\%}{1+20\%}\times 100\%=110\%$$

计算结果表明，劳动生产率超额 10%完成计划。

(2) 计划数为降低率时，计划完成情况相对数的计算公式为：

$$\text{计划完成情况相对数}=\frac{1-\text{实际降低率}}{1-\text{计划降低率}}\times 100\%$$

例如，某产品 2012 年的单位成本为 500 元，2013 年单位成本计划降低 5%，实际降低了 8%，则该产品单位成本降低率计划完成相对数为：

$$\text{计划完成情况相对数}=\frac{1-8\%}{1-5\%}\times 100\%=96.84\%$$

计算结果表明，超额完成产品单位成本降低计划的程度为 3.16%。

3. 计划数为平均数时的计算方法

计划数为平均数时，计算计划完成情况相对指标的计算公式为；

$$\text{计划完成情况相对数}=\frac{\text{实际平均水平}}{\text{计划平均水平}}\times 100\%$$

它适用于考核以平均水平表示的经济指标的计划完成情况，如平均成本、平均价格等。

例如，某工厂某年某种产品单位成本水平，计划单位成本为 40 元，实际单位成本为 42 元，则：

$$\text{计划完成情况相对数}=\frac{42}{40}\times 100\%=105\%$$

计算结果表明，产品单位成本差 5%完成计划。

4. 长期计划完成情况的检查

计划分为长期计划和短期计划两类，短期计划是指一年以内的计划，用上述方法进行检查即可。长期计划是指五年以上的计划，除了用上述方法检查计划完成程度之外，还要计算计划提前完成的时间。根据长期计划各指标性质的不同，可以采用累计法和水平法来检查计划完成情况。

(1) 累计法。当计划指标规定了计划期内应完成的工作总量时，应采用这种方法检查计划完成情况。如基本建设投资额、全社会固定资产投资额等指标。计算时用整个计划期间实际完成的累计数与计划指标相对比。计算公式为：

$$计划完成情况相对数=\frac{计划期内实际累计完成的任务数}{计划期内要完成的计划任务数}\times100\%$$

例如，某地区五年计划规定累计完成固定资产投资额为 80 亿元，实际投资情况如表 4－2 所示。

表 4－2　某地区固定资产投资情况　　单位：亿元

	第一年	第二年	第三年	第四年	第五年			
					一季	二季	三季	四季
投资额	14	16	17	19	4	5	5	6

$$计划完成情况相对数=\frac{14+16+17+19+4+5+5+6}{80}=\frac{86}{80}\times100\%=107.5\%$$

超计划投资额＝86－80＝6(亿元)

计算结果表明，该地区固定资产投资超额完成计划 7.5%，超计划投资额 6 亿元。

按照累计法检查计划执行情况时，若从计划期初至计划期内某时间为止，累计完成数已达到了计划任务数，就表明完成了计划，剩下的时间即提前完成计划的时间。本例中，该地区到第五年三季度时累计完成投资额达到 80 亿元(14＋16＋17＋19＋4＋5＋5)，说明提前三个月完成了五年计划的投资任务。

(2) 水平法。当计划指标是长期计划最后一年应达到的水平时，即计划规定了计划期内最后一年的计划任务，这种情况下，我们需要采用水平法来检查计划完成的情况。计算公式为：

$$计划完成情况相对数=\frac{计划末期实际达到的水平}{计划规定末期应达到的水平}\times100\%$$

在水平法下，当连续一年时间(不论是否在一个日历年度，只要连续十二个月即可)完成的任务数达到计划规定最后一年的任务数，就认为完成了计划，剩余的时间就是提前完成计划的时间。

例如，某市五年计划规定最后一年的国内生产总值为 600 亿元，实际计划执行情况如表 4－3 所示。

表 4－3　某市五年计划国内生产总值执行情况　　单位：亿元

第五年	第一年	第二年	第三年		第四年				第五年			
			上半年	下半年	一季	二季	三季	四季	一季	二季	三季	四季
国内生产总值	530	550	280	300	140	140	150	152	158	160	160	170

$$计划完成情况相对数=\frac{158+160+160+170}{600}=\frac{648}{600}\times100\%=108\%$$

超额完成计划产值＝648－600＝48(亿元)

计算提前完成计划时间，先计算连续十二个月的实际产值水平，再向前推算完成计划的时间，从第四年第二季度算起到第五年第一季末连续十二个月的产值为600亿元(140＋150＋152＋158)，已达到计划规定的任务水平，说明提前九个月完成了计划。

三、应用相对指标应注意的问题

只有正确的应用相对指标，才能更深刻地反映现象之间的数量对比关系和差异程度，从而揭示现象之间的固有联系。应用时应注意以下几个问题：

(一) 正确选择作为对比标准的基数

相对指标是通过指标之间的对比来反映现象的联系，而现象的联系是由现象的性质和特点所决定的。因此，选择和哪个指标对比，选择什么样的基数，就需要根据现象的性质和特点，结合分析研究的目的来决定，要选择那些能够反映事物内在联系和本质差异的指标作为对比的基数。例如，计算居民识字普及程度的指标，对比基数就不能用全部人口数，因为全部人口中包含着不属于识字普及对象的学龄前儿童。正确的基数应是全部人口数扣除学龄前儿童数后的数字。

(二) 严格保持对比的两个指标的可比性

相对指标是用来表明两个指标之间的对比关系，所以可比性就成为重要的前提条件。所谓可比性，是指两个对比的指标要有可比的基础，对比的结果能够确切地反映所研究的问题。要保持两个指标的可比性，首先，必须使相对比的两个指标在经济内容上有所联系，在总体范围、计算方法、计量单位和计算口径等方面都要协调一致。例如，要比较两个企业的劳动生产率水平，如果一个企业是用企业的产量与全体职工人数对比，另外一个企业是用企业的产量与全体工人数对比，则二者的计算方法不同，两个企业的劳动生产率就是不可比的。其次，对比指标在时间和空间范围上也要保持统一。例如，某企业兼并了另外一个企业，企业规模扩大了，产量动态资料反映不同的对象范围，因而产量资料是不可比的。如果指标在以上方面不一致，必须进行适当的调整和换算，这样对比的结果才符合统计分析研究的要求，才能正确地反映社会经济现象的实质。

当然，也应该辩证地看待指标的可比性。可比性不是绝对的，某些指标在这一场合不可比，在另一场合又可能可比，这都必须依据研究目的，对具体条件、具体情况进行具体分析，并加以灵活运用。

(三) 相对指标要与总量指标结合起来运用

相对指标作为一个抽象化的比率，能够揭示现象之间的联系程度和差异程度，却掩盖了现象绝对水平之间的差异。因此，在运用相对指标进行统计分析时，必须考虑到相对指标背后的绝对数水平。通过相对指标和绝对指标的结合应用，才能全面准确地反映现象总体的数量特征。例如，2011年，我国人口增长率为4.79‰，在世界各国水平中并不算高，但是结合我国的人口总量，我国人口当年增加了1 604万，相当于一个中等国家的总人口。因此，有计划地控制人口的增长，是我国加速经济发展的一项重要战略决策。

(四) 要把有关的相对指标结合运用

一个相对指标只能反映问题的一个侧面，要想全面深刻地反映所研究对象的数量变动特征及规律，需要把相关的相对指标结合起来进行应用。例如，分析我国国民经济的发展变动，如果将比较相对指标、动态相对指标、结构相对指标结合起来，可以更好地反映我国国民经济发展变化进程中，各部门间的数量对比关系及构成情况。

（五）要和经济内容结合运用

要对经济现象进行分析，不但要综合运用多项指标，而且不能仅仅根据数量的大小来对事物的好坏或正常与否做出判断，而要结合社会经济现象的实际情况来考察。例如，在应用计划完成情况相对指标时，对于计划完成情况进行分析，实际完成数量是超过计划数好还是低于计划数好，就要根据指标的性质来进行判断。

课后练习

一、思考题

1. 什么是总量指标？它在社会经济统计中作用如何？

2. 总体单位总量和总体标志总量、时期指标和时点指标如何区别？实物指标和价值指标的特点和作用如何？

3. 统计中常用的相对指标有几种？各有什么作用？

4. 结构相对指标、比例相对指标和比较相对指标有什么不同的特点？强度相对指标和其他相对指标主要区别何在？

5. 统计上分析计划完成情况包括哪些方面内容？分析长期计划执行情况时累计法和水平法有什么特点？当计划任务用提高或降低百分比表示时，如何确定计划完成程度？

二、单项选择题

1. 总量指标按其反映时间状况的不同，可以分为（　　）

① 总体总量和标志总量　② 总体总量和时期指标

③ 标志总量和时期指标　④ 时点指标和时期指标

2. 总量指标按其反映内容的不同，可以分为（　　）

① 时点指标和时期指标　② 时期指标和总体标志总量

③ 总体单位总量和总体标志总量　④ 总体标志总量和时点指标

3. 某厂的劳动生产率计划比去年提高5%，执行结果提高8%，则劳动生产率计划执行提高程度为（　　）

① $8\%-5\%=3\%$　② $5\%+8\%=13\%$

③ $\frac{105\%}{108\%}-100\%=-2.78\%$　④ $\frac{108\%}{105\%}-100\%=2.86\%$

4. 在5年计划中，用水平法检查计划完成程度适用于（　　）

① 规定计划期初应达到的水平　② 规定计划期末应达到的水平

③ 规定5年累计应达到的水平　④ 规定计划期内某一时期应达到的水平

5. 总量指标是（　　）

① 有计量单位的　② 没有计量单位的

③ 有的有计量单位，有的无计量单位　④ 抽象的没什么经济内容的数字

6. 比例相对指标是用来反映总体内部各部分之间内在的（　　）

① 计划关系　② 质量关系　③ 强度关系　④ 数量关系

7. 在相对指标中，主要用名数表示的指标是（　　）

① 结构相对指标　② 强度相对指标　③ 比较相对指标　④ 动态相对指标

8. 按人口平均计算的钢产量是（　　）

① 算术平均数　② 比例相对数　③ 比较相对数　④ 强度相对数

9. 产品合格率，设备利用率这两个相对数是　(　)

① 结构相对数　② 强度相对数　③ 比例相对数　④ 比较相对数

10. 我国第五次人口普查结果，男女之间的对比关系为1.063：1，这个指标是　(　)

① 比较相对数　② 比例相对数　③ 强度相对数　④ 结构相对数

11. 2013年末某市总人口339.84万人，其中，城镇人口占总人口的82.1%，这两个指标　(　)

① 前者是时期指标，后者是时点指标

② 前者是时点指标，后者是时期指标

③ 前者是时点指标，后者是结构相对指标

④ 前者是时期指标，后者是结构相对指标

三、多项选择题

1. 总量指标的计量单位有　(　)

① 实物单位　② 劳动单位　③ 货币单位

④ 百分比和千分比　⑤ 倍数、系数和成数

2. 在社会经济中计算总量指标有着重要意义，因为总量指标是　(　)

① 对社会经济现象认识的起点

② 实行社会管理的依据之一

③ 计算相对指标和平均指标的基础

④ 唯一能进行统计推算的指标

⑤ 没有统计误差的统计指标

3. 在相对指标中，分子和分母可以互相对换的有　(　)

① 比较相对指标　② 比例相对指标

③ 动态相对指标　④ 结构相对指标

⑤ 强度相对指标

4. 相对指标的数值表现形式是　(　)

① 抽样数　② 有名数　③ 无名数　④ 样本数　⑤ 平均数

5. 下列指标中属于强度相对指标的有　(　)

① 按人口计算平均每人占有国民收入

② 人口自然增长率

③ 人口密度

④ 按人口计算平均每人占有粮食产量

⑤ 职工出勤率

6. 在相对指标中，属于不同总体数值对比的指标有　(　)

① 动态相对数　② 结构相对数

③ 比较相对数　④ 比例相对数

⑤ 强度相对数

四、判断题

1. 强度相对指标的数值是用复名数表示的，因此都可以计算它的正指标和逆指标。（　　）
2. 结构相对指标和比较相对指标之和都等于100%。（　　）
3. 计划完成相对指标数值越大，说明完成计划的情况越好。（　　）
4. 比例相对指标是同一总体不同部分数值对比，可以说明总体的构成情况。（　　）
5. 按人口平均的粮食产量是一个平均数。（　　）

五、综合训练

1. 某企业生产情况如下：

	2012年总产值			2013年总产值		
	计划（万元）	实际（万元）	完成计划（%）	计划（万元）	实际（万元）	完成计划（%）
一分厂		200	105	230		110
二分厂	300		115	350	315	
三分厂		132	110	140		120
合计						

要求：(1) 填满表内空格。

(2) 对比全厂两年总产值计划完成程度的好坏。

2. 某市电子工业公司所属三个企业的有关资料如下：

企业名称	2012年职工人数		2011年工业总产值（万元）	2012年工业总产值			2012年全员劳动生产率（元/人）	2012年工业总产值为2011年的（%）	各企业和全公司劳动生产率为乙企业的倍数
	人数（人）	比重（%）		计划（万元）	实际（万元）	完成计划（%）			
甲	300		900	1 500	1 800				
乙	3 000			3 000		130.0		260.0	
丙	450	12.0		1 200	1 800			300.0	
合计	3 750	100.0							

3. 某公司皮鞋产量资料如下：

单位：万双

	2012年	2013年		
		计划	实际	重点企业产量
成人的	6.4	8.8	9.4	4.3
儿童的	5.1	6.7	6.1	2.3
合计	11.5	14.5	15.5	6.6

试计算所有可能计算的相对指标,并指出它们属于哪一种相对指标。

4. 某地区固定资产投资完成资料如下:

单位:亿元

	2009年	2010年	2011年	2012年	2013年			
					1季	2季	3季	4季
固定资产投资额	68	83	95	105	29	30	28	30

该地区五年计划固定资产投资410亿元。试问五年计划任务提前多长时间完成?

5. 某产品按五年计划规定,最后一年产量应达到54万吨,计划完成情况如下:

单位:万吨

	第一年	第二年	第三年		第四年				第五年			
			上半年	下半年	一季	二季	三季	四季	一季	二季	三季	四季
产量	40	43	20	24	11	11	12	13	13	14	14	15

试问该产品提前多长时间完成五年计划?

6. 某工厂2013年计划工业总产值为1 080万吨,实际完成计划的110%,2013年计划总产值比2012年增长8%,试计算2013年实际总产值占2012年的百分比。

7. 某地区2013年计划利税比上年增长20%,实际为上年利税的1.5倍,试计算该地区2013年利税计划完成程度。

8. 某种工业产品单位成本,本期计划比上期下降5%,实际下降了9%,试计算该种产品单位成本计划执行结果。

第五章　平均指标和变异指标

学习目标

平均指标和变异指标是被广泛应用的指标。通过本章学习，要求：1. 正确理解平均指标和变异指标的概念、意义、作用；2. 明确平均指标和变异指标的种类及其区别；3. 掌握平均指标和变异指标的计算方法，以及应用的原则和条件。

内容框架图

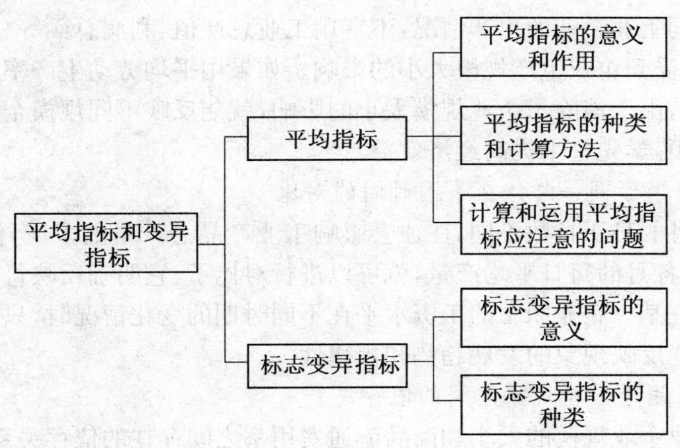

第一节　平均指标

一、平均指标的意义和作用

（一）平均指标的意义

平均指标又称统计平均数，是指在同质总体内将总体各单位某一数量标志的差异抽象化，用以反映总体在具体条件下的一般水平。简而言之，平均指标是说明同质总体内某一数量标志在一定历史条件下一般水平的综合指标。

我们知道，在社会经济现象同质总体中，每个总体单位都有区别于其他单位的数量特征，具体表现为数值大小不等，水平高低不一，这主要因为各个单位的标志值是由多种因素交错影响的结果。例如，要研究某企业职工的工资水平，每个职工的工资不尽相同，它要受工龄、学历、专业能力和水平、技术职称、企业经济效益等诸多因素的综合影响，职工的工资水平有高有低，互有差别。但是，处在同一个同质总体中的各个单位，都受一般基本条件和共同起作用的因素的影响，所以就某一数量标志而论，它们在具体数值上的差异总有一定的限度，在一定时间、地点条件下，客观上存在该数量标志值的一般水平。平均指标就是表明同类社会经济现象在一定时间、地点条件下所达到的一般水平的综合指标。它的数值表现就是平均数，所以平均指标通常称为统计平均数。

平均指标的特点：① 将总体各单位标志值的差异抽象化。它可能与总体中各单位所有标志值都不相同，但又作为代表值来反映这些单位标志值的一般水平。② 只能就同类现象计算。计算平均指标的各单位必须具有同类性质，这是计算平均指标的前提。③ 能反映总体变量值的集中趋势。从总体变量分布的情况看，多数现象的分布服从钟形分布，即不管用什么技术方法求得的平均数，都是靠近分布的中间，而不会在两头。这就说明多数标志值集中在平均数附近，所以平均指标是标志值集中趋势的测度数。

（二）平均指标的作用

平均指标在认识社会经济现象总体数量特征方面的作用，主要表现在以下几个方面：

1. 平均指标可用于同类现象在不同空间条件下的对比

例如，评价不同工业企业的生产情况，不宜用工业总产值、利润总额等总量指标进行对比，因为这些总量指标受到企业生产规模大小的影响。如果用平均劳动生产率或单位产品成本等平均指标进行对比，由于消除了企业规模大小的影响，就能反映不同规模企业的工作成绩和质量，以便通过找差距，学先进来提高经济效益。

2. 平均指标可用于同一总体在不同时间的对比

例如，由于各月的日历日数不同，往往会影响工业产品总产量的多少，使各月的总产量不可比。如果计算出各月的每日平均产量，就可以进行对比了，它明确反映每日生产效率的一般情况。又如，在研究某一企业职工的工资水平在不同时期的变化情况时，只有用各个时期的平均工资来比较，才能反映现象的发展趋势和规律性。

3. 平均指标可用于分析现象之间的依存关系

例如，分析商业企业规模的大小和商品流通费用率之间存在的依存关系时，可以根据商品流转额来划分不同规模的商业企业，再计算各类企业的平均商品流通费用率，就可看出商品流转额的增减和流通费用率之间的依存关系。

4. 利用平均指标可以进行数量上的估计推断

例如，在进行抽样调查时，往往利用部分总体单位计算的平均指标来估计推算其总体的平均指标，必要时，还可利用平均数乘以总体单位数来推算总体的标志总量。在企业管理中，劳动、生产和消耗等各种定额往往是以实际的平均水平为基础，结合其他条件来制定的。

二、平均指标的种类和计算方法

平均指标有静态平均数和动态平均数两种。静态平均数是对同一时间条件下同类社会经济现象不同数值的平均；动态平均数是对不同时期同类社会经济现象不同数值的平均，又叫序时平均数。本节介绍的是静态平均数，动态平均数在时间数列一章论述。

静态平均数有算术平均数、调和平均数、几何平均数、众数和中位数五种，它们都用来反映现象的一般水平。其中算术平均数、调和平均数和几何平均数是根据总体所有标志值来计算的，可以称为数值平均数；而众数和中位数是根据标志值所处的位置来确定的，可以称为位置平均数。它们所反映的一般水平，有不同的意义，不同的计算方法，也有不同的应用场合。算术平均数是统计研究中最常用的指标。

(一) 算术平均数

算术平均数是总体标志总量除以总体单位总量，它是计算社会经济现象平均指标最常用的方法和最基本的形式。这是因为社会经济生活中大量存在的情况是：社会经济现象总体的标志总量为总体中各个单位标志值的算术和。例如，企业职工的工资总额是每个职工工资加总而得到的；某校学生总人数是全校各班人数的总和。在这种情况下，平均指标最适合采用算术平均数的形式，基本公式如下：

$$\text{算术平均数}=\frac{\text{总体标志总量}}{\text{总体单位总量}}$$

这里需要说明，算术平均数既然也是用两个总量指标对比来计算的，那么它和强度相对指标颇为相似，但实质上是很不相同的。平均指标是在一个同质总体内标志总量和单位总量的比例关系。它要求标志总量和单位总量相适应，即标志总量必须是总体各单位标志值的总和。比如，计算 100 个工人的平均工资，作为分子的工资总额只能是这 100 个工人工资的总和。强度相对指标的分子分母是两个不同总体现象总量，不存在各个标志值与各个单位相对应的问题。比如，全国人均粮食产量是全国粮食总产量与全国总人口数之比，反映粮食生产与人口发展的密切关系。但是粮食产量并非全国人口中每个人都具有的标志，粮食总产量不直接依附全国人口数，所以是强度相对指标。

在实际工作中，由于掌握的资料不同，算术平均数可以分为简单算术平均数和加权算术平均数两种形式来计算。

1. 简单算术平均数

简单算术平均数是对每一个标志值一一加总得到的标志总量除以单位总量求出的平均指标。它适用于未分组资料。其计算公式如下：

$$\bar{x}=\frac{x_1+x_2+\cdots+x_n}{n}=\frac{\sum x}{n}$$

式中，$\bar{x}$ 代表算术平均数；

x 代表各单位标志值；

$\sum$是总和符号；

n 代表总体单位数。

例如，某学校有 10 个班级，各班人数为 36，41，40，38，37，38，42，40，36，42 人，则平均每班人数为：

$$\bar{x}=\frac{x_1+x_2+\cdots+x_n}{n}=\frac{36+41+40+38+37+38+42+40+36+42}{10}=39(\text{人})$$

2. 加权算术平均数

计算简单平均数的原始资料，意味着每一个标志值只出现一次。它比较适合总体单位数较少的情况。如果是有些标志值出现若干次的资料，就应该运用加权算术平均数。其计算公式如下：

$$\bar{x}=\frac{\sum xf}{\sum f}$$

式中，f 为标志值出现的次数。

例如，对商学院会计专业的毕业生进行薪酬的问卷调查，以获取毕业生起始薪酬的有关信息。表 5 - 1 显示了收集到的 15 名同学的薪酬数据，其中 5 名同学的薪酬 2 100 元，3 名同学的薪酬为 2 300，4 名同学的薪酬是 2 400 元，其余 3 名同学的薪酬为 2 700 元。

表 5 - 1　某商学院 15 名毕业生薪酬一览表

薪酬（元）x	人数（人）f	总薪酬（元）xf
2 100	5	10 500
2 300	3	6 900
2 400	4	9 600
2 700	3	8 100
合计	15	35 100

则每位同学平均薪酬计算如下：

$$\bar{x}=\frac{\sum xf}{\sum f}=\frac{35\ 100}{15}=2\ 340\text{ 元}$$

这说明加权算术平均数是在分配数列的基础上计算的，它必须首先求出每组的标志总量，并加总取得总体的标志总量，然后除以总体单位总数。

从上式可见，平均数的大小不仅决定于总体各单位的标志值（x），同时也决定于各标志值出现的次数（f）。次数多的标志值对平均数的影响要大些，次数少的标志值对平均数的影响也相应地小些。也就是说，当标志值比较大，而次数（f）多时，平均数就接近大的一方，当标志值比较小，而次数（f）多时，平均数就接近标志值小的一方。标志值的次数（f）多少对平均数大小的影响具有权衡轻重的作用，所以称为权数。这种用权数计算算术平均数的方法称为加权算术平均数。

权数除用总体各组单位数即频数形式表示外，还可以用比重即频率形式表示。因此，便有另一种加权算术平均数形式，就是用标志值乘以相应的频率。其公式如下：

$$\bar{x}=x_1\frac{f_1}{\sum f}+x_2\frac{f_2}{\sum f}+\cdots+x_n\frac{f_n}{\sum f}=\sum\left(x\frac{f}{\sum f}\right)$$

就上例，商学院薪酬调查，薪酬构成资料如表 5 - 2：

表 5 - 2　某商学院 15 名毕业生薪酬构成情况

薪酬（元）x	薪酬构成（%）$\frac{f}{\sum f}$	$x\frac{f}{\sum f}$
2 100	33. 33	700
2 300	20	460
2 400	26. 67	640
2 700	20	540
合计	100	2 340

平均薪酬＝2 100×33.33％＋2 300×20％＋2 400×26.67％＋2 700×20％＝2 340 元

由此可见，权数的权衡轻重作用，说到底是体现在各组单位数占总体单位数的比重的大小上。也就是说权数对于算术平均数的影响作用，不决定于权数本身数值的大小，而决定于作为权数的各组单位数占总体单位数的比重大小。哪一组的单位数所占的比重大，哪一组标志值对平均数的影响就大。因此当各组的单位数相等或各组单位数所占的比重相等时，权数对各组的作用都一样，就失去了加权的意义了，因而加权算术平均数等于简单算术平均数。

即当 $f_1=f_2=\cdots=f_n$ 时

$$\bar{x}=\frac{\sum xf}{\sum f}=\frac{f\sum x}{nf}=\frac{\sum x}{n}$$

上面的例子中，如果各种薪酬所占的比重都一样，则平均薪酬为：

$$\bar{x}=\frac{\sum x}{n}=\frac{2\,100+2\,300+2\,400+2\,700}{4}=2\,375(\text{元})$$

不难看出，简单算术平均数和加权算术平均数之间并没有根本的区别，因为给一个变量值乘上一个权数与多次地加总这个变量值，意义上是相同的。

这里应该说明一点，在组距分配数列条件下计算加权算术平均数，照理可用各组距的实际平均数乘以相应的权数来计算。但在实际编制的组距数列中，很少计算组平均数。这样，在缺乏组平均数资料条件下，可用各组组中值来代替计算。当然，算术平均数的这种计算方法具有一定的假定性，即假定各组内部的标志值是均匀分布的或在组中值两侧是对称分布的。在此前提下，组距越小，计算得到的平均数越接近于实际的平均数，即近似程度决定于组距大小。

例如，某班学生“统计学”课程考试成绩资料如表 5－3：

表 5－3　某班学生“统计学”课程考试成绩

考分(分)	组中值 x	人数(人) f	总分数(分) xf
60 以下	55	3	165
60～70	65	5	325
70～80	75	10	750
80～90	85	15	1 275
90 以上	95	7	665
合计	—	40	3 180

则全班学生的平均考分为：

$$\bar{x}=\frac{\sum xf}{\sum f}=\frac{3\,180}{40}=79.5(\text{分})$$

计算加权算术平均数会遇到权数选择问题，在分配数列条件下，一般来说，次数就是权数。但也有次数是不合适的权数，这在由相对数或平均数求平均数时经常遇到。

例如，某市某局所属 20 个企业产值计划完成情况的组距分配数列资料如表 5－4：

表 5-4　某市某局 20 个企业产值计划完成情况

计划完成程度(%)	组中值(%)x	企业数	计划任务数(万元)f	实际完成数(万元)xf
90～100	95	8	120	114
100～110	105	6	600	630
110～120	115	6	380	437
合计	—	20	1 100	1 181

本例的平均对象是各企业完成产值计划百分比。为了计算整个管理局产值计划平均完成程度，是用企业数为权数呢，还是用计划产值为权数？企业数虽是完成产值计划不同程度的次数，但并不是合适的权数。因为各企业规模大小不同，产值多少也有差别，正确计算产值计划平均完成百分比，需用计划产值来加权，这样，才适合于这一指标的性质，即从实际产值和计划产值的对比中来确定。计算如下：

$$\bar{x}=\frac{\sum xf}{\sum f}=\frac{1\,181}{1\,100}=107\%$$

(二) 调和平均数

调和平均数是平均数的一种，它是根据各个变量值的倒数计算的平均指标，是变量值倒数的算术平均数的倒数，因此又称为倒数平均数。在社会经济统计中，往往由于缺乏总体的单位数资料，不能直接采用算术平均数计算，这时，就需要把算术平均数的形式加以改变，而采用另一种计算方法。所以，实际工作中，它主要是作为算术平均数的变形来使用，其主要特点是用特定的权数($m=xf$)加权，其变量值多为相对数或平均数。在计算平均数时，由于所掌握的资料的限制，往往不能直接用加权算术平均数计算，而需要按照平均数基本算式的需要，算出所需总体单位数，或相当于总体单位数的数字。这时所用的方法，就是加权调和平均数的方法。调和平均数也有简单调和平均数和加权调和平均数两种。

1. 简单调和平均数

当所掌握的资料未分组时采用简单调和平均数法。这是将各标志值倒数进行简单算术平均，再取这一平均数的倒数。所以说，调和平均数是各个变量值倒数的算术平均数的倒数。其计算公式为：

$$\bar{x}=\frac{n}{\sum\frac{1}{x}}$$

式中，$\bar{x}$ 表示调和平均数；

x 表示被平均的变量值；

n 表示变量值的项数。

2. 加权调和平均数

当所掌握的资料是已分组的情况，用加权调和平均数法计算，它是各变量值倒数的加权算术平均数的倒数。其计算公式为：

$$\bar{x}=\frac{m_1+m_2+\cdots m_n}{\frac{m_1}{x_1}+\frac{m_2}{x_2}+\cdots\frac{m_n}{x_n}}=\frac{\sum m}{\sum\frac{m}{x}}$$

例如，设某种商品在三个贸易市场上的平均价格和销售量资料如表 5－5：

表 5－5　某商品在三个贸易市场上的销售情况

市场	平均价格(元/千克)x	贸易额(元)m	$\frac{m}{x}$
甲	2.00	60 000	30 000
乙	2.50	60 000	24 000
丙	2.40	60 000	25 000
合计	—	180 000	79 000

则该种商品的平均价格为：

$$\bar{x}=\frac{\sum m}{\sum \frac{m}{x}}=\frac{180\ 000}{79\ 000}=2.28(\text{元})$$

在统计工作中，有时需要根据相对数和平均数来计算其平均数，以下将举例说明调和平均数的应用。

(1) 由相对数计算平均数

已知某工业集团公司有三个企业，其计划完成程度(%)及计划产值资料如表 5－6。

表 5－6　某工业集团公司各企业计划完成程度情况

企业	计划完成程度(%) x	计划产值(万元) f	实际产值(万元) xf
甲	95	1 200	1 140
乙	105	12 800	13 440
丙	115	2 000	2 300
合计	—	16 000	16 880

要求计算这三个企业的平均计划完成程度，其公式是：

$$\text{平均计划完成程度}=\frac{\text{各单位实际产值之和}}{\text{各单位计划产值之和}}$$

因为本例中已掌握了计划完成程度（比值）和计划产值(比式的分母 f)，所以在计算三个企业总的平均计划完成程度时，依据已知的两项资料，计算分子资料——各单位实际产值，即用各单位计划产值与各单位计划完成百分数相乘，采用加权算术平均数公式计算。

$$\text{平均计划完成程度}=\frac{\sum xf}{\sum f}=\frac{16\ 880}{16\ 000}=105.5\%$$

如果只掌握各单位计划完成程度(比值)和实际产值(比值的分子 m)，如表 5－7。在计算总的平均计划完成程度时，用分子 m 作权数，采用调和平均数公式计算。

表 5-7　某工业集团公司各企业计划情况

企业	计划完成程度(%) x	实际产值(万元) f	计划产值(万元) $\frac{m}{x}$
甲	95	1 140	1 200
乙	105	13 440	12 800
丙	115	2 300	2 000
合计	—	16 880	16 000

$$\text{平均计划完成程度} = \frac{\sum m}{\sum \frac{m}{x}} = \frac{16\,880}{16\,000} = 105.5\%$$

从上述两例中可以看到,加权调和平均数实际上是加权算术平均数的变形。两者在计算方法上没有本质的区别,只是根据掌握的资料不同,采用不同的计算过程罢了。如果掌握相对数或平均数的基本公式的分母资料,而缺少分子资料,就应该采用加权算术平均法;如果掌握相对数或平均数的基本公式的分子资料,而缺少分母资料,就应该采用加权调和平均法。

(2) 由平均数计算平均数

设某商品在三个集市上的平均价格及销售额资料如表 5-8 所示。

表 5-8　某商品在三个集市上的平均价格及销售额资料

市场	平均价格(元/千克) x	销售额(元) m	销售量(千克) $\frac{m}{x}$
甲	2.00	60 000	30 000
乙	2.50	60 000	24 000
丙	2.40	60 000	25 000
合计	—	180 000	79 000

这里所掌握的是平均价格 x 和销售额(比值的分子)m,在计算该商品平均价格时可用加权调和平均法计算。

$$\bar{x} = \frac{\sum m}{\sum \frac{m}{x}} = \frac{180\,000}{79\,000} = 2.28(\text{元})$$

(三) 几何平均数

几何平均数又称为“对数平均数”,它是若干项变量值的连乘积开其项数次方的算术多次方根。当所掌握的变量值本身是比率的形式,而且各比率的乘积等于总的比率,这时就应采用几何平均法计算平均比率。

几何平均数的计算分为简单几何平均数和加权几何平均数。

1. 简单几何平均数

其计算公式为:

$$\bar{x} = \sqrt[n]{x_1 \cdot x_2 \cdot \cdots \cdot x_n} = \sqrt[n]{\prod x}$$

上式中：$\bar{x}$ 代表几何平均数，

x 表示被平均的变量值，

n 表示变量值的项数，

$\prod$ 为连乘符号。

2. 加权几何平均数

其计算公式为：

$$\bar{x}=\sqrt[f_1+f_1+\cdots+f_n]{x_1^{f_1}\cdot x_2^{f_2}\cdot\cdots x_n^{f_n}}=\sqrt[\sum f]{\prod x^f}$$

式中，f 表示变量值对应出现的次数。

可见，当有某个变量值为零或负数时，不宜用几何平均法求平均数。

几何平均数是计算平均速度和平均比率比较适合的一种方法。凡是若干个变量值（一般表现为速度或比率）的连乘积等于总速度或总比率时，求其平均值就应该用几何平均法。

计算几何平均数时，由于变量值个数较多，需要开多次方，为了计算上的方便，通常利用对数进行计算。对于简单几何平均数，有：

$$\lg\bar{x}=\frac{1}{n}(\lg x_1+\lg x_2+\cdots+\lg x_n)=\frac{1}{n}\sum\lg x$$

对于加权几何平均数，有：

$$\lg\bar{x}=\frac{1}{\sum f}(f_1\lg x_1+f_2\lg x_2+\cdots+f_n\lg x_n)$$

例如，某流水生产线有前后衔接的五道工序。某日各工序产品的合格率分别为 95%、92%、90%、85%、80%，求整个流水生产线产品的平均合格率。如表 5－9 所示。

表 5－9　某企业各车间的产品合格率资料

工序	产品合格率(%)x	合格率的对数 $\lg x$
1	95	1.977 7
2	92	1.963 8
3	90	1.954 2
4	85	1.929 4
5	80	1.903 1
合计	—	9.728 2

由于产品合格率是在前道工序的合格产品基础上计算的，所以产品合格率的总和并不等于各个工序的总合格率，因此不能采用算术平均数计算车间产品平均合格率。上述五道工序的产品合格率的连乘积等于产品的总合格率，这就符合计算几何平均数的基本要求，所以采用几何平均数计算产品平均合格率：

$$\bar{x}=\sqrt[n]{\prod x}=\sqrt[5]{95\%\times 92\%\times 90\%\times 85\%\times 80\%}=88.24\%$$

利用几何平均数计算平均发展速度，请见时间数列一章。

（四）众数

众数是总体中出现次数最多的标志值，它能直观地说明客观现象分配中的集中趋势。在实际工作中，有时需要利用众数代替算术平均数来说明社会经济现象的一般水平。例如，集贸市场上某种商品一天的价格可能有几次变化，其中成交量最多的那一个价格就是众数价格；再如，在大批量生产的女士皮鞋中，其中37码是销售量最多的尺码，则这个37码就是众数，可代表女士皮鞋尺码的一般水平，宜大量生产，而其余尺码生产量就要相对少一些，这样才能满足市场上大部分消费者的需要。

根据掌握资料情况的不同，计算众数时要选择适当的方法。

(1) 如果掌握的资料是单项式数列，找出出现最多的标志值就是众数。

例如某种商品的价格情况如表5-10：

表5-10　某种商品销售价格分组资料

价格(元)	销售数量(千克)
2	20
2.4	60
3	180
4	80
5	50
合计	390

该例中，众数就是价格为3元，因为这个标志值所对应的数量最多。

(2) 如果掌握的资料是组距式数列，应先确定众数组，再利用比例插值法推算众数的近似值。

下面以某企业工人日产量的资料(表5-11)为例来说明众数的计算方法：

为求众数，首先确定数列的众数组。本例最多次数相应组，其标志值是70～80，即为众数组。具体的众数值按下列公式近似地确定：

表5-11　某企业工人日产量资料

按日产量分组（千克）	工人人数(人)
60以下	10
60～70	19
70～80	50
80～90	36
90～100	27
100～110	14
110以上	8
合计	164

$$m_0 = l + \frac{\Delta_1}{\Delta_1 + \Delta_2} \times d$$

式中，m_0表示众数；

l表示众数组的下限；

Δ_1表示众数组次数与前一组次数之差；

Δ_2表示众数组次数与后一组次数之差；

d表示众数组组距。

按照这个公式，该例的众数为：

$$m_0 = 70 + 10 \times \frac{50-19}{(50-19)+(50-36)} = 76.89\text{元}$$

这个公式的大意是：众数组的下限须加上众数组组距的一部分数量，这一部分数量取决于前一组与后一组频数的大小。上面的计算是70加上6.89，占了组距(10)的半数以上，因为后一组的频数(36)大于前一组的频数(19)。

众数的计算有一定的条件，即如果遇到所有标志值的频数都是一样的分配数列，则不存在众数。某些场合，不是一个标志值，而是两个或两个以上标志值具有最大的频数，那就是两个众数或多众数，研究众数也就显得无意义了。

(五) 中位数

如果把现象总体中的各单位标志值按大小顺序排列，居于数列中间位置的那个标志值就是中位数。可见，中位数把全部标志值分成两个部分，一半标志值比它大，另一半标志值比它小，而且比它大的标志值个数等于比它小的标志值个数。因此在许多场合，用中位数来表示现象的一般水平。比如，在进行产品质量控制时，对生产的产品随机抽取几个进行观察，若计算其平均数比较麻烦，只要看中位数的大小就可知道其一般水平如何了。

在标志值未经分组的情况下，确定中位数的方法是相对简单的：先把各单位按标志值大小顺序排列，如果总体单位数为奇数，则处$\frac{n+1}{2}$(n代表总体单位数)位置的标志值是中位数；如果总体单位数为偶数，那么中位数就是位次为$\frac{n}{2}$和$\frac{n}{2}+1$的两个标志值的平均数。

例如，甲、乙两班组工人分别为5人和6人，每人日产零件数如下：

甲班组：20，23，26，28，30

乙班组：20，23，26，28，30，32

甲组中位数位置为(5+1)/2=3，即第3位工人的日产量26件为中位数。

乙组中位数位置为3(6/2=3)与$4\left(\frac{6}{2}+1\right)$之间，即第3位和第4位工人日产量的算术平均数27件((26+28)/2)为中位数。

在资料经过分组编成单项式分配数列的情况下，也是按上面所讲的方法来确定中位数的位置。例如，上面表5-10某种商品销售价格资料分组的例子，中位数的位置是在第190和191之间。

即：

$$\frac{\sum f}{2} = \frac{380}{2} = 190 \text{ 和 } \frac{\sum f}{2} + 1 = 191$$

因为总体已经分了组，所以以$\sum f$表示总体单位数。

现在把销售量做自下而上累计到第三组(20＋60＋180)，即已超过191，表示中位数是3。

在组距数列的条件下计算中位数较为复杂。我们用上面表5－11资料来说明它的计算方法。

先确定中位数所在的组。为了确定分配数列中的中点位置，要用整个数列的总次数除以2，即164/2＝82。在组距分配数列中，各组距数值已按大小顺序排列。这样，计算各组累计数至第三组止为10＋19＋50＝79，至第四组止为79＋36＝115，可见，第四组包括第80至第115，第82就在这一组里，即中位数应在日产量为80～90元的组内。

再计算中位数的近似值。我们从这样的假定出发，即中位数所在组内的各个数值是均匀分布的，这样，可从中位数在该组内的位次，按比例推算它的近似值。中位数在该组内的位次为82－79＝3，它与全组工人数的比例为3/36＝0.083 3，按该组组距数值90－80＝10加以推算，则为10×0.083 3＝0.833。于是，从中位数所在组的下限数值加上这个数字：80＋0.833＝80.833即为中位数。

以上计算过程，可以概括为如下计算中位数的公式：

$$m_e = l + \frac{\frac{\sum f}{2} - s_{m-1}}{f_m} \times d$$

式中：m_e表示中位数；

l表示中位数所在组的下限；

f_m表示中位数所在组的次数；

s_{m-1}表示中位数所在组以下各组的累计次数；

$\sum f$表示总次数；

d表示中位数所在组的组距。

上面资料按公式代入计算如下：

$$m_e = 80 + \frac{\frac{164}{2} - 79}{36} \times 10 = 80.83$$

从以上关于众数和中位数的计算可以看出，它们不像算术平均数那样，把总体各个单位标志值差异抵消，因而应该把它们看成是对现象总体一般水平描述的重要补充指标。

在实践中，众数和中位数常用来代替算术平均数，或者与算术平均数同时使用。当现象总体包含有极大或极小标志值的单位时，尤其适合于计算众数和中位数。因为这些在总体中不太有代表性的标志值会影响算术平均数的数值，但不影响众数和中位数的数值。众数与中位数也就成为非常有价值的统计分析指标。

三、计算和运用平均指标应注意的问题

正确计算和运用平均指标来分析社会经济现象，应该注意以下几个问题：

(一) 平均指标只能用于同质总体

平均指标所处理的是同质异量的大量现象。只有在同质总体中,总体各单位才具有共同的特征,从而才能计算它们的平均数来反映现象的一般水平,否则,计算的平均数就会把现象的本质差异掩盖起来,不能起到说明事物及其规律性的作用。

(二) 用组平均数补充说明总平均数

许多平均指标的计算,是在科学分组的基础上进行的。我们应该重视影响总平均数的各个有关因素,通过计算组平均数对总平均数做补充说明,来揭示现象内部结构的影响,从而克服认识上的片面性。

例如,当我们掌握到甲、乙两地粮食平均亩产资料时,就不要对这两地生产管理水平仓促下结论。我们要考虑到影响平均亩产的因素很多,比如地势、作物品种就是重要的影响因素,我们以它们作为分组标志,看看所分的组,平均亩产与总平均亩产是否一致,然后找原因,做结论。甲、乙两地粮食生产实际资料,如表 5－12 所示。

表 5－12　甲、乙两地粮食生产实际资料

按地势分组	甲村			乙村		
	播种面积(亩)	总产量(斤)	平均亩产(斤)	播种面积(亩)	总产量(斤)	平均亩产(斤)
旱地	190	72 200	380	200	64 000	320
水田	70	44 800	640	300	186 000	620
合计	260	117 000	450	500	250 000	500

表 5－12 中,甲地的平均亩产为 450 斤,低于乙地平均亩产 500 斤。但甲地不论是旱地还是水田的亩产量均比乙地的亩产量高。这种总平均数与组平均数不一致的现象,原因在于旱田和水田的生产水平不一致。水田的产量水平比旱田高许多,两地各自的水田、旱田的比例相差较大,这一结构性的差异导致总平均亩产甲地低于乙地。所以,为了客观地分析某一社会经济现象一般水平变动的情况,必须用组平均数补充说明总平均数。

(三) 用分配数列补充说明平均数

平均数只是说明现象的共性,即一般水平,而把总体各单位数量标志值的差异给抽象掉了,掩盖了总体各单位的差异及其分配情况。为了比较深入地说明问题,在利用平均数对社会经济现象进行分析时,还要结合原来的分配数列,分析平均数在原数列中所处的位置,以及各单位标志值在平均数上下的分布情况。

(四) 平均数和典型事例结合运用

任何事物的发展都是不平衡的,在同一总体中,既有先进部分,又有后进部分,不能满足于一般状况。如果在分析研究时,只掌握一般情况而忽视个别情况,不注意发现先进,找出后进,促使后进转化,就会犯错误。所以,为了丰富对事物的认识,在应用平均数时,需要结合个别的典型事物,研究先进和落后的典型,发现新生事物,加以总结和推广,推动事物的发展。

(五) 平均指标要与变异指标结合运用(详见下一节内容)

第二节　标志变异指标

一、标志变异指标的意义

（一）标志变异指标的概念

标志变异指标也叫作标志变动度，它是指总体中各单位标志值差别大小的程度，又称离散程度或离中程度。

就前述平均指标，是将总体中各单位的标志值差异抽象化，以反映各单位在这一标志上的一般水平。通过它只看出被研究现象的共性，而看不出差异性。但是在同质总体中各单位标志值的差异还是客观存在的。因此，还必须进一步对被抽象化的各单位标志值的变异程度进行测定。

在统计分析中，计算总体标志值的平均数的同时，进一步测定标志变异指标，这对于全面认识总体的特征，探讨其变动的规律性，进行科学管理与预测等都有重要的意义。

（二）标志变异指标的作用

标志变异指标在统计分析研究中的作用主要有如下几个方面：

（1）变异指标是评价平均数代表性的依据。一般地说，标志变异指标越大，说明平均数的代表性越小；而标志变异指标越小，说明平均数的代表性越大。把平均指标与变异指标结合起来运用，才能使统计分析更完整、内容更充实，从而能更深刻地认识所研究现象的本质。

例如，有甲、乙两小组工人日产量（件）资料如下：

甲组：20，40，60，70，80，100，120

乙组：67，68，69，70，71，72，73

显然，甲、乙两组的平均日产零件都是70件，但甲组各工人日产件数相差很大，分布很分散；而乙组各工人日产件数相差不大，分布相对集中。因此，虽然平均数都是70，对甲组来讲，其代表性要小得多；对乙组来说，代表性相对较大。

（2）变异指标说明现象变动的均匀性或稳定性程度。例如，考察一批产品的质量情况，如电灯泡的耐用时间、轮胎的行驶里程等，测定其标志变动度。如果标志变动度大，则说明产品质量不稳定；如果标志变动度小，则产品质量显得稳定。又如对某一新品种的种子做试验，除确定这一品种作物所达到的平均收获水平外，还要研究它在生产中的稳定程度。如果这种作物在各地块上的收获率和平均水平比较接近，差异程度较小，说明该品种作物产量上具有较大稳定性，标志着该品种为良种作物，可以推广种植。

（3）标志变异指标在抽样法中起重要作用。在组织抽样之前，需要事先测定调查总体各单位某数量标志值的差异程度，来确定必要的样本容量。标志变异指标大，要抽较多的单位，这样可以提高样本指标的代表性。变异指标小，则可只抽必要的样本单位数，以减少调查费用。

二、标志变异指标的种类

常用测定标志变动程度的指标主要有全距、平均差、标准差和离散系数。下面分别加以介绍：

（一）全距

全距又称为“极差”，它是总体各单位中的最大标志值与最小标志值之差，用来说明标志值变动范围的大小。通常用 R 表示。

$$R=m_{\max}-m_{\min}$$

例如，某车间 7 名工人的日产零件数为 20、40、60、70、80、100、120 件，其中最高日产零件数为 120 件，而最低日产零件数只有 20 件。全距用 R 表示，即 $R=120-20=100$ 件。

如果资料为组距数列，可以用最高组上限和最低组下限之差来近似地表示全距；但当有开口组时，若不知极端数值，则无法求全距。

全距的优点在于计算方便，易于理解。在工业生产过程中，全距常被用来检查产品质量的稳定性和进行质量控制。在正常的生产条件下，产品质量性能指标，如强度、硬度、浓度、长度等的差距总是在一定的范围内波动的。如果差距超过了一定范围，就说明生产可能出现毛病，必须采取防范措施。利用全距指标进行产品质量检查和控制，可以及时发现问题，采取相应措施，保证产品的质量。

但全距这个指标很粗略，它只考虑数列极端值差异，而不管中间数值的差异情况，也不受次数分配的影响，因而不能全面反映总体各单位标志值的变异程度。

（二）平均差

平均差是各单位标志值对其算术平均数的离差绝对值的平均数。由于各标志值对其算术平均数的离差之和等于零，因此，计算平均差时，我们采用离差的绝对值形式（$|x-\bar{x}|$）。平均差能够综合反映总体中各单位标志值变动的影响。平均差越大，表示标志变动度越大，则平均数代表性越小；反之，平均差越小，表示标志变动度越小，则平均数代表性越大。

根据资料是否分组，平均差的计算可分为简单平均式和加权平均式。

1. 简单平均式

在资料未经分组或变量数列的次数完全相等时采用简单平均式，其计算公式为：

$$A.D=\frac{\sum|x-\bar{x}|}{n}$$

式中，$A.D$ 代表平均差；

x 代表各标志值；

$\bar{x}$ 代表各标志值的平均数；

n 代表项数。

例如，有两组人的年龄（岁）资料如下：

甲组：10，20，50，80，90

乙组：10，50，50，50，90

这两组人的平均年龄都是 50 岁，很明显乙组五个人的年龄差异要比甲组小，但从全距计算的结果却都是 90－10＝80 岁，无法进行比较。用平均差计算如下：

表 5-14 甲、乙两组年龄资料

甲组			乙组		
年龄(岁)	离差	离差绝对值	年龄(岁)	离差	离差绝对值
x	$x-\bar{x}$	$\lvert x-\bar{x}\rvert$	x	$x-\bar{x}$	$\lvert x-\bar{x}\rvert$
10	−40	40	10	−40	40
20	−30	30	50	0	0
50	0	0	50	0	0
80	30	30	50	0	0
90	40	40	80	40	40
合计	0	140	合计	0	80

$$A.D_{甲}=\frac{\sum\lvert x-\bar{x}\rvert}{n}=\frac{140}{5}=28(岁)$$

$$A.D_{乙}=\frac{\sum\lvert x-\bar{x}\rvert}{n}=\frac{80}{5}=16(岁)$$

计算结果表明，在平均数相等的情况下，甲组的平均差大于乙组的平均差，说明甲组的平均数的代表性小于乙组。

2. 加权平均式

在资料已经分组，形成分配数列且各组次数不等时，应采用加权平均式，其计算公式为：

$$A.D=\frac{\sum\lvert x-\bar{x}\rvert f}{\sum f}$$

式中，$A.D$ 代表平均差；

x 代表各标志值；

$\bar{x}$ 代表各标志值的平均数；

f 代表各组标志值的次数。

例如，某企业职工日产量分组资料如表 5-15，试计算平均差。

表 5-15 某企业职工日产量分组资料

按日产量分组(件)	组中值 x	工人数(人)f	日总产量 xf	离差 $x-\bar{x}$	离差绝对值 $\lvert x-\bar{x}\rvert$	离差绝对值加权 $\lvert x-\bar{x}\rvert f$
20～30	25	10	250	−17	17	170
30～40	35	70	2 450	7	7	490
40～50	45	90	4 050	3	3	270
50～60	55	30	1 650	13	13	390
合计	—	200	8 400	—	—	1 320

$$\bar{x}=\frac{\sum xf}{\sum f}=\frac{8\,400}{200}=42(\text{件})$$

$$A.D=\frac{\sum|x-\bar{x}|f}{\sum f}=\frac{1\,320}{200}=6.6(\text{件})$$

（三）标准差

标准差又称均方差，是测定数据离散程度最重要和最常用的指标。总体各单位的标志值对算术平均数离差的平方的算术平均数称为方差。方差的平方根即为均方差。标准差的意义与平均差基本相同，也是根据各个标志值对其算术平均数的平均离差来计算的。但其采用平方的方法消除正负离差，因此在数学处理上比平均差更为合理。计算公式也依资料不同，分为简单式和加权式两种。

1. 简单平均式

在资料未经分组或变量数列的次数完全相等时，计算标准差采用简单平均式，其计算公式为：

$$\sigma=\sqrt{\frac{\sum(x-\bar{x})^2}{n}}$$

式中 σ 代表标准差。

现仍以甲、乙两组年龄资料为例介绍标准差的计算。

表 5-16　甲、乙两组年龄离差、离差平方计算表

甲组			乙组		
年龄(岁)	离差	离差平方	年龄(岁)	离差	离差平方
x	$x-\bar{x}$	$(x-\bar{x})^2$	x	$x-\bar{x}$	$(x-\bar{x})^2$
10	−40	1 600	10	−40	1 600
20	−30	900	50	0	0
50	0	0	50	0	0
80	30	900	50	0	0
90	40	1 600	90	40	1 600
合计	0	5 000	合计	0	3 200

$$\sigma_{\text{甲}}=\sqrt{\frac{\sum(x-\bar{x})^2}{n}}=\sqrt{\frac{5\,000}{5}}\approx 31.6(\text{岁})$$

$$\sigma_{\text{乙}}=\sqrt{\frac{\sum(x-\bar{x})^2}{n}}=\sqrt{\frac{3\,200}{5}}\approx 25.3(\text{岁})$$

计算结果表明乙组的标准差比甲组小，其平均年龄 50 岁有较好的代表性。

2. 加权平均式

在资料已经分组，形成分配数列且各组次数不等时，应采用加权平均式，其计算公式为：

$$\sigma=\sqrt{\frac{\sum (x-\bar{x})^2 f}{\sum f}}$$

现仍以某企业职工日产量资料为例，计算标准差如表 5－17：

表 5－17　某企业职工日产量资料及标准差

按日产量分组(件)	组中值 x	工人数(人) f	日总产量 xf	离差 $x-\bar{x}$	离差平方 $(x-\bar{x})^2$	离差平方加权 $(x-\bar{x})^2 f$
20～30	25	10	250	－17	289	2 890
30～40	35	70	2 450	7	49	3 430
40～50	45	90	4 050	3	9	810
50～60	55	30	1 650	13	169	5 070
合计	—	200	8 400	—	—	12 200

由上表计算得：

$$\sigma=\sqrt{\frac{\sum (x-\bar{x})^2 f}{\sum f}}=\sqrt{\frac{12\ 200}{200}}\approx 7.8(\text{件})$$

计算结果表明，均方差越大，标志变动程度越大，均方差越小，标志变动程度越小。

3. 是非标志的标准差

在社会经济统计中，有时把某种社会经济现象的全部单位分为具有某一性质的单位和不具有某一性质的单位两组。比如，全部产品中，分为合格品和不合格品两组，在全部农作物播种面积中分为受灾与非受灾面积两组等。这种用“是”、“否”或“有”、“无”来表示的标志，叫做是非标志。

我们用“0”表示总体中不具有某种性质的单位的标志值，用“1”表示总体中具有某种性质的单位的标志值。全部总体单位数用 N 表示，具有所研究标志值的单位数用 N_1 表示，不具有所研究标志值的单位数用 N_0 表示，则 $N=N_1+N_0$。如果用结构相对指标来表示这两种标志单位数的分配情况，则有：

具有某种标志值(1)的单位数在全部单位数中的比重为：

$$p=\frac{N_1}{N}$$

不具有某种标志值(0)的单位数在全部单位数中的比重为：

$$q=\frac{N_0}{N}$$

由此可推知 $p+q=1$。

下面列表计算是非标志的标准差：

表 5－18

是非标志值（变量值）	单位数	变量值乘单位数	离差	离差平方	离差平方加权
x	f	xf	$x-\bar{x}$	$(x-\bar{x})^2$	$(x-\bar{x})^2f$
1	N_1	N_1	$1-p$	$(1-p)^2$	$(1-p)^2N_1$
0	N_0	0	$0-p$	$(0-p)^2$	$(0-p)^2N_0$
合计	N	N_1	—	—	$(1-p)^2N_1+(0-p)^2N_0$

是非标志的算术平均数为：

$$\bar{x}=\frac{\sum xf}{\sum f}=\frac{N_1+0}{N_1+N_0}=\frac{N_1}{N}=p$$

是非标志的标准差为：

$$\sigma=\sqrt{\frac{\sum(x-\bar{x})^2f}{\sum f}}=\sqrt{\frac{(1-p)^2N_1+(0-p)^2N_0}{N_1+N_0}}=\sqrt{\frac{q^2N_1+p^2N_0}{N}}$$

$$=\sqrt{q^2p+p^2q}=\sqrt{pq(p+q)}=\sqrt{pq}$$

所以，是非标志的标准差就是具有某种标志值(1)的单位数在全部单位数中的比重与不具有某种标志值(0)的单位数在全部单位数中的比重乘积的平方根。

例如，某机械厂铸造车间生产 6 000 吨铸件，合格品 5 400 吨，不合格品 600 吨，则此铸件的合格率为 90%，即合格率的平均数为 90%，其是非标志的标准差为：

$$\sigma=\sqrt{p(1-p)}=\sqrt{0.9\times(1-0.9)}=0.3$$

（四）变异系数

全距、平均差和标准差都有与平均指标相同的计量单位，也就是与各单位标志值的计量单位相同。前述各种变异指标都是反映总体各单位标志值差异的绝对或平均指标，其数值的大小，不仅受到离散程度的影响，而且还受数列水平（即标志值本身的水平）高低的影响。因此，在对比分析中，不宜直接用上述各种标志变异指标来比较不同水平数列之间的标志离散程度，必须用反映标志变异程度的相对指标来比较，即用变异系数比较。

变异系数也称为离散系数。各种标志变异指标都可以计算离散系数，来反映总体各单位标志值的相对离散程度，但最常用的是根据标准差与算术平均数计算的离散系数，称作“标准差系数”，用 V_σ 表示，其计算公式为：

$$V_\sigma=\frac{\sigma}{\bar{x}}\times 100\%$$

变异系数值越小，说明平均数代表性就越好；变异系数值越大，则平均数代表性就越差。

例如，有两组水平不同的工人日产量（件）资料：

甲组：60，65，70，75，80

乙组：2，5，7，9，12

由此计算得：$\bar{x}_{甲}=70$ 件，$\sigma_{甲}=7.07$ 件

$\bar{x}_{乙}=7$ 件，$\sigma_{乙}=3.41$ 件

若根据$\sigma_{甲}>\sigma_{乙}$，判定甲组离散程度大于乙组，或乙组的平均数的代表性高于甲组，这是不妥的。因为这两组的水平相差悬殊，应计算其离散系数来比较。

$$\bar{V}_{甲}=\frac{7.07}{70}\times100\%=10.1\%$$

$$\bar{V}_{乙}=\frac{3.41}{7}\times100\%=48.7\%$$

计算结果表明，并非甲组离散程度大于乙组，而是乙组大于甲组，或者说，乙组的平均日产量代表性低于甲组。

在统计实践中，经常需要比较不同标志的变异，而变异系数提供了广泛比较的可能性。比如，同一地区的小麦和稻谷收获率的变异，通过变异系数来比较是不成问题的。而像工人的年龄与技能、工龄与工资级别、农田施肥量与收获率等标志变异的比较，似乎是不可想象的。但是相对指标的理论启示我们，用变异系数完全可以比较这些标志的变异程度。所以，变异系数既可以用于比较不同现象总体同一标志的变异，也可用于比较同一总体不同标志的变异。

课后练习

一、思考题

1. 什么是平均指标？它的特点和作用如何？

2. 统计中平均指标有几种？算术平均数为什么是计算平均指标最常用的方法？

3. 如何理解权数的意义？在什么情况下应用简单算术平均数和加权算术平均数计算的结果是一样的？举例说明。

4. 加权算术平均数和加权调和平均数之间的关系如何？什么情况下加权调和平均数等于简单调和平均数？举例说明。

5. 什么是众数和中位数？它们为何称为位置平均数？怎样运用？

6. 什么是标志变动度？测定标志变动度的指标有哪些？它们各有什么特点？

7. 为什么要计算变异系数？

二、单项选择题

1. 加权算术平均数$\bar{x}$的大小 （ ）

① 受各组次数f的影响最大 ② 受各组标志值x的影响最大

③ 只受各组标志值x的影响 ④ 受各组标志值x和次数f的共同影响

2. 某集团公司所属3个企业2010年计划产值分别为400万元、600万元、500万元。执行结果计划完成程度分别为108%、106%、108%，则该集团公司3个企业平均计划完成程度为 （ ）

① $\sqrt[3]{108\%\times106\%\times108\%}=107.33\%$

② $\frac{108\%+106\%+108\%}{3}=107.33\%$

③ $\frac{400+600+500}{\frac{400}{108\%}+\frac{600}{106\%}+\frac{500}{108\%}}=107.19\%$

④ $\frac{108\%\times400+106\%\times600+108\%\times500}{400+600+500}=107.2\%$

3. 权数对算术平均数的影响作用，决定于 （　　）

① 权数本身数值的大小　　② 作为权数的单位数占总体单位数的比重大小

③ 各组标志的大小　　④ 权数的经济意义

4. 分配数列中，当标志值较小，而权数较大时，计算出来的算术平均数 （　　）

① 接近于标志值大的一方　　② 接近于标志值小的一方

③ 接近于大小合适的标志值　　④ 不受权数影响

5. 平均指标反映了 （　　）

① 总体变量值分布的集中趋势　　② 总体分布的特征

③ 总体单位的集中趋势　　④ 总体变动趋势

6. 某公司下属 5 个企业，共有 2 000 名工人。已知每个企业某月产值计划完成百分比和实际产值，要计算该公司月平均产值计划完成程度，应采用加权调和平均数的方法计算，其权数是 （　　）

① 计划产值　② 实际产值　③ 工人数　④ 企业数

7. 某副食品公司所属 3 个商店 2010 年计划规定销售额分别为 500 万元、600 万元、800 万元，其执行结果分别完成计划 104%、105%、105%，则该公司所属的 3 个商店平均完成计划的百分数是 （　　）

① $\dfrac{101\%\times1+105\%\times2}{3}=103.67\%$

② $\dfrac{104\%\times500+105\%\times600+105\%\times800}{500+600+800}=104.74\%$

③ $\dfrac{500+600+800}{\dfrac{500}{104\%}+\dfrac{600}{105\%}+\dfrac{800}{105\%}}=104.73\%$

④ $\sqrt[3]{104\%\times105\%\times105\%}=104.67\%$

8. 标志变异指标中易受极端数值影响的是 （　　）

① 全距　② 平均差　③ 标准差　④ 标准差系数

9. 利用标准差比较两个总体的平均数代表性大小时，要求这两个总体的平均数 （　　）

① 不等　② 相差不大　③ 相差很大　④ 相等

10. 同质总体标志变异指标是反映 （　　）

① 离中趋势　② 集中趋势　③ 变动情况　④ 一般水平

11. 两个总体的平均数不等，但标准差相等，则 （　　）

① 平均数小，代表性大　　② 平均数大，代表性大

③ 两个平均数代表性相同　　④ 无法进行判断

12. 在变量数列中，计算标准差的公式为 （　　）

① $\sqrt{\dfrac{\sum(x-\bar{x})^2f}{n}}$　　② $\sqrt{\dfrac{\sum(x-\bar{x})^2f}{\sum f}}$

③ $\sqrt{\dfrac{\sum(x-\bar{x})f}{\sum f}}$　　④ $\sqrt{\dfrac{\sum(x-\bar{x})}{n}}$

13. 标准差数值越小，则反映变量值 （　　）

① 越分散，平均数代表性越低
② 越集中，平均数代表性越高
③ 越分散，平均数代表性越高
④ 越集中，平均数代表性越低

14. 标准差属于 （　　）
① 强度相对指标 ② 绝对指标 ③ 相对指标 ④ 平均指标

15. 若把全部产品分为合格品与不合格品，所采用的标志属于 （　　）
① 不变标志 ② 是非标志 ③ 品质标志 ④ 数量标志

16. 在甲、乙两个变量数列中，若 $\sigma_{甲}<\sigma_{乙}$，则两个变量数列平均数的代表性程度相比较 （　　）
① 两个数列的平均数代表性相同
② 甲数列的平均数代表性高于乙数列
③ 乙数列的平均数代表性高于甲数列
④ 不能确定哪个数列的平均数代表性好一些

三、多项选择题

1. 加权算术平均数等于简单算术平均数是在 （　　）
① 各组变量值不相同的条件下 ② 各组次数相等的条件下
③ 各组权数都为 1 的条件下 ④ 在分组组数较少的条件下
⑤ 各组次数不相等的条件下

2. 下列各项中，可以应用加权算术平均法计算平均数的有 （　　）
① 由各个工人的工资额计算平均工资
② 由工人按工资分组的变量数列计算平均工资
③ 由工人总数和工资总额求平均工资
④ 由各个环比发展速度求平均发展速度
⑤ 由各产品等级及各级产品产量求平均等级

3. 加权算术平均数和加权调和平均数计算方法的选择应根据已知资料的情况而定 （　　）
① 如果掌握基本形式的分母用加权算术平均数计算
② 如果掌握基本形式的分子用加权算术平均数计算
③ 如果掌握基本形式的分母用加权调和平均数计算
④ 如果掌握基本形式的分子用加权调和平均数计算
⑤ 如无基本形式的分子、分母，则无法计算平均数

4. 标志变异指标可以反映 （　　）
① 平均数代表性大小
② 总体单位标志值分布的集中趋势
③ 总体单位标志值的离散趋势
④ 社会生产过程的均衡性
⑤ 产品质量的稳定性

5. 是非标志的标准差是 （　　）

① $\sqrt{q+p}$　② $\sqrt{pq}$　③ $\sqrt{p-q}$

④ $\sqrt{(1-q)(1-p)}$　⑤ $\sqrt{p(1-q)}$

6. 某小组 3 名工人的工资分别为 102 元、104 元和 109 元，根据这一资料计算的各种标志变异指标的关系是　(　　)

① 全距大于平均差　② 全距大于标准差

③ 标准差大于平均差　④ 标准差大于标准差系数

⑤ 平均差系数小于标准差系数

7. 利用标准差比较两个总体的平均数代表性大小，要求　(　　)

① 两个总体的平均数相等　② 两个总体的单位数相等

③ 两个总体的标准差相等　④ 两个总体平均数的计量单位相同

⑤ 两个总体平均数反映的现象相同

8. 在比较两个总体的平均数代表性大小时　(　　)

① 如果两个总体的平均数相等，可用标准差来比较

② 如果两个总体的平均数相等，可用标准差系数来比较

③ 如果两个总体的平均数不等，可用标准差来比较

④ 如果两个总体的平均数不等，不能用标准差来比较

⑤ 如果两个总体的平均数不等，可用标准差系数来比较

四、判断题

1. 众数是总体中出现最多的次数。　(　　)

2. 用加权法计算标准差，适用于未经分组的原始资料。　(　　)

3. 平均指标反映总体各单位变量值分布的集中趋势，变异指标则反映其离散趋势。　(　　)

4. 平均差和标准差都表示各标志值对其算术平均数的平均离差。　(　　)

5. 两个企业的职工平均工资比较，若$\bar{x}_{甲}>\bar{x}_{乙}$、$\sigma_{甲}>\sigma_{乙}$，则甲企业职工工资的变异程度一定比乙企业高。　(　　)

五、综合训练

1. 某商店出售某种商品第一季度价格为 6.5 元，第二季度价格为 6.25 元，第三季度价格为 6 元，第四季度价格为 6.2 元，已知第一季度销售额 3 150 元，第二季度销售额 3 000 元，第三季度销售额 5 400 元，第四季度销售额 4 650 元，求全年的平均价格。

2. 某厂开展增产节约运动后，1 月份总成本为 10 000 元，平均成本为 10 元，2 月份总成本为 3 000 元，平均成本为 8 元，3 月份总成本为 35 000 元，平均成本为 7.2 元，试问，第一季度该厂平均单位成本为多少元?

3. 某厂生产某种机床配件，要经过三道工序，各加工工序的合格率分别为 95.74%，92.22%，96.30%。求三道工序的平均合格率。

4. 某企业工人按日产量分组如下：

单位：(件)

工人按日产量分组(件)	工人数(人)	
	7月份	8月份
20以下	30	18
20～30	78	30
30～40	108	72
40～50	90	120
50～60	42	90
60以上	12	30
合计	360	3 600

试计算7、8月份平均每人日产量，并简要说明8月份平均每人日产量变化的原因。

5. 2011年某月份甲、乙两农贸市场某农产品价格及成交量、成交额的资料如下：

品种	价格 (元/斤)	甲市场成交额 (万元)	乙市场成交量 (万斤)
甲	1.2	1.2	2
乙	1.4	2.8	1
丙	1.5	1.5	1
合计	—	5.5	4

试问哪一个市场该农产品的平均价格比较高。并说明原因。

6. 甲、乙两企业生产同种产品，1月份各批产量和单位产品成本资料如下：

	甲企业		乙企业	
	单位产品成本(元)	产量比重(%)	单位产品成本(元)	产量比重(%)
第一批	1.0	10	1.2	30
第二批	1.1	20	1.1	30
第三批	1.2	70	1.0	40

试比较和分析哪个企业的单位成本高，为什么？

7. 某研究所职工月工资资料如下：

按月工资分组(元)	职工人数(人)
6 000～7 000	20
7 000～8 000	45
8 000～9 000	35
9 000以上	10

试用次数权数和比重权数分别计算该所平均工资。

8. 有四个地区销售同一种产品，其销售量和销售额资料如下：

地区	销售量（千件）	销售额（万元）
甲	50	200
乙	40	176
丙	60	300
丁	80	384

试计算各地区平均价格和此种商品在四个地区总的平均价格。

9. 某地区 20 个商店某年第四季度资料如下：

商品销售计划完成程度分组（%）	商店数目	实际商品销售额（万元）	流通费用率（%）
80～90	3	45.9	14.8
90～100	4	68.4	13.2
100～110	8	34.4	12.0
110～120	5	94.3	11.0

试计算该地区 20 个商店完成销售计划指标平均值以及总的流通费用率（提示：流通费用率＝流通费用额/实际销售额）。

10. 某厂 400 名职工工资资料如下：

按月工资分组（元）	职工人数（人）
900～1 100	60
1 100～1 300	100
1 300～1 500	140
1 500～1 700	60
1 700～1 900	40
合计	400

试根据上述资料计算该厂职工平均工资和标准差。

11. 某农场三种不同地段的粮食产量资料如下：

地段	播种面积（亩）	收获量（斤）
甲	60	48 000
乙	50	35 000
丙	40	24 000
合计	150	107 000

试计算每个地段的单位面积产量和三个地段的平均单位面积产量。

12. 有五个工厂，生产同样某种产品，它们的产量和消耗某种原料总量的资料如下：

企业	产量(万件)	原材料总消耗量(万公斤)
甲	2.0	4.00
乙	3.0	6.75
丙	2.5	5.75
丁	3.0	7.35
戊	1.5	3.75

试计算原材料消耗的平均指标。

13. 2013 年某月份某企业按工人劳动生产率高低分组的生产班组数和产量资料如下：

按工人劳动生产率分组(件/人)	生产班组数	生产工人数
50～60	10	150
60～70	7	100
70～80	5	70
80～90	2	30
90 以上	1	16
合计	25	366

试计算该企业工人平均劳动生产率。

14. 某市某月招收各类职业人员，男女分组资料如下：

	男　　性		女　　性	
	报考人数	录用人数	报考人数	录用人数
技工	350	70	50	20
教师	200	50	150	45
医生	50	3	300	24
合计	600	123	500	89

试根据以上资料分别计算各组和总录用率，并说明各组和总录用率高低不同的原因。

15. 某厂技术程度不同的工人生产定额完成情况如下：

	甲车间			乙车间		
	完成定额工时	平均工人数	平均每人完成定额工时	完成定额工时	平均工人数	平均每人完成定额工时
不熟练	12 000	60	200	3 800	20	19
较热练	7 500	30	250	9 600	40	240
熟　练	2 800	10	280	13 500	50	270
合计	22 300	100	223	26 900	110	245

比较全部工人平均完成的定额工作量，好像乙车间高于甲车间，但比较各组工人平均完成的定额工作量，却是甲车间高于乙车间，这是什么原因？应该如何分析？

16. 设两钢铁企业某月上旬的钢材供货资料如下：

单位：吨

供货日期	1日	2日	3日	4日	5日	6日	7日	8日	9日	10日
甲企业	26	26	28	28	29	30	30	30	23	26
乙企业	15	15	17	18	19	19	18	16	16	17

试比较甲、乙两企业该月上旬供货的均衡性。

17. 某农作物的两种不同良种在五个村生产条件基本相同的地块上试种，结果如下：

村庄	甲品种		乙品种	
	收获率(斤/亩)	播种面积(亩)	收获率(斤/亩)	播种面积(亩)
甲	950	11	700	9
乙	900	9	900	13
丙	1 100	10	1 120	15
丁	1 050	8	1 000	13
戊	1 000	12	1 208	10
合计	—	50	—	60

试测定这两品种收获率哪一种具有较大稳定性，指出哪一种较有推广价值。

第六章 抽样推断

学习目标

本章诠释了抽样推断的基本理论和方法，是统计学的主要内容和重要方法。通过本章的学习，要求理解：1. 什么是抽样推断，对比一般推算它具有哪些特点？在哪些场合应用抽样推断方法？2. 抽样误差是怎样形成的，如何计算抽样误差，如何确定一定误差范围的置信度？3. 抽样估计的优良标准是什么，怎样估计总体的平均指标和成数指标？4. 抽样调查的组织形式及其误差。

内容框架图

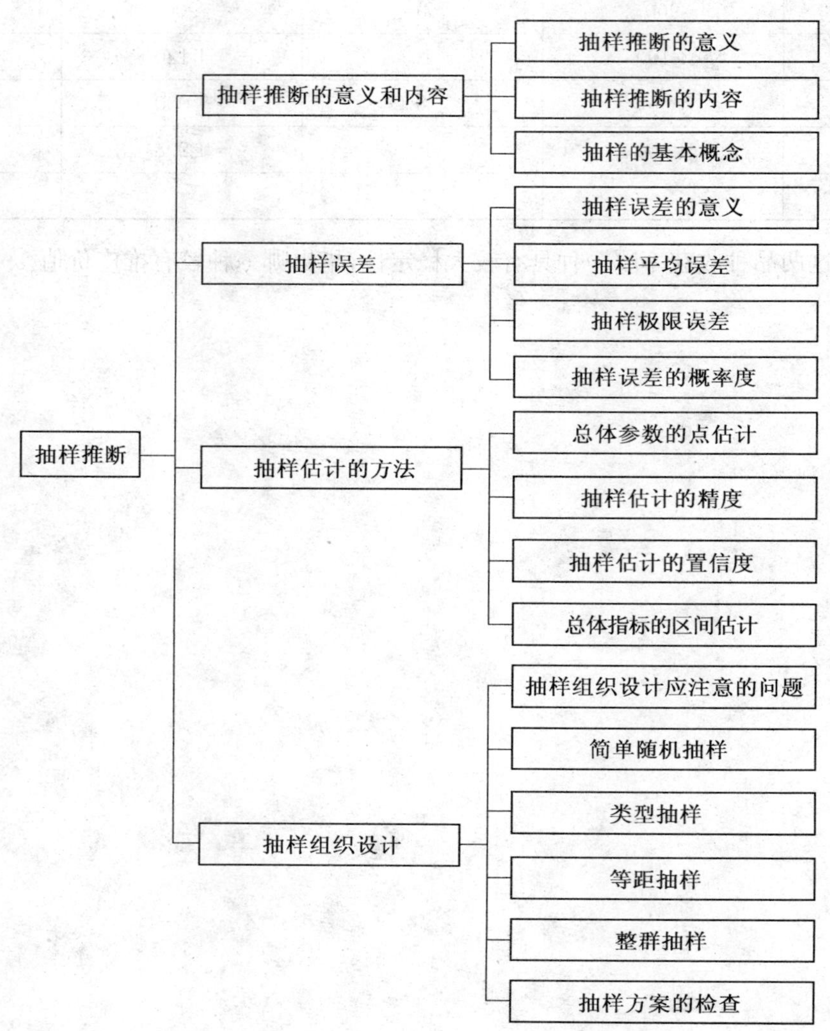

第一节　抽样推断的意义和内容

一、抽样推断的意义

抽样推断是在抽样调查的基础上，利用样本的实际资料计算样本指标，并据以推算总体相应数量特征的一种统计分析方法。前面我们已经学习了计算各项综合指标，如总量指标、相对指标、平均指标等，来反映总体的数量特征。但是，在实际工作中，许多场合我们并没有可能对总体的所有单位进行全面调查，来达到对总体数量特征的认识。例如，市场商品需求量、城市居民家庭收支情况、城乡居民的电视收视率以及民意测验等，都很难对每个单位进行观察，只能组织抽样调查，取得部分的实际资料，来估计和判断总体的数量特征，以达到对现象总体的认识。

归纳起来，抽样推断有如下特点：

（一）抽样推断是由样本数据来推算总体数量特征的一种认识方法

抽样调查是一种非全面调查，但调查的目的却不在于了解部分单位的情况，它只是作为进一步推断的手段，目的乃认识总体的数量特征。抽样调查资料如果不进行抽样推断，这种资料就不会有什么价值。这里存在着认识上手段与目的之间、局部与整体之间的矛盾。这种矛盾在现实生活中是大量存在的，例如检测几克棉花纤维的强度，能不能判断整批棉花纤维的强度？又如对几克种子进行催芽试验，能不能判断该品种整批种子的发芽率？等等。如果在方法上不能解决这类问题，那么统计的认识活动就要受到限制，统计科学也很难得到发展。抽样推断原理解决了这一矛盾，它科学地论证了样本指标与相应的总体参数之间存在着内在的联系，两者的误差的分布也是有规律可循的，并提供一套利用抽样调查的部分信息来推断总体数量特征的方法，这就大大提高了统计分析的认识能力，为信息采集和开发开辟了一条崭新的道路。

（二）抽样推断按照随机原则抽取样本单位

抽样调查可以是概率抽样也可以是非概率抽样，但是作为抽样推断基础的必须是概率抽样，按随机原则抽取样本单位，是抽样推断的前提。随机原则就是总体中样本单位是否中选，不受主观因素的影响，保证每一单位都有相等的中选可能性。把抽样推断建立在随机样本的基础上，才可能事先掌握各种样本出现的可能性大小，提供样本指标数值的分布情况，计算样本指标的抽样平均误差，同时估计样本指标与总体指标的抽样误差不超过一定范围的概率保证程度，只有坚持抽样的随机原则，使任何一个样本变量都是随机变量，因而任何一种样本指标（或统计量）也是随机变量，抽样推断才可能利用大数法则和中心极限定理等概率论原理来研究样本指标（统计量）与总体指标（总体参数）的关系，确定优良估计的标准，为抽样设计寻求更有效的抽样组织形式，建立科学的理论基础。

（三）抽样推断是采取概率估计的方法

利用样本指标来估计总体参数，在统计学上是运用不确定的概率估计法，而不是运用确定的数学分析法。因为样本数据和总体参数之间并不存在严格对应的自变量和因变量的关系，它不能利用数学上一定的函数关系来推算总体参数。抽样推断原则上把由样本观察值所决定的样本指标看作随机变量。在实践中抽取一个样本，并计算样本指标值作为相应总体指标的估计值，接着需要研究的问题便是用这样的样本指标值来代表相应的总体指标值，其可靠程度究竟有多大，这就是概率估计所要解决的问题。例如，我们不知道全县的粮食平均亩产量是多少，现在抽取若干村为样本，并计算样本的粮食平均亩产量为400公斤，又知道以这个400公斤来代表全县的粮食亩产平均水平其误差不超过3公斤的概率可靠程度不低于90%。如果这一估计的可靠程度被认为已经满足分析工作的要求，我们就可以用400公斤作为全县的粮食亩产平均水平，否则就要改善抽样组织，重新进行抽样调查，以提高结论的可靠程度，这便是概率估计的基本思路。

（四）抽样推断的误差可以事先计算并加以控制

以样本指标估计相应的总体指标虽然也存在一定的误差，但它与其他统计估算不同，抽样误差范围可以事先通过有关资料加以计算，并且可以采取必要的组织措施来控制这个误差范围，保证抽样推断的结果达到一定的可靠程度。我们也可以这样说，抽样调查是根据事先给定的误差允许范围进行设计的，而抽样推断则是具有一定可靠程度的估计和判断，这些都是其他估算方法所办不到的。

二、抽样推断的内容

抽样推断的前提是我们对总体的数量特征不了解或了解很少，利用抽样推断方法去解决这类问题，可以有两种途径，因此抽样推断的主要内容也就有两个方面，即参数估计和假设检验。这两方面内容虽然都是利用样本观察值所提供的信息，对总体做出估计或判断，但它们所解决问题的着重点是不同的。

（一）参数估计

由于我们不知道总体的数量特征，可以这样考虑即依据所获得的样本观察资料，对所研究现象总体的水平、结构、规模等数量特征进行估计，这种推断方法称为总体参数的估计。如粮食产量抽样调查、居民家计抽样调查，产品质量抽样调查，民意抽样测验等都是属于参数估计的推断方法。由于社会经济统计绝大多数场合都要求对总体的各项综合指标做出客观的估计，而参数估计恰好满足这一方面的要求，所以参数估计推断方法在实际工作中被广泛的采用。参数估计包括许多内容，如确定估计值，确定估计的优良标准并加以判别，求估计值和被估计参数之间的误差范围，计算在一定误差范围内所作推断的可靠程度等。

（二）假设检验

由于我们对总体的变化情况不了解，不妨先对总体的状况作某种假设，然后再根据抽样推断的原理，根据样本观察资料对所作假设进行检验，来判断这种假设是否成立，以决定我们行动的取舍，这种推断方法称为总体参数的假设检验。例如，工厂生产某种产品，经过工艺改革，不知道产品质量是否有所提高。我们不妨假设工艺改革没有效果，产品质量和以往正常生产的产品质量没有显著性的差异，所有差异仅仅由随机性的原因引起。我们从假设为真实的出发，考虑样本指标的实际值和假设的总体参数之间的差异是否超过了给定的显著性标准。如果已经超过这一标准，或者说这种差异仅由于随机因素引起的可能性是很小的，我们就有理由否定原来的假设，而采纳其对立的假设，即认为工艺改革是有效果的，产品质量的差异也由于质量提高引起，差异是显著的，新的工艺流程值得推广。当然检验的结果也可能样本指标的实际和假设的总体参数之间的差异没有超过给定的显著性标准，那么我们就有理由认为这种差异是由随机性原因引起的，接受工艺改革没有效果的原假设，新的工艺流程不宜推广。

在抽样检验中，要求样本指标的实际值和假设的总体参数完全一致是难以做到的，事实上两者的差异是客观存在的。现在的问题是这种差异允许达到什么程度，总体的假设仍然算是可信的，因而就产生差异显著性水平的标准问题，并由此确定显著性水平的临界值，此外还要分析各类判断错误的可能性，这些都是假设检验所应该研究的问题。

本章着重讨论参数估计的问题。

三、抽样的基本概念

现在介绍有关抽样的若干基本概念，它是研究抽样推断的基础。

(一) 总体和样本

总体也称全及总体，指所要认识的研究对象全体，它是由所研究范围内具有某种共同性质的全体单位所组成的集合体。总体的单位数通常都是很大的，甚至是无限的，这样才有必要组织抽样调查。一般用大写英文字母 N 来表示总体的单位数。在组织抽样调查时首先要弄清总体的范围、单位的含义，以及可实施的条件，以清单、名册、图表等形式，编制抽样框作为抽样的母体。

样本又称子样，它是从全及总体中随机抽取出来，作为代表这一总体的那部分单位组成的集合体。样本的单位数总是有限的，相对来说它的数目比较小，一般用英文小写字母 n 来表示。n 也称为样本容量，组成样本容量的每个单位称为样本个体。一般说来，把 $n \geqslant 30$ 个单位的样本称为大样本，把 $n < 30$ 个单位的样本称为小样本。社会经济现象的抽样调查多取大样本。

需要注意的是，作为推断对象的总体是确定的，而且是唯一的。但作为观察对象的样本就不是这样。从一个总体可以抽取很多个样本，每次可能抽到哪个样本不是确定的，也不是唯一的，而是可变的。明白这一点对于理解抽样推断原理是很重要的。

(二) 总体指标和样本指标

1. 总体指标

根据总体各单位的标志值或标志属性计算的，反映总体数量特征的综合指标称为总体指标，也叫全及指标，其数值是由总体各单位的标志值或标志属性决定的，一个全及指标的指标值是确定的、唯一的，所以又称为参数。抽样推断中所要估计的主要总体指标有总体平均数、总体成数、总体标准差。

对于总体中的数量标志，常用的总体指标有总体平均数 $\bar{X}$ 和总体方差 σ^2（或总体标准差 σ）。其计算公式分别为：

总体平均数：$\bar{x} = \dfrac{\sum X}{N}$（简单式）或者 $\bar{x} = \dfrac{\sum XF}{\sum F}$（加权式）

总体标准差：$\sigma = \sqrt{\dfrac{\sum (X - \bar{x})^2}{N}}$（简单式）或者 $\sigma = \sqrt{\dfrac{\sum (X - \bar{x})^2 F}{\sum F}}$（加权式）

对于总体中的品质标志，由于各单位标志不能用数量来表示，因此总体参数常以成数指标 P 来表示总体中具有某种性质的单位数在总体全部单位数中所占的比重。以 Q 表示总体中不具有某种性质的单位数在总体全部单位数中所占的比重。如果品质标志表现只有是非两种，也即我们上一章所介绍的是非标志，由上一章知识可知，是非标志的平均数和标准差为：

$$\overline{X}_p=\frac{N_1}{N}=p$$

$$\sigma_p=\sqrt{pq}$$

在抽样调查中，总体参数的意义和计算方法是明确的，但参数的具体数值事先是未知的，需要用抽样来估算它。

2. 样本指标

根据样本各单位标志值或标志属性计算的综合指标称为样本指标，也称统计量。样本指标是样本变量的函数，是用来估计总体指标的，因此和常用的总体指标相对应，有样本平均数、样本标准差和样本成数等。以小写字母表示。

$$\bar{x}=\frac{\sum x}{n}\text{（简单式）}\quad \bar{x}=\frac{\sum xf}{\sum f}\text{（加权式）}$$

$$s=\sqrt{\frac{\sum(x-\bar{x})^2}{n}}\text{（简单式）}\quad s=\sqrt{\frac{\sum(x-\bar{x})^2 f}{\sum f}}\text{（加权式）}$$

$$\overline{x_p}=p$$

$$s_p=\sqrt{pq}$$

上面公式中，s 和 s_p 分别表示样本平均数的标准差和样本成数的标准差。

需要指出的是，样本指标的计算方法是确定的（和总体相对应指标的计算方法是一样的），但它的取值随着不同的样本而发生变化。所以样本指标本身也是随机变量，用来作为参数的估计值，有的误差大些，有的误差又小些，有的发生正误差，有的发生负误差，情况各不相同。

（三）样本容量和样本个数

样本容量是指一个样本所包含的单位数，用 n 来表示。一个样本应该包含多少单位最合适，是抽样设计必须认真考虑的问题。必须结合调查任务的要求以及总体标志值的变异情况来考虑。样本容量的大小不但关系到抽样调查的效果，而且关系到抽样方法的应用。

样本个数又称样本可能数目，是指从一个总体中可能抽取的样本个数。一个总体可能抽取多少样本，和样本容量以及抽样方法等因素都有关系，是一个比较复杂的问题。一个总体有多少样本，则样本统计量就有多少种取值，从而形成该统计量的分布。而统计量的分布又是抽样推断的基础。虽然在实践上只抽取个别或少数样本，但要判断所取样本的可能性就必须考虑到全部可能样本数目所形成的分布。

（四）重复抽样和不重复抽样

从抽样的方法方面来看，抽样可以有重复抽样和不重复抽样两种。

重复抽样也称重置抽样。它是这样安排的，从总体 N 个单位中随机抽取一个容量为 n 的样本，每次从总体中抽取一个单位，并把它看作一次试验，连续进行 n 次试验构成一个样本，每次抽出一个单位，把结果登记下来，又重新放回，参加下一次抽选。因此重复抽样的样本是由 n 次相互独立的连续试验构成的，每次试验在完全相同的条件下进行，每个单位在各次中选的机会都完全相等。

从总体 N 个单位中，用重复抽样的方法，随机抽取 n 个单位构成一个样本，则共可抽取 N^n 个样本。

例如,总体有 A、B、C、D 4 个单位,要从中以重复抽样的方法抽取 2 个单位构成样本。先从 4 个单位中取 1 个,共有 4 种取法,结果登记后再放回,然后再从相同的 4 个中取 1 个,也有 4 种取法,前后取两个构成一个样本,全部可能抽取的样本数目为 $4\times4=16$ 个,它们是:

AA,AB,AC,AD,BA,BB,BC,BD,

CA,CB,CC,CD,DA,DB,DC,DD。

不重复抽样也称为不重置抽样。它是这样安排的,从总体 N 个单位中抽取一个容量为 n 的样本,每次从总体中抽取一个单位,连续进行 n 次抽取构成一个样本,但每次抽出一个单位就不再放回参加下一次的抽选。因此不重复抽样有这样的特点:样本由 n 次连续抽取的结果构成,实质上等于一次同时从总体中抽 n 个样本单位,连续 n 次抽选的结果不是相互独立的。每次抽取的结果都影响下一次抽取,每抽一次总体单位数就少一个,因而每个单位的中选机会在各次抽取时是不相同的。也就是说,每个单位被选中的概率仅有一次。

从总体 N 个单位中,用不重复抽样的方法,抽取 n 个单位构成样本,全部可能抽取的样本数目为 $N(N-1)(N-2)\cdots(N-n+1)$ 个。

例如,从 A、B、C、D 四个单位中,用不重复抽样的方法从中抽取两个单位构成样本。先从 4 个单位中取 1 个,共有 4 种取法,第二次再从留下的 3 个单位中取 1 个,共有 3 种取法,前后两个构成一个样本,全部可能抽取的样本数目为 $4\times3=12$ 个,它们是:

AB,AC,AD,BA,BC,BD,CA,CB,CD,DA,DB,DC。

由此可见,在相同的样本容量的要求下,重复抽样的样本个数总是大于不重复抽样的样本个数。

第二节 抽样误差

一、抽样误差的意义

用样本指标来估计全及指标是否可行,关键问题在于抽样误差。抽样误差大小表明抽样效果好坏,如果误差超过了允许的限度,抽样调查也就失去了价值,所以有必要加以专门讨论。

抽样误差是指由于随机抽样的偶然因素使样本各单位的结构不足以代表总体各单位的结构,而引起抽样指标和全及指标之间的绝对离差。如抽样平均数与总体平均数的绝对离差,抽样成数与总体成数之间的绝对离差等。例如,某班级 100 个同学中有 60 个男同学和 40 个女同学,现在从中随机抽取 10 个同学为样本,由于随机的原因未必都能抽到 6 个男同学和 4 个女同学,使得利用样本计算的性别比例指标不能代表班级同学的性别比例指标,而使样本指标与总体指标之间存在绝对离差,这就是抽样误差。

必须指出,抽样推断的误差来源可以有多种,抽样误差不同于登记误差。登记误差在第二章有过说明,它是指在调查过程中由于观察,测量、登记、计算上的差错所引起的误差,登记误差是所有统计调查都可能发生的,而抽样误差不是由于调查失误所引起的,它是随机抽样所特有的误差。

抽样误差虽然是一种代表性误差,但不是所有代表性误差都是抽样误差。由于违反抽样调查随机原则,有意地抽选较好或较差的单位进行调查,这种系统性原因造成的样本代表性不足所引起的误差称为系统偏误,它不是抽样误差。系统偏误和调查误差都属于思想、作风、技术问题,可以防止或避免,而抽样误差则是不可避免的,难以消灭,只能加以控制。

影响抽样误差大小的因素主要有:

1. 总体各单位标志值的差异程度

在其他条件不变的情况下,总体各单位标志值的差异程度越大则抽样误差也越大,反之则越小。

2. 样本容量的大小

在其他条件相同的情况下,样本容量越大,则抽样误差越小,反之则越大。

3. 抽样方法

抽样方法不同,抽样误差也不同。一般地说,重复抽样的误差比不重复抽样的误差要大些。

4. 抽样调查的组织形式

不同的抽样组织形式有不同的抽样误差。而且同一种组织形式的合理程度也影响抽样误差的大小。

二、抽样平均误差

抽样平均误差是反映抽样误差一般水平的指标。前面已经提过,从一个总体中可能抽取很多个样本,因此抽样指标如抽样平均数、抽样成数等,随着不同样本而有不同的取值,它们对全及指标,如总体平均数,总体成数等的离差就有大有小,我们有必要用一个指标来衡量抽样误差的一般水平。

通常用抽样平均数的标准差或抽样成数的标准差来作为衡量其抽样误差一般水平的标准。按照标准差的一般意义,抽样平均数(或成数)的标准差是按抽样平均数(或成数)与其平均数的离差平方和计算的,但由于抽样平均数的平均数等于总体平均数,而抽样成数的平均数等于总体成数,抽样指标的标准差恰好反映了抽样指标和总体指标的平均离差程度。

我们以 μ_x 表示抽样平均数的平均误差,以 μ_p 表示抽样成数的平均误差,M 表示全部可能的样本数目。则:

$$\mu_x = \sqrt{\frac{\sum (\bar{x}-\overline{X})^2}{M}}$$

$$\mu_p = \sqrt{\frac{\sum (p-P)^2}{M}}$$

这些公式表明了抽样平均误差的关系。但是由于总体平均数和总体成数我们并不知道,而且也无法计算全部样本的抽样指标值,所以按上述公式来计算抽样平均误差实际上是不可能的。在实用上可以通过其他方法加以推算。现在分别就抽样平均数和抽样成数的抽样平均误差的计算问题加以讨论。

(一)抽样平均数的平均误差

又分重复抽样和不重复抽样两种情况。

(1)在重复抽样的条件下,抽样平均数的平均误差和总体的变异程度、样本容量大小两个因素有关,它们的具体关系如下:

$$\mu_x = \frac{\sigma}{\sqrt{n}}$$

从这一公式可以看出，抽样平均误差的大小和总体标准差 σ 成正比变化，而和样本容量 n 的平方根成反比变化。现在用具体例子加以验证。

设有 4 个工人，其月工资分别为 70、90、130、150 元。这一总体的平均工资 $\overline{X}$ 和工资标准差 σ 为：

$$\overline{X}=\frac{\sum X}{N}=\frac{70+90+130+150}{4}=110(\text{元})$$

$$\sigma=\sqrt{\frac{\sum(X-\overline{X})^2}{N}}=\sqrt{\frac{(70-110)^2+(90-110)^2+(130-110)^2+(150-110)^2}{4}}$$
$$=31.62\ \text{元}$$

现在用重复抽样的方法，从 4 人中抽取 2 人构成样本，并求样本的平均工资，用以代表 4 人总体的平均工资水平。所有可能的样本以及各样本的平均工资列表如表 6－1：

表 6－1 重复抽样样本的平均工资

	样本变量 (x)	样本平均 $(\bar{x})$	平均数离差 $(\bar{x}-\overline{X})$	离差平方 $(\bar{x}-\overline{X})^2$
1	70,70	70	−40	1 600
2	70,90	80	−30	900
3	70,130	100	−10	100
4	70,150	110	0	0
5	90,70	80	−30	900
6	90,90	90	−20	400
7	90,130	110	0	0
8	90,150	120	10	100
9	130,70	100	−10	100
10	130,90	110	0	0
11	130,130	130	20	400
12	130,150	140	30	900
13	150,70	110	0	0
14	150,90	120	10	100
15	150,130	140	30	900
16	150,150	150	40	1 600
合 计	—	1 760	0	8 000

样本平均数的平均数为：

$$\bar{\bar{x}}=\frac{\sum\bar{x}}{M}=\frac{1\,760}{16}=110(\text{元})$$

抽样平均误差为：

$$\mu_x = \sqrt{\frac{\sum (\bar{x}-\overline{X})^2}{M}} = \sqrt{\frac{8\,000}{16}} = 22.36(\text{元})$$

现在直接按重复抽样误差公式计算抽样平均误差为：

$$\mu_x = \frac{\sigma}{\sqrt{n}} = \frac{31.62}{\sqrt{2}} = 22.36(\text{元})$$

所得结果与由定义计算的抽样平均误差完全相同。

从以上计算过程中，我们可以看出几个基本关系：(1) 样本平均数的平均数($\bar{\bar{x}}$)等于总体平均数($\overline{X}$)。因而抽样平均误差实质上就是抽样平均数的标准差，所以也称为抽样标准误差。(2) 抽样平均数的标准差(即抽样平均误差)比总体标准差小得多，仅为总体标准差的$\frac{1}{\sqrt{n}}$。例如，一个县的粮食亩产量有高有低，相差悬殊，亩产标准差 σ 达到 80 公斤。如果随机取 400 亩求平均亩产，那么平均亩产的差异就显著减少。平均亩产标准差(即抽样平均误差)只及全县亩产离差的$\frac{1}{\sqrt{400}}=\frac{1}{20}$，即 $\mu_x=\frac{80}{\sqrt{400}}=4$ 公斤。这意味着以样本平均亩产代表全县粮食亩产水平，要比各亩的亩产水平更有代表性。(3)可以通过调整样本单位数 n 来控制抽样平均误差。例如，将样本单位数扩大为原来的 4 倍，则平均误差就缩小一半，而抽样平均误差允许增加一倍，则样本单位数只需要原来的四分之一等。

(2) 在不重复抽样的条件下，抽样平均数的平均误差不但和总体变异程度、样本容量有关，而且还要考虑总体单位数的多少。它们的关系如下：

$$\mu_x = \frac{\sigma}{\sqrt{n}}\sqrt{\frac{(N-n)}{(N-1)}}$$

式中 N 为总体单位数。与重复抽样公式对比，可以知道不重复抽样误差等于重复抽样误差乘以修正因子($\sqrt{\frac{(N-n)}{(N-1)}}$)。由于这个因子总是小于 1，因此不重复抽样误差总是小于重复抽样误差，但当总体单位数 N 很大的情况下，这个因子就十分接近 1，因而两种抽样误差相差很小。不重复抽样平均误差公式可以表示为如下近似式：

$$\mu_x = \frac{\sigma}{\sqrt{n}}\sqrt{\left(1-\frac{n}{N}\right)}$$

现在仍以上述 4 个工人工资的例子，假设用不重复抽样的方法从总体中抽 2 人构成样本求平均工资，加以验证。

表 6-2　不重复抽样样本的平均工资

序　号	样本变量 (x)	样本平均数 ($\bar{x}$)	平均数离差 ($\bar{x}-\bar{\bar{x}}$)	离差平方 $(\bar{x}-\bar{\bar{x}})^2$
1	70,90	80	−30	900
2	70,130	100	−10	100
3	70,150	110	0	0

（续表）

序　号	样本变量 (x)	样本平均数 ($\bar{x}$)	平均数离差 ($\bar{x}-\bar{\bar{x}}$)	离差平方 $(\bar{x}-\bar{\bar{x}})^2$
4	90,70	80	−30	900
5	90,130	110	0	0
6	90,150	120	10	100
7	130,70	100	−10	100
8	130,90	110	0	0
9	130,150	140	30	900
10	150,70	110	0	0
11	150,90	120	10	100
12	150,130	140	30	900
合计	—	1 320	0	4 000

样本平均数的平均数为：

$$\bar{\bar{x}}=\frac{\sum \bar{x}}{M}=\frac{1\,320}{12}=110(\text{元})$$

抽样平均误差为：

$$\mu_x=\sqrt{\frac{\sum(\bar{x}-\overline{X})^2}{M}}=\sqrt{\frac{4\,000}{12}}=18.26(\text{元})$$

根据已经计算的总体平均数，总体标准差，也可以按不重复抽样误差公式计算：

$$\mu_x=\frac{\sigma}{\sqrt{n}}\sqrt{\frac{(N-n)}{(N-1)}}=\sqrt{\frac{1\,000}{2}\left(\frac{4-2}{4-1}\right)}=18.26(\text{元})$$

两者计算结果完全相同。由此可见，在不重复抽样的条件下，样本平均数的平均数($\bar{\bar{x}}$)仍然等于总体平均数($\overline{X}$)，而它的抽样平均误差 18.26 元比重复抽样的平均误差 22.36 元要小。

在计算抽样平均误差时，通常得不到总体标准差的数值，在大样本的情况下，一般可以用样本的标准差来代替总体标准差。

（二）抽样成数的平均误差

抽样成数的平均误差表明各样本成数和总体成数绝对离差的一般水平。由于总体成数可以表现为总体是非标志的(0,1)分布的平均数，而且它的标准差也可以从总体成数推算出来，即：

$$\overline{X}_P=P$$

$$\sigma_p=\sqrt{P(1-P)}$$

因此很容易从抽样平均数的抽样平均误差和总体标准差的关系推出抽样成数平均误差的计算公式。

1. 重复抽样的条件下

$$\mu_p=\sqrt{\frac{P(1-P)}{n}}$$

式中 P 为总体成数，n 为样本单位数。

2. 不重复抽样的条件下

$$\mu_p=\sqrt{\frac{P(1-P)}{n}\left(\frac{N-n}{N-1}\right)}$$

在总体单位数 N 很大的情况下，μ_p 的近似式为：

$$\mu_p=\sqrt{\frac{P(1-P)}{n}\left(1-\frac{n}{N}\right)}$$

在得不到总体成数 P 的资料时，也可以用实际样本的抽样成数 p 来代替。

举例说明，要估计某地区 10 000 名适龄儿童的入学率，随机从这一地区抽取 400 名儿童，经检查有 320 名儿童入学，求抽样入学率的平均误差。

根据已知条件：$P=\frac{320}{400}=80\%$

$$\sigma^2=P(1-P)=80\%\times20\%=16\%$$

(1) 在重复抽样的情况下，入学率的抽样平均误差为：

$$\mu_p=\sqrt{\frac{P(1-P)}{n}}=\sqrt{\frac{0.16}{400}}=2\%$$

(2) 在不重复抽样的情况下，入学率的抽样平均误差为：

$$\mu_p=\sqrt{\frac{P(1-P)}{n}\left(1-\frac{n}{N}\right)}=\sqrt{\frac{0.16}{400}\left(1-\frac{400}{10\,000}\right)}=1.96\%$$

计算结果表明，用样本的入学率来估算总体的入学率其误差的绝对值平均在 2%左右。

三、抽样极限误差

抽样极限误差是从另一角度考虑抽样误差问题。以样本的抽样指标来估计总体指标，要达到完全准确毫无误差，几乎是不可能的事情。所以在估计总体指标的同时就必须同时考虑估计误差的大小。我们不希望误差太大，误差越大样本的价值便越小。但也不是误差越小越好，因为在达到一定限度之后继续减少抽样误差势必增加很多费用。所以在做抽样估计时，应该根据所研究对象的变异程度和分析任务的要求确定可允许的误差范围，在这个范围内的数字都算是有效的。我们把这种可允许的误差范围称为抽样极限误差。它等于样本指标可允许变动的上限或下限与总体指标之差的绝对值。

我们用 Δ_x、Δ_p 分别表示抽样平均数极限误差和抽样成数极限误差。则有：

$$\Delta_x=|\bar{x}-\overline{X}|$$

$$\Delta_p=|p-P|$$

将上面的等式变换为下列等价的不等式关系：

$$\bar{x}-\Delta_x\leqslant\overline{X}\leqslant\bar{x}+\Delta_x$$

$$p-\Delta_p\leqslant P\leqslant p+\Delta_p$$

上面第一式表示被估计的总体平均数是以抽样平均数$\bar{x}$为中心，在$\bar{x}-\Delta_x$ 至$\bar{x}+\Delta_x$ 之间变动，区间$(\bar{x}-\Delta_x,\bar{x}+\Delta_x)$称为平均数的估计区间或平均数的置信区间。区间的总长度为 $2\Delta_x$。在这个区间内样本平均数和总体平均数之间的绝对离差不超过 Δ_x。同样，上面第二式表明被估计的总体成数是以抽样成数 p 为中心在 $p-\Delta_p$ 至 $p+\Delta_p$ 之间变动。在$(p-\Delta_p,p+$

Δ_p)区间内,抽样成数与总体成数之间的绝对离差不超过 Δ_p。

现在分别举例说明。例 1,要估计某乡粮食亩产和总产水平,从 8 000 亩粮食作物中,用不重复抽样抽取 400 亩,求得平均亩产为 450 公斤。如果确定抽样极限误差为 5 公斤,这就要求某乡粮食亩产在 450±5 公斤,即在 445～455 公斤之间,而粮食总产量在 8 000×(450±5)公斤,即在 356 万～364 万公斤之间。

例 2,要估计某农作物苗的成活率,从播种这一品种的秧苗地块随机抽取秧苗 1000 棵,其中死苗 80 棵,则样本秧苗成活率 $p=\frac{1\,000-80}{1\,000}=92\%$。如果确定抽样极限误差 Δ_p 为 5%,这就要求该种农作物苗的成活率 P 落在 92%±5%之间,即在 87%～97%之间。

四、抽样误差的概率度

基于概率估计的要求,抽样极限误差通常需要以抽样平均误差 μ_x 或 μ_p 为标准单位来衡量。把极限误差 Δ_x 或 Δ_p,分别除以 μ_x 或 μ_p,得相对数 t,表示误差范围为抽样平均误差的 t 倍。t 是测量估计可靠程度的一个参数,称为抽样误差的概率度。

$$t=\frac{\Delta_x}{\mu_x}=\frac{|\bar{x}-\overline{X}|}{\mu_x};\Delta_x=t\mu_x$$

$$t=\frac{\Delta_p}{\mu_p}=\frac{|p-P|}{\mu_p};\Delta_p=t\mu_p$$

如上例 1,已知某乡粮食亩产的标准差为 $\sigma=82$ 公斤,总体单位数 $N=8\,000$ 亩,样本单位数 $n=400$ 亩,则可求得抽样平均误差:

$$\mu_x=\frac{\sigma}{\sqrt{n}}\sqrt{\left(1-\frac{n}{N}\right)}=\frac{82}{\sqrt{400}}\sqrt{\left(1-\frac{400}{8\,000}\right)}=4(\text{公斤})$$

我们就可以用概率度 $t=\frac{\Delta_x}{\mu_x}=\frac{5}{4}=1.25$ 来表示极限误差的范围,即以 $1.25\mu_x$ 来规定误差范围的大小。这时就要求某乡的粮食平均亩产在 $450\pm1.25\mu_x$ 公斤之间。

又如例 2,已知秧苗成活率为 92%,则可以求得成活率抽样平均误差:

$$\mu_p=\sqrt{\frac{P(1-P)}{n}}=\sqrt{\frac{92\%\times8\%}{100}}=2.71\%$$

我们就可以用概率度 $t=\frac{\Delta_p}{\mu_p}=\frac{5\%}{2.71\%}=1.85$ 来表示极限误差范围的大小,这时要求该农作物秧苗成活率 P 落在 $92\%\pm1.85\mu_p$。

第三节　抽样估计的方法

抽样估计就是指利用实际调查计算的样本指标值来估计相应的总体指标的数值。由于总体指标是表明总体数量特征的参数,所以也称为参数估计。总体参数估计有点估计和区间估计两种。以下分别加以介绍。

一、总体参数的点估计

参数点估计的基本特点是，根据总体指标的结构形式设计样本指标(称统计量)作为总体参数的估计量，并以样本指标的实际值直接作为相应总体参数的估计值。例如，以样本平均数的实际值作为相应总体平均数的估计值，以样本成数的实际值作为相应总体成数的估计值等。我们作这样的考虑是基于对所研究的总体指标的具体指标值我们虽然不知道，但是它的指标结构形式都是清楚的。例如，我们要研究某县的粮食亩产水平，虽然实际的平均亩产的数值是未知的，但平均亩产指标是由总体各单位变量值代数和除以单位数求得的，这个指标的结构形式则是已知的。很自然可以认为，如果抽样调查所取得的样本数据有足够的代表性，那么根据已知的指标结构形式计算样本指标值，便可以作为相应总体指标的估计值。

设$\hat{\bar{x}}$表示总体平均数$\bar{x}$的估计量，$\hat{P}$ 表示总体成数 P 的估计量，则有：

$$\bar{x}=\hat{\bar{x}}$$

$$p=\hat{P}$$

式中 $\bar{x}=\dfrac{\sum x}{n}$，$\bar{X}=\dfrac{\sum X}{N}$ 有相同的结构形式；$p=\dfrac{n_1}{n}$，$P=\dfrac{N_1}{N}$也有相同的结构形式。再经过实际调查取得样本平均数$\bar{x}$和样本成数 p 的实际值，便可以作为总体平均数$\bar{X}$和总体成数 P 的估计值。例如，我们以样本平均亩产 350 公斤作为全乡粮食亩产的估计值，以样本秧苗成活率 92%作为全地区秧苗成活率的估计值等。

对总体参数作估计的时候，总是希望估计是合理的或优良的，那么什么是优良估计的标准呢？

所谓优良估计总是从总体上来评价的。其标准有三个方面。

(一) 无偏性

即以抽样指标估计总体指标要求抽样指标值的平均数等于被估计的总体指标值本身。就是说，虽然每一次的抽样指标值和总体指标值之间都可能有误差，但在多次反复的估计中，各个抽样指标值的平均数应该等于所估计的总体指标值本身，即抽样指标的估计，平均说来是基本没有偏误的。

从上一节已经知道，抽样平均数的平均数等于总体平均数，抽样成数的平均数等于总体成数，即：

$$\bar{\bar{x}}=\bar{X}$$

$$\bar{p}=P$$

这说明以抽样平均数作为总体平均数的估计量，以抽样成数作为总体成数的估计量，是符合无偏性原则的。

(二) 一致性

以抽样指标估计总体指标要求当样本的单位数充分大时，抽样指标也充分地靠近总体指标。就是说，随着样本单位数 n 的无限增加，抽样指标和未知的总体指标之差的绝对值无限趋近于 0，它的可能性也趋近于必然性，即实际上是几乎肯定的。

我们知道，抽样平均数和抽样成数的抽样平均误差和样本单位数的平方根成反比例变化，样本单位数越多则平均误差便越小，当样本单位数接近总体单位数时，平均误差也就接近于零，也就是说抽样平均数和抽样成数作为总体平均数和总体成数的估计量是符合一致性原则的。

（三）有效性

以抽样指标估计总体指标，要求作为优良估计量的方差应该比其他估计量的方差小。例如，用抽样平均数或总体某一变量值来估计总体平均数，虽然两者都是无偏的，而且在每一次估计中，两种估计量和总体平均数都可能有离差，但样本平均数更靠近于总体平均数的周围，平均说来其离差比越小。所以对比说来，抽样平均数是更为有效的估计量。

总体参数点估计的方法优点是简便，易行，原理直观，常在实际工作中使用。但也有不足之处，即这种估计没有表明抽样估计的误差，更没有指出误差在一定范围内的概率保证程度有多大。要解决这个问题，必须采用总体参数的区间估计方法。

二、抽样估计的精度

根据实际调查的样本指标的具体数值来估计相应的总体指标而完全没有误差实在是难以达到的，因此在进行抽样估计时总要提出估计精度的要求，以便作为评价估计好坏的标准。在上一节讨论了极限抽样误差即允许的抽样误差范围 Δ_x，事实上就给定了评价的标准。但是应该指出允许的抽样误差范围 Δ_x，是指抽样平均数与总体平均数离差的绝对值，同一数值对于不同的现象可能具有完全不同的意义。例如，在粮食亩产量抽样调查中，规定允许误差范围 $\Delta_x=10$ 公斤，这对于亩产水平超过 500 公斤以上的高产地区可能是合适的，而对于亩产水平仅为 100～200 公斤的低产地区，10 公斤的误差意味着占产量水平的 5%～10%，无论如何都超过了可接受的范围，因为在农业生产中粮食增产 5%已属于难得的丰收年景，现在估计的误差就在 5%以上，显然这种估计就没有意义了。

现在我们来考虑可允许的相对误差范围。即以样本平均数为基数的误差率。

$$\text{误差率}=\frac{\Delta_x}{\bar{x}}=\frac{|\bar{x}-\overline{X}|}{\bar{x}}$$

并根据误差率再计算估计精度。

$$\text{估计精度}=1-\text{误差率}=1-\frac{\Delta_x}{\bar{x}}=1-\frac{|\bar{x}-\overline{X}|}{\bar{x}}$$

例如，给定估计精度不小于 90%，从以下推算知道，这意味着相对误差率不大于 10%，或总体平均数与样本平均数的比率应该保持在 90%～110%之间。

$$1-\frac{|\bar{x}-\overline{X}|}{\bar{x}}\geqslant 90\%$$

$$-10\%\leqslant\frac{\bar{x}-\overline{X}}{\bar{x}}\leqslant 10\%$$

$$90\%\leqslant\frac{\overline{X}}{\bar{x}}\leqslant 110\%$$

同时，我们可以根据样本平均数 $\bar{x}$，对任何给定的精度要求，推算出可允许的抽样误差范围。例如，已知样本平均数为 500 公斤，根据估计精度为 90%的要求，即可推算出允许的抽样误差范围：

$$\Delta_x=|\bar{x}-\overline{X}|=10\%\bar{x}=10\%\times 500=50(\text{公斤})$$

三、抽样估计的置信度

我们已经介绍了确定允许的抽样误差范围，从主观意愿说，当然希望抽样调查的结果、样本指标的估计值都能够落在允许的误差范围内，但这并非都能实现。由于抽样指标值随着样本的变动而变动，它本身是个随机变量，因而抽样指标和总体指标的误差仍然是个随机变量，必然不能保证误差不超过一定范围，而只能给以一定程度的概率保证，抽样估计置信度就是表明抽样指标和总体指标的误差不超过一定范围的概率保证程度。

所谓概率就是指在随机事件进行大量试验中，某种事件出现的可能性大小，它通常可以用某种事件出现的频率来表示。抽样估计的概率保证程度就是指抽样误差不超过一定范围的概率大小。可以用以下形式表示：

$$P(|\bar{x}-\overline{X}|\leqslant\Delta_x)=P_1+P_2+\cdots+P_n$$

等式左边括号内 $|\bar{x}-\overline{X}|\leqslant\Delta_x$ 表示样本平均数与总体平均数的误差范围不超过 Δ_x。$P(|\bar{x}-\overline{X}|\leqslant\Delta_x)$则表示误差不超过这一范围的概率。等式右边表示属于这一区间范围内各种样本平均值的概率之和。现在仍用本章第二节工人平均工资的例子来说明抽样估计置信度的概念。已知 4 个工人的工资分别为 70，90，130，150 元，总平均工资为 110 元，总体标准差为 31.62 元。用重复抽样的方法从中取 2 人为样本，计算样本平均工资，并加以整理得到平均工资的分布表如表 6－3：

表 6－3　平均工资分布表

样本平均数($\bar{x}$)	70	80	90	100	110	120	120	140	150
频数(f)	1	2	1	2	4	2	1	2	1
频率(概率) $\left(\frac{f}{\sum f}\right)$	$\frac{1}{16}$	$\frac{2}{16}$	$\frac{1}{16}$	$\frac{2}{16}$	$\frac{4}{16}$	$\frac{2}{16}$	$\frac{1}{16}$	$\frac{2}{16}$	$\frac{1}{16}$

我们可以根据以上分布写出平均工资落在各种区间范围内的概率 P，例如，

$$P(100\leqslant\bar{x}\leqslant120)=\frac{2}{16}+\frac{4}{16}+\frac{2}{16}=\frac{1}{2}$$

$$P(80\leqslant\bar{x}\leqslant140)=\frac{2}{16}+\frac{1}{16}+\frac{2}{16}+\frac{4}{16}+\frac{2}{16}+\frac{1}{16}+\frac{2}{16}=\frac{7}{8}$$

很容易将上述概率形式变换抽样误差的形式，即求得抽样平均数与总体平均数误差绝对值不超过一定范围的概率。例如，

$$P(|\bar{x}-\overline{X}|\leqslant10)=\frac{1}{2}$$

$$P(|\bar{x}-\overline{X}|\leqslant30)=\frac{7}{8}$$

这说明在重复抽样中，抽样平均工资与总体平均工资绝对误差不超过 10 元的概率为1/2，即有 50%的概率保证在一次抽样中使上述误差在允许范围内。同理，抽样误差不超过 30 元的概率为 7/8 等。由此可见，抽样误差范围和估计置信度是密切不可分离的，而且抽样误差范围越小，则估计的置信度也越小。

当总体很大时，要依靠列表来求抽样误差的置信度几乎是无法做到的。从理论上已经证明，在样本单位数足够多（$n\geqslant30$）的条件下，抽样平均数的分布接近于正态分布。这一分布的特点是，抽样平均数以总体平均数为中心，两边完全对称分布，就是说抽样平均数的正误差和负误差的可能性是完全相等的。而且抽样平均数越接近总体平均数，出现的可能性越大，概率越大。反之，抽样平均数越离开总体平均数，出现的可能性越小，概率越小，而趋于0。正态概率分布的图形如下：

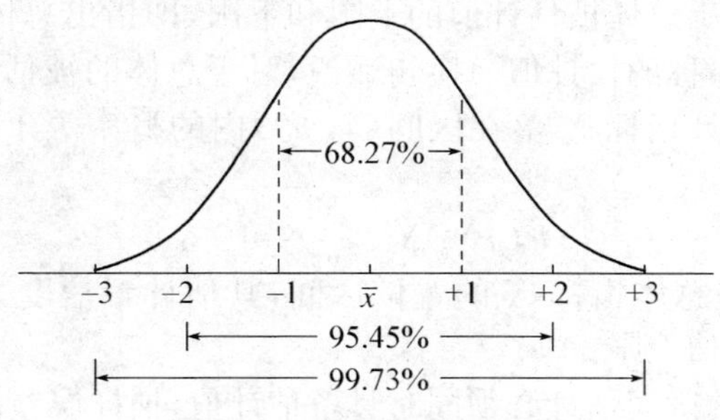

图6-1　正态概率分布图

该曲线和横轴所包围的面积等于1，则抽样平均数$\bar{x}$落在某一区间的概率P就可以用曲线在这一区间所包围的面积来表示。经计算结果如下：

$$P(\overline{X}-\mu\leqslant\bar{x}\leqslant\overline{X}+\mu)=P(|\bar{x}-\overline{X}|\leqslant\mu)=68.27\%$$

$$P(\overline{X}-2\mu\leqslant\bar{x}\leqslant\overline{X}+2\mu)=P(|\bar{x}-\overline{X}|\leqslant2\mu)=95.45\%$$

$$P(\overline{X}-3\mu\leqslant\bar{x}\leqslant\overline{X}+3\mu)=P(|\bar{x}-\overline{X}|\leqslant3\mu)=99.73\%$$

这表明抽样平均数与总体平均数误差不超过μ的概率为68.27%，抽样误差不超过2μ的概率为95.45%，抽样误差不超过3μ的概率为99.73%等。

由于概率度$t=\frac{|\bar{x}-\overline{X}|}{\mu_x}$，所以抽样误差的概率就是概率度$t$的函数，即$P(|\bar{x}-\overline{X}|\leqslant t\mu)=F(t)$。上述关系式便可以表达为：

当$t=1$时，$F(t)=68.27\%$；

$t=2$时，$F(t)=95.45\%$；

$t=3$时，$F(t)=99.73\%$。

将这种对应函数关系编成《正态分布概率表》，给定t值，便可以直接从表上查找抽样误差的概率，即估计置信度。

现在举实例来说明估计置信度的求法。设样本粮食平均亩产量$\bar{x}$为350公斤，又知抽样平均误差$\mu_x=6.25$公斤，求总体粮食平均亩产量在345～355公斤之间的估计置信度是多少？根据公式：

$$t=\frac{\Delta_x}{\mu_x}=\frac{|\bar{x}-\overline{X}|}{\mu_x}=\frac{5}{6.25}=0.8$$

查《正态概率表》，当$t=0.8$时，估计置信度$F(t)=0.576\,3$，即总体平均亩产在345～355公斤之间的概率保证程度为57.63%。现在如果允许误差范围扩大至10公斤，即总体平均亩产在340～360公斤之间，则概率度t为：

$$t=\frac{\Delta_x}{\mu_x}=\frac{|\bar{x}-\overline{X}|}{\mu_x}=\frac{10}{6.25}=1.6$$

查《正态概率表》，$t=1.6$ 时，$F(t)=0.8904$，即这时概率保证程度提高到 89.04%，即基本上达到了足够可信的程度。

四、总体指标的区间估计

我们介绍了估计值、抽样误差范围，以及抽样误差范围的概率保证程度之后，就可以来研究总体指标的区间估计了。总体指标区间估计的基本特点是根据给定的概率保证程度的要求，利用实际抽样资料，指出总体被估计值的上限和下限，即指出总体指标可能存在的区间范围，而不是直接给出总体指标的估计值。换句话说，对于总体的被估计指标 X，找出样本的两个估计量 x_1 和 x_2，使被估计指标 X 落在区间 (x_1, x_2) 内的概率等于给定的值 $1-\alpha$，$(0<\alpha<1)$，即

$$P(x_1 \leqslant X \leqslant x_2)=1-\alpha$$

我们称区间 (x_1, x_2) 为总体指标 X 的置信区间，其估计置信度为 $1-\alpha$，称 α 为显著性水平，x_1 是置信下限，x_2 是置信上限。

由此可见，总体指标的区间估计必须同时具备估计值，抽样误差范围和概率保证程度三个要素，抽样误差范围决定估计的准确性，概率保证程度则决定估计的可靠性。在抽样估计的时候很自然希望估计的准确性要尽量高些，而估计的可靠性也要尽量大些。但是这两个希望是矛盾的，对于一个样本，提高了估计准确性的要求，伴随的必然是降低了估计的可靠性。同样，提高了估计可靠性的要求，也必然降低了估计的准确性。因此在抽样估计的时候，只能对其中的一个要素提出要求，而推算另一个要素的变动情况。例如，对估计的准确性提出要求，即要求误差范围不超过给定的标准，来推算估计的可靠性，即概率保证程度；或对估计的可靠性提出要求，即要求给定的概率保证程度，来推算可能的误差范围。如果所推算的另一要素（不论是准确性或可靠性）不能满足实际工作的需要，就应该增加样本单位改变抽样组织，重新进行抽样，直到符合要求为止。

所以总体指标的区间估计根据所给定的条件不同，而有两种估计方法。一种是根据已经给定的抽样误差范围，求概率保证程度。具体步骤是：首先抽取样本，计算抽样指标，如计算抽样平均数或抽样成数，作为相应总体指标的估计值，并计算样本标准差以推算抽样平均误差。其次，根据给定的抽样极限误差范围，估计总体指标的下限和上限。最后，将抽样误差除以抽样平均误差求出概率度 t 值，再根据 t 值查《正态分布概率表》求出相应的置信度 $F(t)$。并对总体指标做出区间估计。

例 1　对某型号的电子元件进行耐用性能检查，经抽查 100 个电子元件，其中合格品有 91 个，要求合格率估计的误差范围不超过 5%，试估计该批电子元件的合格率。

解　(1) 计算样本合格率 p 和方差。

$$p=\frac{n_1}{n}=\frac{91}{100}=91\%$$

$$\sigma_p^2=p(1-p)=0.91\times 0.09=0.0819$$

$$\mu_p=\sqrt{\frac{p(1-p)}{n}}=\sqrt{\frac{0.0819}{100}}=2.86\%$$

(2) 根据给定的极限误差 $\Delta_p=5\%$，求总体合格率的上下限：

$$\text{下限}=p-\Delta_p=91\%-5\%=86\%$$

$$\text{上限}=p+\Delta_p=91\%+5\%=96\%$$

(3) 根据 $t=\frac{\Delta_p}{\mu_p}=\frac{5\%}{2.86\%}=1.76$，查《正态概率表》得置信度 $F(t)=0.92$。

我们可以作如下估计：以概率 92%的保证程度，估计该批电子元件的合格率在 86%～96%之间。

总体指标区间估计的另一种方法是根据给定的置信度要求，来推算抽样极限误差的可能范围。具体步骤是：首先抽取样本，计算抽样指标，如计算抽样平均数或抽样成数，作为总体指标的估计值，并计算样本标准差以推算抽样平均误差。其次，根据给定的置信度 $F(t)$要求，查概率表求得概率度 t 值。最后，根据概率度 t 和抽样平均误差来推算抽样极限误差的可能范围，再根据抽样极限误差求出被估计总体指标的上下限，对总体指标作区间估计。

例 2　某高校按不重复抽样随机抽取 1%的大学生进行抽样调查，测得他们的身高资料如表 6-4：

表 6-4　某高校学生身高资料

按身高分组(厘米)	学生人数(人)
150～160	16
160～170	60
170～180	20
180 以上	4

要求，试以 95.45%的概率保证估计：

(1) 该校全部大学生的平均身高范围。

(2) 该校全部大学生身高在 170 厘米以上的人数范围。

解　题目中的两个要求，一个是总体平均数的估计问题，另一个是总体成数的估计问题。

表 6-5

按身高分组(厘米)	身高组中值 x	学生人数 f	xf	$(x-\bar{x})^2 f$
150～160	155	16	2 480	2 007.04
160～170	165	60	9 900	86.4
170～180	175	20	3 500	1 548.8
180 以上	185	4	740	1 413.76
合计	—	100	16 620	5 056

(1) $\bar{x}=\frac{\sum xf}{\sum f}=\frac{16\ 620}{100}=166.2$(厘米)

$$s=\sqrt{\frac{\sum (x-\bar{x})^2 f}{\sum f}}=\sqrt{\frac{5\ 056}{100}}=7.1$$

$$\mu_x=\sqrt{\frac{s^2}{n}\left(1-\frac{n}{N}\right)}=\sqrt{\frac{7.1^2}{100}\left(1-\frac{1}{100}\right)}\approx 0.71$$

$$\Delta_x=t\mu_x=2\times 0.71=1.42$$

下限：$\bar{x}-\Delta_{\bar{x}}=166.2-1.42=164.78$(厘米)

上限：$\bar{x}+\Delta_{\bar{x}}=166.2+1.42=167.62$(厘米)

所以有 95.45%的概率保证估计该校全部大学生的平均身高范围为 164.78 厘米～167.62 厘米。

(2) 已知 $n=100, n_1=24$

$$x_p=p=\frac{n_1}{n}=\frac{24}{100}=0.24$$

$$s_p=\sqrt{pq}=\sqrt{0.24\times 0.76}$$

$$\mu_p=\sqrt{\frac{p(1-p)}{n}\left(1-\frac{n}{N}\right)}=\sqrt{\frac{0.24\times 0.76}{100}\left(1-\frac{1}{100}\right)}=0.0425$$

$$\Delta_P=t\mu_p=2\times 0.0425=0.085$$

置信区间：

下限：$p-\Delta_p=0.24-0.085=0.155$

上限：$p+\Delta_p=0.24+0.085=0.325$

人数范围的置信区间：

下限：10 000×0.155=1 550(人)

上限：10 000×0.325=3 250(人)

所以有 95.45%的概率保证估计该校全部大学生身高在 170 厘米以上的人数范围为 1 550～3 250 人。

第四节 抽样组织设计

一、抽样组织设计应注意的问题

抽样推断是根据事先规定的要求而设计的抽样调查组织，并以所获得的这一部分实际资料为基础，进行推理演算做出结论。因此如何科学地设计抽样调查组织，保证随机条件的实现，并且取得最佳的抽样效果，是一个至关重要的问题。一般说来，在进行抽样组织的设计时，应注意以下几个问题：

(一) 在抽样设计中，首先要保证随机原则的实现

随机取样是抽样推断的前提，失去这个前提，推断的理论和方法也就失去存在的意义。从理论上说，随机原则就是要保证总体每一单位都有同等的中选机会，或样本的抽选的概率是已知的。但在实践中，如何保证这个原则的实现，需要考虑许多问题。一是要有合适的抽样框。抽样框固然要具备可实施的条件，可以从中抽取样本单位。仅仅这样是很不够的，一个合适的抽样框必须考虑它是不是能覆盖总体的所有单位。此外，抽样框还要考虑抽样单位与总体单位的对应问题。在实践中发生不一致的问题也不少见。有的是多个抽样单位对应一个总体单位，例如，调查学校学生家庭情况，以学生名单为抽样框，在学生名单中可能有两个或更多的学生属于同一家庭。也有的是一个抽样单位对应几个总体单位，例如，人口调查中以住户列表为抽样框，每一住户就包括许多人口。像这类抽样很可能造成总体单位中选机会不均等，应该注意加以调整。二是取样的实施问题。在总体单位数很大甚至无限大的情况下，要保证总体每单位中选的机会均等绝非简单的工作。在设计中要考虑将总体各单位加以分类、排队或分阶段等措施，尽量保证随机原则的实现。

（二）在抽样设计中，要考虑样本容量和结构问题

样本的容量究竟要多大才算是合适的？例如，在粮食产量调查中，要调查多少亩才能反映全省几千万亩播种面积的亩产水平？在民意测验中，要调查多少人才能反映全国几亿人口的意见？等等。调查单位多了会增加组织抽样的负担，甚至造成不必要的浪费，但调查单位太少又不能够有效地反映情况，直接影响着推断的效果。样本的容量取决于对抽样推断准确性、可靠性的要求，而后者又因所研究问题的性质和抽样结果的用途而不同，很难给出一个绝对的标准。但在抽样设计时应该重视研究现象的差异、误差的要求和样本容量之间的关系，做出适当的选择。对相同的样本容量，还有容量的结构问题，例如，一个县要求抽取500亩播种面积，它可以是先抽5个村，然后每村抽100亩，也可以是先抽10个村，然后每村抽50亩等等，样本容量的结构不同，所产生的效果也不同。抽样设计应该善于评价而且有效利用由于调整样本结构而产生的效果。

（三）关于抽样的组织形式问题

要认识到不同的抽样组织形式，会有不同的抽样误差，因而就有不同的效果。一种科学的组织形式往往有可能以更少的样本单位数，取得更好的抽样效果。在抽样设计时必须充分利用已经掌握的辅助信息，对总体单位加以预处理，并采取合适的组织形式取样。例如，粮食生产按地理条件分类，并分类取样。或按历史单产资料、当年估产资料，将各单位顺序排队，并等距取样等，都能收到更好的抽样效果。还应该指出，即使是同一种抽样组织形式，由于采用的分类标志不同，群体的划分不同等原因，仍然会产生不同的效果。因此应该认真细致地估计不同组织形式和不同抽样方法的抽样误差，并进行对比分析，从中选择有效和切实可行的抽样方案。

（四）在抽样设计中还必须重视调查费用这个基本因素

实际上任何一项抽样调查都是在一定费用的限制条件下进行的，抽样设计应该力求节省调查费用的方案。调查费用可以分为可变费用和不变费用。可变费用随着调查单位的多少、远近、难易而变化，如搜集数据费、数据处理和制表费等。不变费用是指不随工作量大小而变化的固定费用，如工作机关管理费、出版费等。节约调查费用往往集中于可变费用的开支上。在设计方案中我们还要注意到，提高精确度的要求和节省费用的要求并非一致，有时是相互矛盾的。抽样误差要求越小，则调查费用往往需要越大，因此并非抽样误差越小的方案便是越好的方案，许多情况是允许一定范围的误差就能够满足分析研究的要求。我们的任务就在于在一定误差的要求下，选择费用最少的方案，或在一定的费用开支条件下，选择误差最小的方案。

下面介绍几种常用的抽样组织形式，如简单随机抽样、类型抽样、等距抽样和整群抽样等，并就抽样方案的准确性和代表性的检查做些研究。

二、简单随机抽样

简单随机抽样是按随机原则直接从总体 N 个单位中抽取 n 个单位作为样本。不论是重复抽样或不重复抽样，都要保证每个单位在抽选时有相等的中选机会。由于这种抽样组织形式除了抽样框的名单外，不需要利用任何其他信息，所以也称为单纯随机抽样。简单随机抽样是抽样中最基本也是最简单的抽样组织形式，它适用于均匀总体，即具有某种特征的单位均匀地分布于总体的各个部分，使总体的各部分都是同分布的。在抽样之前要求对总体各单位加以编号，然后用抽签的方式或根据《随机数字表》来抽选必要的单位数。按简单随机抽样方式抽取的样本称为简单随机样本。以上各节所讨论的抽样方法都是就简单随机抽样而言的。

在设计的时候，可以根据所研究问题的性质确定允许的误差范围和必要的概率保证程度（或概率度），并根据历史资料或其他试点资料估计总体的标准差，通过抽样平均误差公式来计算必要的样本单位数。

在重复抽样下，样本平均数的极限抽样误差公式为：

$$\Delta_x = t\mu_x = \frac{t\sigma}{\sqrt{n}}$$

则必要的样本单位数 $n=\frac{t^2\sigma^2}{\Delta_x^2}$。

在不重复抽样下，样本平均数的极限抽样误差公式为：

$$\Delta_x = t\mu_x = \sqrt{\frac{t^2\sigma^2}{n}\left(1-\frac{n}{N}\right)}$$

则必要的样本单位数 $n=\frac{Nt^2\sigma^2}{N\Delta_x^2+t^2\sigma^2}$。

同样，重复抽样和不重复抽样的成数样本必要单位数分别为：

$$n=\frac{t^2p(1-p)}{\Delta_p^2}$$

$$n=\frac{Nt^2p(1-p)}{N\Delta_p^2+t^2p(1-p)}$$

从上式可以看出，必要的样本单位数受允许的极限误差的制约，极限误差越小则样本单位数就要越多。以重复抽样来说，在其他条件不变的情况下，当误差范围缩小一半则样本单位数必须增至四倍，而误差范围允许扩大一倍则样本单位数只需原来的四分之一。所以在抽样组织中对抽样误差可能允许的范围要十分慎重地考虑。

需要注意的是，在多主题抽样中，往往一个样本要调查多项指标。比如城市职工家计调查中，既要调查职工家庭平均年收入，也要调查职工家庭的消费构成。一个总体不同标志值的变异程度可能不同，对抽样允许误差范围也可能有不同的要求，因此计算所得的样本必要单位数也会有所不同，为了确保抽样误差控制在允许的范围内，应该采取样本单位数比较大的设计方案。

例如，某市开展职工家计调查，根据历史资料该市职工家庭平均每人年收入的标准差为250元，而家庭消费的恩格尔系数（即家庭食品支出占消费总支出的比重）为65%。现在用重复抽样的方法，要求在95.45%的概率保证下，平均收入的极限误差不超过20元，恩格尔系数的极限误差不超过4%，求样本必要的单位数。

根据公式，在重复抽样条件下：

样本平均数的单位数 $n=\frac{t^2\sigma^2}{\Delta_x^2}=\frac{2^2\times(250)^2}{(20)^2}=625$ 户。

样本成数的单位数 $n=\frac{t^2p(1-p)}{\Delta_p^2}=\frac{2^2\times0.65\times0.35}{(0.04)^2}=569$ 户。

两个抽样指标所要求的单位数不同，应采取其中比较多的单位数，即抽取 625 户进行家庭调查，以满足共同的要求。

简单随机抽样在实践中受到许多限制，当总体很大时对每单位编号、抽签等都会遇到难以克服的困难，但这种抽样方式从理论上说最符合随机原则，它的抽样误差容易得到数学上的论证，所以可以作为设计其他更复杂的抽样组织的基础，同时也是衡量其他抽样组织形式抽样效果的比较标准。

三、类型抽样

类型抽样又称分层抽样。它的特点是先对总体各单位按主要标志加以分组，然后再从各组中按随机的原则抽选一定单位构成样本。

设总体由 N 个单位构成，把总体划分为 k 组，使 $N=N_1+N_2+\cdots+N_k$，然后从每组的 N_i 个单位中抽取 n_i 个单位构成样本容量为 n 的样本，使 $n=n_1+n_2+\cdots+n_k$，这种抽样方法称为类型抽样。

通过分类，可以把总体中标志值比较接近的单位归为一组，减少各组内的差异程度，再从各组抽取样本单位就有更大的代表性，因此抽样误差也就相对缩小了。在总体单位标志值大小悬殊的情况下，运用类型抽样可以比简单随机抽样得到更准确的结果，在实际工作中得到广泛的应用。例如，农产量抽样按地理条件分组，职工家计调查按国民经济部门分组，产品质量抽检按加工车床型号分组等，都收到明显的效果。

由于分类是按有关的主要标志分组的，各组的单位数一般是不同的。类型抽样通常是按各组总体单位数占全及总体单位数的一定比例来抽取样本。单位数较多的组应该多取样，单位少的组则少取样，以保持各组样本单位数与样本总容量之比等于各组总体单位数与全及总体单位数之比。即

$$\frac{n_1}{N_1}=\frac{n_2}{N_2}=\cdots=\frac{n_k}{N_k}=\frac{n}{N}$$

所以各组的样本单位数为：

$$n_i=\frac{nN_i}{N}$$

现在由各组分别取样，所以可以计算各组抽样平均数$\overline{x_i}$：

$$\overline{x_i}=\frac{\sum_{j=1}^{n_i}x_{ij}}{n_i}(i=1,2,\cdots,k)$$

再将各组抽样平均数$\overline{x_i}$以各组的总体单位数 N_i 或样本单位数 n_i 为权数计算加权平均数得全样本的抽样平均数 $\bar{x}$：

$$\bar{x}=\frac{\sum_{i=1}^{k}N_i\overline{x_i}}{N}=\frac{\sum_{i=1}^{k}n_i\overline{x_i}}{n}$$

对于类型抽样的抽样平均误差 μ_x，可以这样考虑：由于类型抽样是对每一组抽样，所以不存在组间误差，抽样平均误差取决于各组内方差的平均水平。首先计算各组内方差：

$$\sigma_i^2=\frac{\sum(X_{ij}-\overline{X}_i)^2}{N_i}\approx\frac{\sum(x_{ij}-\overline{x_i})^2}{n_i}(i=1,2,\cdots,k)$$

再以各组样本单位数 n_i 为权数，计算各组内方差的平均数：

$$\overline{\sigma^2}=\frac{\sum n_i\sigma_i^2}{n}$$

样本平均数的抽样平均误差 μ_x 可按下列公式计算：

在重复抽样条件下：

$$\mu_x=\sqrt{\frac{\overline{\sigma_i^2}}{n}}$$

在不重复抽样条件下：

$$\mu_x=\sqrt{\frac{\overline{\sigma_i^2}}{n}\left(1-\frac{n}{N}\right)}$$

例如，某乡粮食播种面积 20 000 亩，现在按平原和山区面积比例抽取其中 2%，计算各组平均亩产 $\overline{x_i}$ 和各组标准差 σ_i 如表 6－6 所示，求样本平均亩产 $\bar{x}$ 和抽样平均误差 μ_x。

表 6－6　某乡粮食播种面积及产量资料

	全部面积（亩）N_i	样本面积（亩）n_i	样本平均亩产（公斤）$\overline{x_i}$	亩产标准差（公斤）σ_i
平　原	14 000	280	560	80
山　区	6 000	120	350	150
合　计	20 000	400	497	103

$$\bar{x}=\frac{\sum n_i\overline{x_i}}{n}=\frac{280\times560+120\times350}{400}=497(\text{公斤})$$

$$\overline{\sigma^2}=\frac{\sum n_i\sigma_i^2}{n}=\frac{280\times80^2+120\times150^2}{400}=11\,230(\text{公斤}^2)$$

抽样平均误差 μ_x 计算如下：

在重复抽样条件下：

$$\mu_x=\sqrt{\frac{\overline{\sigma_i^2}}{n}}=\sqrt{\frac{11\,230}{400}}=5.3(\text{公斤})$$

在不重复抽样条件下：

$$\mu_x=\sqrt{\frac{\overline{\sigma_i^2}}{n}\left(1-\frac{n}{N}\right)}=\sqrt{\frac{11\,230}{400}\left(1-\frac{400}{20\,000}\right)}=5.25(\text{公斤})$$

从以上计算过程可以看出，类型抽样的抽样平均误差与组间的方差无关，仅取决于组内方差的平均水平。由于总体方差等于组间方差与组内平均方差之和，所以类型抽样误差一般小于简单抽样误差。而且在类型抽样分组时应该尽可能扩大组间方差，缩小组内方差，即各组间的差异可以大，而各组内的差异必须小，这样就可以减少抽样误差，提高抽样效果。

四、等距抽样

等距抽样也称机械抽样或系统抽样。它先按某一标志对总体各单位进行排队，然后依一定顺序和间隔来抽取样本单位的一种抽样组织。由于这种抽样是在各单位大小顺序排队基础上，再按某种规则依一定间隔取样，因此可以保证所取得的样本单位比较均匀地分布在总体的各个部分，有较高的代表性。

作为总体各单位顺序排列的标志，可以是无关标志也可以是有关标志。所谓无关标志是指和单位标志值的大小无关或不起主要的影响作用。例如，工业产品质量抽查按时间顺序取样，农产量抽样调查按田间的地理顺序取样，居民家计调查按姓氏笔画顺序抽取调查户等。

设总体由 N 个单位构成，现在需要抽取一个容量为 n 的样本。先将总体 N 个单位按某一无关标志排队，然后将 N 划分为 n 个单位相等的部分，每部分包含 k 个单位，即 $k=\frac{N}{n}$。现在从第一部分顺序为 $1,2,\cdots,i,\cdots,k$ 个单位中随机抽取第 i 个单位，而在第二部分中抽取第 $i+k$ 单位，在第三部分中抽取第 $i+2k$ 单位……在第 n 个部分中抽取第 $i+(n-1)k$ 单位，共 n 个单位构成一个样本。由此可见，等距抽样每个样本单位的间隔均为 k，当第一个单位随机确定之后，其余各个单位的位置也就确定了。

在对总体各单位的变异情况有所了解的情况下，也可以采用有关标志进行总体单位排队。所谓有关标志是指作为排队顺序的标志和单位标志值的大小有密切的关系。例如，农产量抽样调查，对各县或乡近三年平均亩产量或当年估计亩产量排队，抽取调查单位。又如职工家计调查，按上年职工平均工资排队，抽取调查企业或调查户等。按有关标志排队实质上是运用类型抽样的一些特点，有利于提高样本的代表性。

按有关标志顺序排队，并根据样本单位数加以 n 等分之后，对每一部分抽取一个样本单位有两种方法。

1. 半距中点取样

即取每一部分处于中间位置的单位。如在第一部分顺序为 $1,2,\cdots,k$ 个单位中取第 $\frac{k}{2}$ 个单位，第二部分取第 $\left(1+\frac{1}{2}\right)k$ 个单位，第三部分取 $\left(2+\frac{1}{2}\right)k$ 个单位，……，第 n 部分取第 $\left(n-1+\frac{1}{2}\right)k$ 个单位，所取单位的间隔都是 k，共有 n 个单位构成样本。所以要中点取样，是因为按有关标志排队，各组单位都按从大到小或从小到大顺序排列，抽取处于中间位置的单位最能代表一般的水平。但这种取样随机性比较差，有其不足之处。

2. 对称等距取样

经过有关标志按大小顺序排队之后，第一部分随机取第 i 个单位，第二部分则取这部分倒数第 i 个单位，如此反复使两组保持对称等距，例如，第一部分在顺序为 $1,2,\cdots,k$ 个单位中随机取第 i 个单位，第二部分则取第 $2k-i$ 单位，第三部分取第 $2k+i$ 单位，第四部分取第 $4k-i$ 单位……第 $n-1$ 部分取第 $(n-2)k+i$ 单位，第 n 部分取第 $nk-i$ 单位等，共取 n 个单位构成样本。所以要对称等距取样，是因为按有关标志顺序排队，当第一个取偏小的标志值时，第二个会取偏大的标志值，这样既能实现随机原则，从总体上说又可以取得比较有代表性的样本。

在等距抽样中，不论是无关标志还是有关标志排队，都要注意避免抽样间隔与现象本身的周期性节奏相重合，引起系统误差。例如，农产量抽样调查，样本点的抽样间隔不宜和田间的长度相等；工业产品质量抽查，产品抽样时间间隔不宜和上下班时间一致，以免发生系统性的偏差，影响样本的代表性。

五、整群抽样

整群抽样也称集团抽样。它是将总体各单位划分成许多群，然后从其中随机抽取部分群，对中选群的所有单位进行全面调查的抽样组织形式。

在抽样调查中没有总体单位的原始记录可供利用时，常常采用整群抽样。例如，要调查某市去年年底育龄妇女的生育人数，但又没有去年的育龄妇女的档案资料，无法对育龄妇女抽样，可以采用整群抽样的方式，将全市按户籍派出所的管辖范围分成许多区域，随机抽选其中若干区域，并在抽中的派出所辖区内按户籍册全面调查育龄妇女的生育人数。整群抽样因为是对中选群的全面调查，所以调查单位很集中，大大简化抽样工作，节省经费开支。例如，要调查学生的生活状况，不是直接抽取学生，而是以学校为单位，从总体中抽取若干学校，然后对中选学校的全体学生进行调查，这样就方便多了。

整群抽样是对中选群进行全面调查，所以只存在群间抽样误差，不存在群内抽样误差。这一点和类型抽样只存在组内抽样误差，不存在组间抽样误差恰好相反。因此，整群抽样和类型抽样虽然都要对总体各单位进行分组，但分组所起的作用是完全不同的。类型抽样分组的作用在于尽量缩小组内的差异程度，达到扩大组间方差，提高效果的目的；而整群抽样分组的作用则在于扩大群内的差异程度，以达到缩小群间方差，提高效果的目的。

整群抽样的好处是组织工作方便，确定一群便可以调查许多单位，但是正由于抽样单位比较集中，限制了样本在总体分配的均匀性，所以代表性较低，抽样误差较大。在实际工作中，采用整群抽样方法通常都要增加一些样本单位，以减少抽样误差，提高估计准确性。

六、抽样方案的检查

抽样方案的设计，或由于实际情况有变化，所根据的历史资料已过时不宜使用；或由于考虑不周，在设计时发生失误未被发现等原因，并不能保证抽样结果都能提供有充分代表性的数据，因此在设计方案实施之前都必须经过检查，用试点的结果来验证设计方案的准确性和可行性，然后才能正式推广使用。方案的检查主要有准确性检查和代表性检查两方面。

（一）准确性的检查

所谓准确性的检查，就是以方案所要求的允许误差范围为标准，用已掌握的资料检查其在一定概率保证下，实际的极限误差是否超过方案所允许的误差范围，即要求 Δ_x 或 Δ_p 小于或等于所要求的允许误差范围。如果检查结果显示实际的 Δ_x 或 Δ_p 没有超过规定的范围，便认为方案的设计符合准确性的要求，可以付诸实施。反之，如果实际的 Δ_x 或 Δ_p 超过了规定的标准，就说明方案的准确性不符合要求，就应该对抽样方案进行认真的分析，逐步检查。若不存在技术性的差错，就要增加样本容量，对方案作必要的修正，然后再进行检查，直到符合准确性方面的要求为止。

例如，某县设计的农产量抽样调查方案，样本容量为 15 个村，用对称等距抽样方法，要求抽样误差范围不超过 10 公斤，其置信度为 95%。检查时，先对该县用对称等距的方法抽 15 村，登记各村的预计产量，并计算其单位面积产量及其抽样平均误差，求得 $\mu_x=4.5$ 公斤，实测 $\Delta_x=t\mu_x=1.96\times4.5=8.82$ 公斤。将实测的极限误差 8.82 公斤与方案规定的允许误差范围 10 公斤比较，8.82 公斤＜10 公斤，说明方案符合准确性的要求，可以用 15 个村的平均单位面积产量来推断全县的平均单位面积产量水平。

(二) 代表性的检查

所谓代表性的检查是将方案中的样本指标与过去已掌握的总体的同一指标$\bar{x}$或P进行对比，视其比率是否超过规定的要求。通常要求这种比率不超过3%～5%，也就是说实际对比的结果不超过97%～103%或95%～105%就认为该方案所具有的代表性是令人满意的，可以实施。否则，即表示代表性不足，需要对方案进行多方面的检查，做出修正。如果修正后代表性仍不符合要求，就必须增加样本容量以求得满意的代表性。

例如，假定某县所抽的15村计算的平均单位面积产量为355公斤，而全县的平均单位面积产量为350公斤。那么用15村的平均单位面积产量来代表全县的平均单位面积产量是否具有代表性呢？我们可以计算平均单位面积产量代表性检查指标。

$$\frac{\text{样本平均单产}\bar{x}}{\text{总体平均单产}\bar{X}}=\frac{355}{350}=101.4\%$$

若方案规定不能超过±3%，即在97%～103%范围内都算有代表性的话，那么实际比率101.4%没有超过所规定的范围，就可以认为该方案在代表性方面是符合要求的。

符合准确性和代表性要求的抽样设计方案，就可以付诸实施，进行实地抽样调查，以便取得推断总体指标所需要的样本资料。

课后练习

一、思考题

1. 什么是抽样推断？它有哪些基本的特点？
2. 什么是参数估计？什么是假设检验？它们的基本思路有什么不同？
3. 参数和统计量有哪些区别和联系？试举例说明。
4. 什么是重复抽样和不重复抽样？不同的抽样方法怎样影响抽样推断的结果？
5. 什么是抽样误差？为什么它不同于登记误差和系统误差？抽样误差的大小受哪些因素影响？
6. 怎样理解抽样平均误差就是抽样平均数(或抽样成数)的标准差？它怎样和总体平均数(或总体成数)联系起来，从而可以反映抽样误差的一般水平？
7. 为什么说不重复抽样误差总是小于而又接近于重复的抽样误差？
8. 参数估计的优良标准是什么？抽样平均数和抽样成数估计是否符合优良估计标准？试加以说明。
9. 什么是概率度？什么是置信度？这两者有什么关系？

二、单项选择题

1. 随机抽样的基本要求严格遵守 ( )

① 准确性原则　② 随机原则　③ 代表性原则　④ 可靠性原则

2. 抽样调查的主要目的是 ( )

① 广泛运用数学的方法　② 计算和控制抽样误差

③ 修正普查的资料　④ 用样本指标来推算总体指标

3. 反映样本指标与总体指标之间抽样误差可能范围的指标是 ( )

① 样本平均误差　② 抽样极限误差　③ 可靠程度　④ 概率程度

4. 在实际工作中，计算不重复抽样的抽样平均误差，采用重复抽样的公式的场合是 （ ）

① 抽样单位数占总体单位数的比重很小时

② 抽样单位数占总体单位数的比重很大时

③ 抽样单位数目很少时

④ 抽样单位数目很多时

5. 在其他条件不变的情况下，抽样单位数目和抽样误差的关系是 （ ）

① 抽样单位数越大，抽样误差越大

② 抽样单位数越大，抽样误差越小

③ 抽样单位数的变化与抽样误差的数值无关

④ 抽样误差变化程度是抽样单位数变动程度的$\frac{1}{2}$

6，用简单随机抽样（重复抽样）方法抽取样本单位，如果要使抽样平均误差降低 50%，则样本容量需扩大到原来的 （ ）

① 2 倍　② 3 倍　③ 4 倍　④ 5 倍

7. 事先将全及总体各单位按某一标志排列，然后依固定顺序和间隔来抽选调查单位的抽样组织形式，被称为 （ ）

① 分层抽样　② 简单随机抽样　③ 整群抽样　④ 等距抽样

8. 全及总体按其各单位标志性质不同，可以分为 （ ）

① 有限总体和无限总体　② 全及总体和抽样总体

③ 可列无限总体和不可列无限总体　④ 变量总体和属性总体

9. 抽样指标是 （ ）

① 确定性变量　② 随机变量　③ 连续变量　④ 离散变量

10. 用考虑顺序的重置抽样方法，从 4 个单位中抽选 2 个单位组成一个样本，则样本可能数目为 （ ）

① $4^2=16$　② $\frac{5!}{2!\ 3!}=10$　③ $\frac{4!}{2!}=12$　④ $\frac{4!}{2!\ 2!}=6$

11. 无偏性是用抽样指标估计总体指标应满足的要求之一，无偏性是指 （ ）

① 样本平均数等于总体平均数　② 样本成数等于总体成数

③ 抽样指标等于总体指标　④ 抽样指标的平均数等于总体指标

12. 抽样平均误差就是抽样平均数（或抽样成数）的 （ ）

① 平均数　② 平均差　③ 标准差　④ 标准差系数

13. 在同样条件下，不重置抽样的抽样平均误差与重置抽样的抽样平均误差相比，有 （ ）

① 前者小于后者　② 前者大于后者　③ 两者相等　④ 无法判断

14. 在抽样设计中，最好的方案是 （ ）

① 抽样误差最小的方案　② 调查单位最少的方案

③ 调查费用最省的方案　④ 在一定误差要求下费用最少的方案

15. 随着样本单位数的无限增大，样本指标和未知的总体指标之差的绝对值小于任意小

的正数的可能性趋于必然性，称为抽样估计的　（　）

① 无偏性　② 一致性　③ 有效性　④ 充足性

16. 能够事先加以计算和控制的误差是　（　）

① 抽样误差　② 登记误差　③ 标准差　④ 标准差系数

17. 在一定抽样平均误差的条件下，要提高推断的可靠程度，必须　（　）

① 扩大误差　② 缩小误差　③ 扩大极限误差　④ 缩小极限误差

18. 根据抽样调查的资料，某企业生产定额平均完成百分比为 165%，抽样平均误差为 1%，概率为 0.954 5 时，可据以确定生产定额年均完成百分比　（　）

① 不大于 167%　② 不大于 167%且不小于 163%

③ 不小于 167%　④ 不大于 163%且不小于 167%

19. 事先确定总体范围，并对总体的每个单位编号，然后根据《随机数码表》或抽签的方式来抽取调查单位数的抽样组织形式，被称为　（　）

① 简单随机抽样　② 机械抽样　③ 分层抽样　④ 整群抽样

20. 先将全及总体各单位按主要标志分组，再从各组中随机抽取一定单位组成样本，这种抽样调查组织方式被称为　（　）

① 简单随机抽样　② 机械抽样　③ 分层抽样　④ 整群抽样

21. 抽样平均误差反映了样本指标与总体指标之间的　（　）

① 实际误差　② 实际误差的绝对值

③ 平均误差程度　④ 可能误差范围

22. 抽样平均误差与抽样极限误差比较，一般来说　（　）

① 大于抽样极限误差　② 小于抽样极限误差

③ 等于抽样极限误差　④ 可能大于、可能小于、可能等于

23. 所谓小样本一般是指样本单位数　（　）

① 30 个以下　② 30 个以上　③ 100 个以下　④ 100 个以上

24. 在区间估计中，有三个基本要素，它们是　（　）

① 概率度、抽样平均误差、抽样数目

② 概率度、点估计值、误差范围

③ 点估计值、抽样平均误差、概率度

④ 误差范围、抽样平均误差、总体单位数

25. 对某单位职工的文化程度进行抽样调查，得知其中 80%的人是高中毕业，抽样平均误差为 2%。当概率为 95.45%时，该单位职工中具有高中文体程度的比重是　（　）

① 等于 78%　② 大于 84%

③ 在 76%与 84%之间　④ 小于 76%

三、多项选择题

1. 抽样推断中的抽样误差　（　）

① 是不可避免要产生的　② 是可以通过改进调查方法来消除的

③ 是可以事先计算出来的　④ 只能在调查结束后才能计算

⑤ 其大小是可以控制的

2. 影响抽样误差的因素有　（　）

① 是有限总体还是无限总体　　② 是重复抽样还是不重复抽样
③ 总体被研究标志的变异程度　　④ 抽样单位数目的多少
⑤ 抽样组织方式不同

3. 抽样推断的基本特点是　　(　　)
① 根据部分实际资料对全部总体的数量特征做出估计
② 深入研究某些复杂的专门问题
③ 按随机原则从全部总体中抽选样本单位
④ 调查单位少,调查范围小,了解总体基本情况
⑤ 抽样推断的抽样误差可以事先计算并加以控制

4. 用抽样指标估计总体指标应满足的要求是　　(　　)
① 一致性　② 准确性　③ 客观性　④ 无偏差　⑤ 有效性

5. 抽样平均误差　　(　　)
① 是抽样平均数(或抽样成数)的平均数
② 是抽样平均数(或抽样成数)的平均差
③ 是抽样平均数(或抽样成数)的标准差
④ 是反映抽样平均数(或抽样成数)与总体平均数(或总体成数)的平均误差程度
⑤ 是计算抽样极限误差的衡量尺度

6. 要增大抽样推断的概率保证程度,可以　　(　　)
① 缩小概率度　② 增大抽样误差范围　③ 缩小抽样误差范围
④ 增加抽样数目　⑤ 增大概率度

7. 抽样方案的检查包括　　(　　)
① 准确性检查　② 及时性检查　③ 全面性检查
④ 代表性检查　⑤ 预测性检查

8. 在其他条件不变的情况下,抽样极限误差的大小和概率的保证程度的关系是　(　　)
① 允许误差范围越小,概率保证程度越大
② 允许误差范围越小,概率保证程度越小
③ 允许误差范围越大,概率保证程度越大
④ 成正比关系
⑤ 成反比关系

9. 在一定误差范围的要求下　　(　　)
① 概率度大,要求可靠性低,抽样数目相应要多
② 概率度大,要求可靠性高,抽样数目相应要多
③ 概率度小,要求可靠性低,抽样数目相应要少
④ 概率度小,要求可靠性高,抽样数目相应要少
⑤ 概率度小,要求可靠性低,抽样数目相应要多

四、判断题

1. 所有可能的样本平均数等于总体平均数。　　(　　)

2. 抽样极限误差反映的是抽样指标与总体指标之间的抽样误差的可能范围,实际上每次抽样极限误差可能大于、小于或等于抽样平均误差。　　(　　)

3. 在抽样推断中，全及指标是确定的和唯一的，而样本指标是一个随机变量。（ ）

4. 抽样平均误差同总体变异程度的大小成正比。（ ）

5. 抽样平均误差同样本单位数的多少成正比，而与总体变异程度的大小无关。（ ）

6. 抽样推断中不可避免会产生抽样误差，但人们可以通过调整总体方差的大小来控制抽样误差的大小。（ ）

7. 在抽样推断中，样本和总体一样都是确定的、唯一的。（ ）

8. 在其他条件不变的情况下，提高抽样估计的可靠程度，可以提高抽样的估计精确度。（ ）

9. 样本同全及总体之间的联系表现在样本来自于总体，样本的分布有可能近似于全及总体的分布。（ ）

10. 抽样误差是由于破坏了抽样的随机原则而产生的误差。（ ）

五、综合训练

1. 假定10亿人口大国和100万人口小国的居民年龄变异程度相同。现在各自用重复抽样的方法抽取本国的1%人口计算平均年龄，问两国平均年龄抽样平均误差是否相同？若不相同，哪国比较大？

2. 进行简单随机重复抽样，假定抽样单位增加3倍，则抽样平均误差将发生什么变化？如果要求抽样误差减少20%，其样本单位数应如何调整？

3. 某乡1995年播种小麦2 000亩，随机抽样调查其中100亩，测得亩产量为450斤，标准差为50斤。现要求用100亩的情况推断2 000亩的情况，试计算：

(1) 抽样平均亩产量的抽样平均误差；

(2) 概率为0.997 3的条件下，平均亩产量的可能范围；

(3) 概率为0.997 3的条件下，2 000亩小麦总产量的可能范围。

4. 对10 000支某型号电子元件进行耐用性能检查，根据以往抽样测定，求得耐用时数的标准差为51.91小时，合格率的标准差为28.62%，试计算：

(1) 概率保证程度为68.27%，元件平均耐用时数的误差范围不超过9小时，在重复抽样的条件下，要抽取多少元件做检查？

(2) 概率保证程度为99.73%，合格率的极限误差不超过5%，在重复抽样条件下，要抽取多少元件检查？

(3) 在不重复抽样条件下，要同时满足(1)、(2)的要求，需要抽多少元件检查？

5. 某小组5个工人的工资分别为120，140，160，180，200元，现在用重复抽样的方法从中随机抽2个工人工资构成样本，要求：

(1) 计算总体平均工资的标准差。

(2) 列出全部可能的样本平均工资。

(3) 计算样本平均工资的平均数，并检验是否等于总体平均工资。

(4) 计算样本平均工资的标准差。

(5) 用抽样平均误差的公式计算，并验证是否等于(4)的结果。

6. 某工厂有1 500个工人，用简单随机重复抽样的方法抽出50个工人作为样本，调查其工资水平，如下表：

月工资水平(元)	124	134	140	150	160	180	200	260
工人数(人)	4	6	9	10	8	6	4	3

要求：

(1) 计算样本平均数和抽样平均误差。

(2) 以95.45%的可靠性估计该厂工人的月平均工资和工资总额的区间。

7. 某电子产品使用寿命在3 000小时以下为不合格品，现在用简单随机抽样方法，从5 000个产品中抽取100个对其使用寿命进行调查。其结果如下：

使用寿命(小时)	产品个数
3 000以下	2
3 000～4 000	30
4 000～5 000	50
5 000以上	18
合计	100

根据以上资料，要求：

(1) 按重复抽样和不重复抽样计算该产品平均寿命的抽样平均误差。

(2) 按重复抽样和不重复抽样计算该产品合格率的抽样平均误差。

(3) 根据重复抽样计算的抽样平均误差，以68.27%的概率保证程度(即$t=1$)对该产品的平均使用寿命和合格率进行区间估计。

8. 某外贸公司出口一种茶叶，规定每包规格不低于150克，现在用不重复抽样的方法抽取其中1%进行检验，其结果如下：

每包重(克)	包　数
148～149	10
149～150	20
150～151	50
151～152	20

要求：

(1) 以99.73%的概率估计这批茶叶平均每包质量的范围，以便确定平均质量是否达到规格要求。

(2) 以同样的概率保证估计这批茶叶合格率范围。

第七章　相关和回归

学习目标

本章的目的在于提供从数量上研究现象之间相互联系的分析方法。主要阐述线性相关与回归分析的理论与方法。通过本章的学习，要求理解：1. 相关的意义，现象相关的主要形式以及相关分析的基本内容；2. 相关系数的设计原理，怎样利用相关系数来判断现象相关的密切程度；3. 回归和相关的区别和联系，建立回归方程的根据是什么，回归方程的参数说明什么；4. 估计标准误差的分析等。

内容框架图

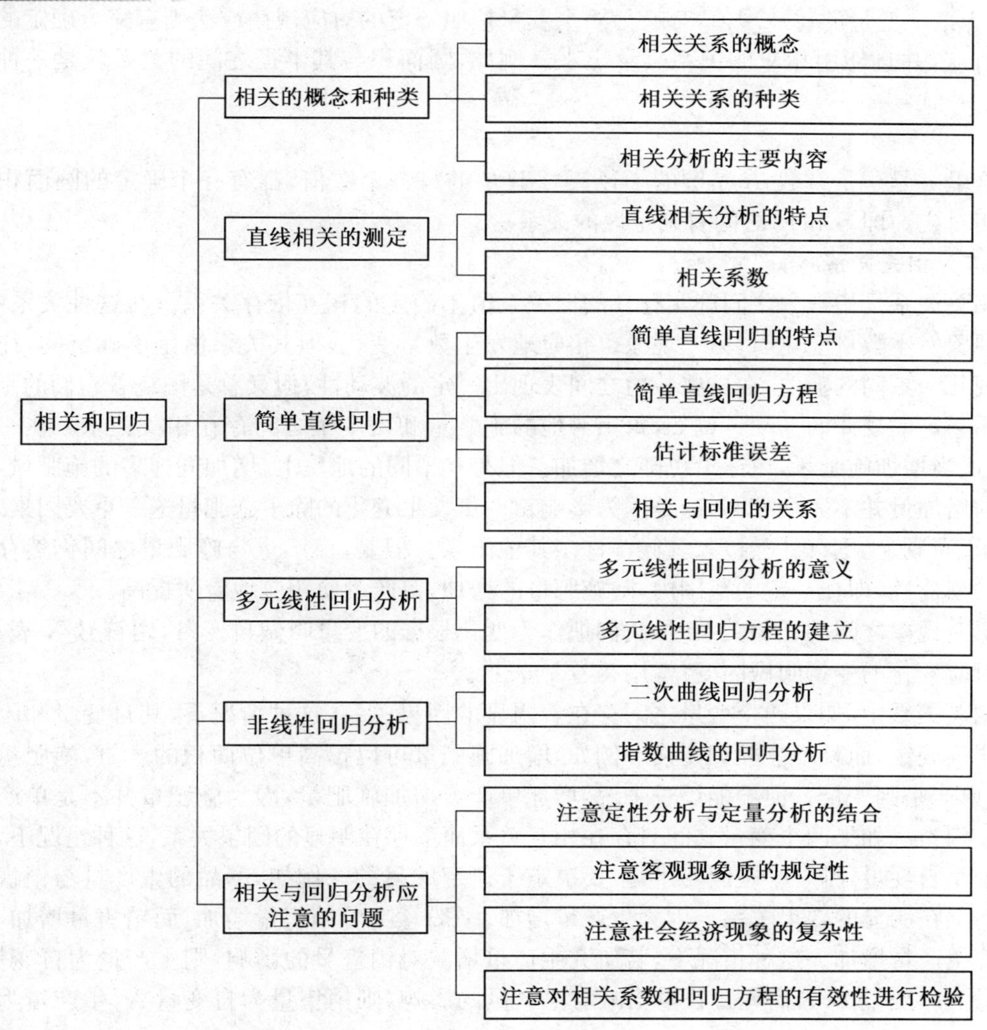

第一节　相关的概念和种类

一、相关关系的概念

在对社会经济现象进行研究时，不难发现，任何事物或现象都不是独立的、静止的，而是相互联系、相互制约、具有内在规律性的。例如，农业生产中，单位面积产量与施肥量、播种量、土壤质量、灌溉量、气候之间存在着联系；工业生产中，产量的高低与设备的先进程度、劳动生产率的高低、工人的技术水平高低有密切的联系；在商品经营活动中，商品销售额与商品价格、商品销售量之间存在着联系。还有，人的身高与体重之间、人均收入与储蓄存款之间都存在着联系。现象之间的这种相互联系，都通过数量关系表现出来，并可分为以下两种不同的类型：

（一）函数关系

函数关系是指现象之间在数量上存在的一种严格的依存关系，它们之间的关系值是确定的，对于某一变量的每一个值，都有另一个变量按照一定的对应规律或法则有完全确定的值与之相对应，并且能用相应的关系表示出来。例如，圆面积与其半径之间的关系就是一种函数关系。

$$S=\pi R^2$$

这里 π 是一个常数，R 是圆的半径。对于 R 的每一个数值，都有一个确定的圆面积的值与之相对应。即 S 和 R 之间有确定性的关系。

（二）相关关系

相关关系是指现象之间确实存在的但关系值不确定的相互依存关系。在这种关系中，当一个现象发生数量变化时，另一现象也相应地发生数量变化，但其关系值是不确定的，往往同时出现几个不同的数值，在这些数值之间表现出一定的波动性，但又总是围绕着它们的平均数并遵循一定的规律而变动。例如，每亩耕地的施肥量和亩产量之间存在相关关系。在一般情况下，适当增加施肥量，亩产量也随之增加。但是在不同的地块上，增加同样多的施肥量，其亩产量的增加量并不完全相同，这是因为影响亩产量发生变化的除了施肥量这一重要因素外，还有种子、灌溉、土壤、田间管理、气候等许多其他因素。但是，亩产量与施肥量之间仍然存在着一定的规律性，即在一定的范围内，随施肥量的增加，亩产量便相应地有所提高。

研究现象之间的相关关系时，我们把作为变化根据的变量叫做自变量，用符号 X 表示，把产生对应变化的变量叫做因变量，用符号 Y 表示。

相关关系中，如果两个变量之间存在着明显的因果关系，这种情况下，其自变量和因变量可以明确确定，而且不能互相变换。例如，增加施肥量可以提高单位面积的产量，施肥量是自变量，单产是因变量。但不能反过来说，增加单产会增加施肥量，因为施肥量并不是单产增加的唯一因素。如果两个变量之间只存在相互关系而不存在明显的因果关系，这种情况下，确定哪一个是自变量，哪一个是因变量，主要决定于研究的目的。例如，产品的生产量与销售量之间就不存在明显的因果关系。因为生产量增加，一般意味着销售量增加，而销售量增加，一般又会使生产量增加。这种情况下，若研究生产量增减对销售量的影响，则生产量为自变量 X，销售量为因变量 Y；若研究销售量增减对生产量的影响，则销售量为自变量 X，生产量为因变

量 Y。

相关关系和函数关系既有区别，又有一定的联系。有些函数关系往往因为有观察和测量误差等原因，在实际中常常通过相关关系表现出来；而在研究相关关系时，为了寻求相关关系的一般表现形式，又常常要借助于函数关系的形式来加以表现。也就是说，相关关系是相关分析的研究对象，函数关系是相关分析的工具。

二、相关关系的种类

现象之间的相关关系根据研究的角度不同有不同的区分。

（一）按相关的程度分为完全相关、不完全相关和不相关

两种依存关系的标志，其中一个标志的数量变化由另一个标志的数量变化所确定，则称这两种标志间的关系为完全相关。在这种情况下相关关系即成为函数关系，可以用一定方程来准确地表示。例如，圆的面积取决于它的半径，即 $S=\pi R^2$。两个标志彼此互不影响，其数量变化各自独立，称为不相关。例如，棉花纤维的强度与工人出勤率分属于不同总体的现象，一般认为是不相关的。两个现象之间的关系，介于完全相关和不相关之间称为不完全相关，这是统计分析的主要研究对象。

（二）按相关的方向分为正相关和负相关

如果相关关系表现为因素标志和结果标志的数量变动方向一致，就称为正相关，如工人的平均劳动生产率随着他们技术水平的提高而提高。如果相关关系表现为因素标志和结果标志的数量变动方向是相反的，那就是现象之间存在负相关，如商品流转的规模越大，流通费用水平则越低。必须指出，许多现象正负相关的关系仅在一定范围内存在。比如，在其他条件不变的情况下，运动员的成绩随着训练的运动量增加而提高，即存在着正相关；但是如果训练运动量连续增加就会使运动成绩因训练过度而下降。施肥量在一定的限度内影响收获率的提高，是为正相关，但施放的肥料超过生物学上所允许的定额数量，收获率反而下降，这又是负相关。

（三）按相关的形式分为线性相关和非线性相关

对于两个具有相关关系的现象进行实际调查，获得一系列成对的数据。一种现象的一个数值和另一现象相应的数值，在平面直角坐标系中确定为一个点。如果这些点的分布情况大致散布在一条直线的周围，则这两种现象就构成线性相关形式。如果现象相关点的分布并不表现为直线的关系，而近似于某种曲线方程的关系，则这种关系就称为非线性相关。上面关于施肥量和收获率关系的例子：施肥量在一定的界限内，亩产量相应增加，一旦施肥量超过一定数量，收获率反而出现下降情况，就是一种非线性相关。现象相关究竟取什么形式，必须根据实际经验，对事物的性质作理论分析才能恰当地解决。

（四）按影响因素的多少分为单相关和复相关

这是按影响结果标志的因素标志数目多少对相关进行的分类。如果研究的是一个结果标志只同某一因素标志相关，就称为单相关或简单相关。例如，在计件工资的条件下，工人一天的工资只与其完成产量相关。这时所研究的只是两个标志的相关关系，所以称为单相关。

统计实践中，经常分析若干个因素标志对结果标志的影响，这种关系即为复相关，又称多元相关。例如，矿工工作班采煤量同岩层厚度、采煤工作面长度之间的相关；企业利润与劳动生产率、成本之间的相关都是复相关。在实际工作中，如果存在多个因素标志对结果标志的影

响时,应该加以筛选,抓住其中最主要的因素,研究其相关关系。

偏相关是指一个变量与两个或两个以上的变量相关的条件下,当假定其他变量不变时,其中两个变量的相关关系。例如,确定商品价格不变的条件下,该商品的需求量与消费者收入水平的相关关系就是偏相关。

三、相关分析的主要内容

对现象之间变量关系的分析研究目的在于探讨相互关系的密切程度及其变化的规律性,以便做出判断,进行必要的预测和控制。相关分析主要内容包括:

(一) 确定现象之间有无关系存在

确定现象之间有无关系存在,以及相关关系呈现的形态。

(二) 确定相关关系的密切程度

判断相关关系密切程度的主要方法是绘制相关图和计算相关系数。

(三) 确定相关关系的数学表达式

为了测定现象之间数量变化上的一般关系,必须使用函数关系的数学公式作为相关关系的数学表达式。如果现象之间表现为直线相关,采用配合直线方程的方法,如果表现为曲线相关,就采用配合曲线方程的方法。这是进行判断、推算和预测的依据。

(四) 确定因变量估计值误差的程度

使用配合直线或曲线的方法可以找到现象之间一般的变化关系,即自变量变化时,因变量一般会发生多大的变化。根据得出的直线方程或曲线方程可以给出自变量的若干数值,求得因变量相应的若干个估计值。估计值和实际值是有出入的,确定因变量估计值误差程度大小的指标是估计标准误。估计标准误大,表明估计较不精确;估计标准误小,表明估计较精确。

第二节　直线相关的测定

一、直线相关分析的特点

直线相关分析是研究变量间的线性相关形式和紧密程度的。

直线相关有以下特点:

(1) 只能计算出一个相关系数,且相关系数有正负之分,分别表示正相关或负相关。

(2) 计算相关系数对资料的要求是:相关的两个变量必须都是随机的。

二、相关系数

相关系数是指相关条件下,表明两个变量之间线性相关关系密切程度和性质的分析指标。

(一) 用积差法测定相关系数的一般公式

要计算相关系数,首先要计算三个指标。

第一,自变量数列的标准差:

$$\sigma_x = \sqrt{\frac{\sum (x-\bar{x})^2}{n}}$$

式中：σ_x 代表自变量数列的标准差；

x 代表自变量及其变量值；

$\bar{x}$ 代表自变量数列的平均值；

n 代表自变量数列的项数。

第二，因变量数列的标准差：

$$\sigma_y = \sqrt{\frac{\sum (y-\bar{y})^2}{n}}$$

式中：σ_y 代表因变量数列的标准差；

y 代表因变量及其变量值；

$\bar{y}$ 代表因变量数列的平均值；

n 代表因变量数列的项数，它和自变量数列的项数相等。

第三，两个数列的协方差：

$$\sigma_{xy}^2 = \frac{\sum (x-\bar{x})(y-\bar{y})}{n}$$

式中：σ_{xy}^2 代表两个数列的协方差；

$x-\bar{x}$ 代表自变量数列各变量值与平均值的离差；

$y-\bar{y}$ 代表因变量数列各变量值与平均值的离差。

根据上述三个资料，就可以计算相关关系，通常用 r 表示。计算公式如下：

$$r = \frac{\sigma_{xy}^2}{\sigma_x \sigma_y} = \frac{\frac{1}{n}\sum (x-\bar{x})(y-\bar{y})}{\sqrt{\frac{1}{n}\sum (x-\bar{x})^2}\sqrt{\frac{1}{n}\sum (y-\bar{y})^2}}$$

上式中的分子和分母都有 $\frac{1}{n}$，于是可以简化为：

$$r = \frac{\sum (x-\bar{x})(y-\bar{y})}{\sqrt{\sum (x-\bar{x})^2}\sqrt{\sum (y-\bar{y})^2}}$$

相关系数实质上是两个变量离差乘积的平均数。更确切地说，是离差系数乘积的平均数。由于相关系数是通过各个离差相乘来说明现象的相关程度的，所以称这种计算相关系数的方法为“积差法”。

下面以表 7-1 资料为例，说明相关系数的计算过程。

表 7-1 机床使用年限与维修费的相关系数计算表

序号	机床使用年限 x	维修费(元) y	$x-\bar{x}$	$y-\bar{y}$	$(x-\bar{x})^2$	$(y-\bar{y})^2$	$(x-\bar{x})(y-\bar{y})$
1	2	400	−3	−310	9	96 100	930
2	2	540	−3	−170	9	28 900	510
3	3	520	−2	−190	4	36 100	380
4	4	640	−1	−70	1	4 900	70

（续表）

序号	机床使用年限 x	维修费(元) y	$x-\bar{x}$	$y-\bar{y}$	$(x-\bar{x})^2$	$(y-\bar{y})^2$	$(x-\bar{x})(y-\bar{y})$
5	4	740	−1	+30	1	900	−30
6	5	600	0	−110	0	12 100	0
7	5	800	0	+90	0	8 100	0
8	6	700	+1	−10	1	100	−10
9	6	760	+1	+50	1	2 500	50
10	6	900	+1	+190	1	36 100	190
11	8	840	+3	+130	9	16 900	390
12	9	1 080	+4	370	16	136 900	1 480
合计	60	8 520	—	—	52	379 600	3 960

计算步骤：

第一步：计算两个数列的平均值。

（1）计算机床平均使用年限：

$$\bar{x}=\frac{\sum x}{n}=\frac{60}{12}=5(\text{年})$$

（2）计算平均每台机床维修费：

$$\bar{y}=\frac{\sum y}{n}=\frac{8\,520}{12}=710(\text{元})$$

第二步：根据每个平均值列表计算出$(x-\bar{x})$，$(y-\bar{y})$，$(x-\bar{x})^2$，$(y-\bar{y})^2$，$(x-\bar{x})(y-\bar{y})$。

第三步：利用公式计算相关系数：

$$r=\frac{\sum(x-\bar{x})(y-\bar{y})}{\sqrt{\sum(x-\bar{x})^2}\sqrt{\sum(y-\bar{y})^2}}=\frac{3\,960}{\sqrt{52}\times\sqrt{379\,600}}=0.891\,3$$

（二）相关系数的简捷计算法

积差法相关系数在计算过程中要使用两个数列的平均值，这两个平均值有时可能是近似数。这样，在计算时会有一些麻烦，而且影响计算的准确性。我们可以在计算过程中避免使用平均值，使计算过程既简捷又比较准确。相关系数简捷法计算公式如下：

$$r=\frac{n\sum xy-(\sum x)(\sum y)}{\sqrt{n\sum x^2-(\sum x)^2}\sqrt{n\sum y^2-(\sum y)^2}}$$

利用简捷法计算相关系数，也需要设计一张计算表。这个表共五栏，两栏原始资料，三栏计算资料：① 自变量的平方；② 因变量的平方；③ 自变量与因变量的乘积 xy。现仍用前例说明计算过程。

表 7-2　相关系数的简捷计算表

序号	机床使用年限 x	维修费(元) y	x^2	y^2	xy
1	2	400	4	160 000	800
2	2	540	4	291 600	1 080
3	3	520	9	270 400	1 560
4	4	640	16	409 600	2 560
5	4	740	16	547 600	2 960
6	5	600	25	360 000	3 000
7	5	800	25	640 000	4 000
8	6	700	36	490 000	4 200
9	6	760	36	577 600	4 560
10	6	900	36	810 000	5 400
11	8	840	64	705 600	6 720
12	9	1 080	81	1 166 400	9 720
合计	60	8 520	352	6 428 800	46 560

计算步骤：

第一步：根据原始资料计算出表中后三栏的数值，并且计算出合计。

第二步：计算出公式所需要资料。根据计算表上所列资料可知：

$$\sum x = 60, \sum y = 8\,520, \sum xy = 46\,560, (\sum x)^2 = 3\,600$$

$$(\sum y)^2 = 72\,590\,400, \sum x^2 = 352, \sum y^2 = 6\,428\,800$$

第三步：将有关数值代入计算公式：

$$r = \frac{n\sum xy - (\sum x)(\sum y)}{\sqrt{n\sum x^2 - (\sum x)^2}\sqrt{n\sum y^2 - (\sum y)^2}}$$

$$= \frac{12 \times 46\,560 - 60 \times 8\,520}{\sqrt{12 \times 352 - 3\,600} \times \sqrt{12 \times 6\,428\,800 - 72\,590\,400}}$$

$$= 0.891\,3$$

计算结果和前面完全一样。

(三) 相关关系密切程度的判断

相关系数的取值范围在 -1 和 $+1$ 之间。即 $-1 \leqslant r \leqslant 1$ 或 $0 \leqslant |r| \leqslant 1$。计算结果带有正号，表示正相关；带有负号，表示负相关。

相关系数 r 的数值越接近于 $+1$ 或 -1，表示相关关系越强；越接近于 0，表示相关关系越弱；如果 $r=1$ 或 $r=-1$，则表示两个现象完全相关；如果 $r=0$，则表示两个现象完全不相关。但需要注意的是，r 只表示 x 和 y 的直线相关密切程度。当 $|r|$ 很小甚至等于 0 时，并不一定表示 x 和 y 之间就不存在其他类型的关系。

但是，实际上根据相关系数判断相关关系的强弱还和计算相关系数原始数据的多少有关。

原始数据少，计算出的相关系数可信程度就小，反之可信程度就大。在原始数据足够多的情况下，一般可以采用四级划分法作为判断现象之间相关密切程度的具体标准。

$0<|r|\leqslant 0.3$ 称为微弱相关；

$0.3<|r|\leqslant 0.5$ 称为低度相关；

$0.5<|r|\leqslant 0.8$ 称为中度相关；

$0.8<|r|\leqslant 1$ 称为高度相关。

第三节　简单直线回归

一、简单直线回归的特点

相关系数可以用来说明在直线相关条件下，两个现象相关关系的方向和程度，但不能指出两变量相互关系的具体形式，也无法从一个变量的变化来推测另一个变量的变化情况。研究变量之间的一般数量关系十分必要，因为它是进行各种推算和预测的根据。

研究现象之间数量变化的一般关系所使用的数学方法，称为回归分析。确切地说：回归分析就是对具有相关关系的两个变量之间数量变化的一般关系进行测定，确立一个相关的数学表达方式，以便于进行估计或预测的统计方法，即回归分析是通过一个变量或一些变量来解释另一个变量的变化。

回归这个概念是英国生物学家高尔顿提出的。高尔顿在研究父母的身高和子女身高的关系时，发现了一个有趣的现象。身材特别高的父母所生的孩子一般地讲也要高一些，但并不是特别高；而身材特别高的孩子，其父母常常是中等偏高的身材。同时，身材矮的父母所生的孩子一般也矮一些，但并不是特别矮；身材特别矮的孩子，其父母身高常常是中等偏矮的。高尔顿把这种现象叫作“身高数值从一极端至两极端的回归”。回归这个概念就是从这里开始的。高尔顿的学生皮尔逊进一步提出，后代身高回归到其祖先的平均身高上去（而不仅仅是双亲遗传的影响，体现了遗传和变异的统一）。把回归的概念和数学方法联系起来，把代表现象之间一般数量关系的直线或曲线叫作“回归直线”或“回归曲线”。后来，回归这个名词就被用来泛指变量之间的一般数量关系。

根据回归分析方法得出的数学表达式称为回归方程，它可能是直线方程，也可能是曲线方程，视具体资料的性质而定。用一条回归直线来表明两个相关变量之间一般数量关系的方程式称为“简单直线回归分析”。

简单直线回归分析具有如下特点：

（1）在两个变量之间，必须根据研究目的具体确定哪个是自变量，哪个是因变量。

（2）回归方程的主要作用在于给出自变量的数值来估计因变量的可能值。一个回归方程只能作一种推算，不能进行倒推。推算的结果表明变量之间的具体变动关系。

（3）在没有明显的因果关系的两个变量 X 和 Y 之间，可以求得两个回归方程：一个是以 X 为自变量，Y 为因变量，求出的回归方程称“Y 依 X 回归方程”；另一个是以 Y 为自变量，X 为因变量，求出的回归方程称“X 依 Y 回归方程”。例如，生产量和销售量两个变量，可以互为自变量，据以推算另一个因变量。这和用以说明两个变量之间关系密切程度的相关系数是不相同的，相关系数只能有一个。

(4) 直线回归方程中，自变量的系数称为回归系数。回归系数的符号有正有负，为正时，表示正相关；为负时，表示负相关。

(5) 计算回归方程对资料的要求也不同于相关分析，这里要求因变量是随机的，而自变量不是随机的，是给定的数值。求出回归方程后，也是将给定的自变量值代入方程中，求出估计的因变量值来，这个估计值不只是一个确定的数值，而是许多可能数值的平均数。因此，可以计算估计的标准误差。

二、简单直线回归方程

简单直线回归方程又称一元线性回归方程，其基本形式是：

y 依 x 回归方程：$\hat{y}=a+bx$

x 依 y 回归方程：$\hat{x}=c+dy$

式中，$\hat{y}$，$\hat{x}$ 分别表示 y，x 的估计值，借以区别于实际观测得到的 y，x 值；a，c 代表直线的起点值，在数学上称为直线的纵轴截距，b，d 代表自变量变动一个单位时因变量的平均变动值，数学上称为直线的斜率，也称为回归系数，a，b，c，d 都是待定参数，是需要根据实际资料求解的数值。一旦解出待定参数，变量之间的一般关系就确定下来了。

估计这些参数可用不同的方法，统计中使用最多的是最小平方法。所谓最小平方法，指的是配合直线于各观测值中，使离差的平方和为最小的数学方法。也就是说，用最小平方法计算的直线参数 a，b 能得到这样一个直线方程：逐次地给每个总体单位以实际值 x，并计算相应的估计值($\hat{y}$)，则实际值(y)与估计值($\hat{y}$)的离差平方和，即 $\sum(y-\hat{y})^2$ 为最小。就是说，这条直线与相关点的距离比任何其他直线与相关点的距离都小。所以说这条直线是最优的理想直线。

现在我们来讨论 $\hat{y}=a+bx$ 中的参数 a，b 计算问题。y 对于 $\hat{y}$ 的离差平方和(以 Q 表示)：

$$Q=\sum(y-\hat{y})^2=\sum(y-a-bx)^2$$

要使 Q 值达到最小，其必要条件是它对 a 和 b 的一阶偏导数等于零：

$$\frac{\partial Q}{\partial a}=-2\sum(y-a-bx)=0$$

$$\frac{\partial Q}{\partial b}=-2\sum[x(y-a-bx)]=0$$

由此可以整理写成以下标准方程组：

$$\sum y=na+b\sum x$$

$$\sum xy=a\sum x+b\sum x^2$$

从以上联立方程中解出 a 和 b：

$$a=\bar{y}-b\bar{x}$$

$$b=\frac{n\sum xy-\sum x\sum y}{n\sum x^2-\left(\sum x\right)^2}$$

我们可以利用这两个公式算出 a 和 b，从而得出 y 依 x 回归方程 $\hat{y}=a+bx$。与此对应的 x 依 y 回归方程的两个参数公式是：

$$c = \bar{x} - d\bar{y}$$

$$d = \frac{n\sum xy - \sum x \sum y}{n\sum y^2 - (\sum y)^2}$$

下面仍以机床使用年限和维修费的资料为例，来说明直线回归方程的建立与求解。

表 7-3　求解直线回归方程计算表

序号	机床使用年限 x	维修费(元) y	xy	x^2	$\hat{y}$
1	2	400	800	4	481.55
2	2	540	1 080	4	481.55
3	3	520	1 560	9	557.70
4	4	640	2 560	16	633.85
5	4	740	2 960	16	633.85
6	5	600	3 000	25	710.00
7	5	800	4 000	25	710.00
8	6	700	4 200	36	786.15
9	6	760	4 560	36	786.15
10	6	900	5 400	36	786.15
11	8	840	6 720	64	938.45
12	9	1 080	9 720	81	1 014.60
合计	60	8 520	46 560	352	8 520.00

$$\begin{aligned} b &= \frac{n\sum xy - \sum x \sum y}{n\sum x^2 - (\sum x)^2} \\ &= \frac{12\times 46\,560 - 60\times 8\,520}{12\times 352 - 3\,600} \\ &= 76.15 \\ a &= \bar{y} - b\bar{x} \\ &= \frac{8\,520}{12} - 76.15\times\frac{60}{12} \\ &= 329.23 \end{aligned}$$

这样实际回归方程为：

$$\hat{y} = 329.23 + 76.15x$$

对上述方程的具体解释：$a=329.23$，这是维修费的起点值；$b=76.15$ 表示机床使用年限每增加或减少一年，维修费平均增加或减少 76.15 元；$\hat{y}$ 就是推算出来的直线上的估计值，具体数字见表 7-3 的 $\hat{y}$ 栏。

三、估计标准误差

回归方程的一个重要作用在于根据自变量的已知值推算因变量的可能值。这个可能值或称估计值、理论值、平均值，它和实际值可能一致，也可能不一致，因而就产生估计值的代表性问题。当 $\hat{y}$ 值与 y 值一致时，表明推断准确；当 $\hat{y}$ 值与 y 值不一致时，表明推断不够准确。显而易见，将一系列 $\hat{y}$ 值和 y 值加以比较，可以发现其中存在着一系列离差，有的是正差，有的是负差。回归方程的代表性如何，一般是通过估计标准误差指标的计算来加以检验。估计标准误差是用来说明回归方程代表性大小的统计分析指标，其计算原理与标准差基本上相同，计算公式为：

$$S_{yx}=\sqrt{\frac{\sum(y-\hat{y})^2}{n}}$$

式中 S_{yx} 表示估计标准误，其下标 yx 表示 y 依 x 而回归的方程。y 是因变量实际值，$\hat{y}$ 是根据回归方程推算出来的因变量估计值。

现仍以前例说明估计标准误差的计算步骤和方法。

表 7-4　估计标准误差计算表

机床使用年限 x	维修费(元)y	$\hat{y}$	$y-\hat{y}$	$(y-\hat{y})^2$
2	400	481.55	−81.55	6 650.40
2	540	481.55	58.45	341 640
3	520	557.70	−37.70	1 421.29
4	640	633.85	6.15	37.82
4	740	633.85	106.15	11 267.82
5	600	710.00	−110.00	12 100.00
5	800	710.00	90.00	8 100.00
6	700	786.15	−86.15	7 121.82
6	760	786.15	−26.15	683.82
6	900	786.15	113.85	12 961.82
8	840	938.45	−98.45	9 692.40
9	1 080	1 014.60	65.40	4 277.16
合计	8 520	8 520.00	—	78 030.75

将表中计算结果代入公式：

$$S_{yx}=\sqrt{\frac{\sum(y-\hat{y})^2}{n}}=\sqrt{\frac{78\,030.75}{12}}=80.64(\text{元})$$

结果表明估计标准误差是 80.64 元，这是就平均来说的，离差有正有负，平均起来等于 80.64 元。估计标准误差的计量单位与 y 的单位相同，也就是说，估计标准误差的大小受到 y 的计量单位变动的影响。若估计标准误差 S_{yx} 大，即实际值与估计值的平均离差大，则估计值 $\hat{y}$(回归方程)的代表性就小，反之，当 S_{yx} 小，即实际值与估计值相距很近，则估计值 $\hat{y}$(回归方程)的代表性就大。因此，只有在估计标准误差小的情况下，用回归方程作估计或预测才具有实用价值。

上述方法含义很直观，计算公式和过程都表明了估计标准误差是用平均误差来表现的。但当实际观察值比较多且数值较大时，计算就十分麻烦。如果已经有了直线回归方程的参数值，可以根据 a，b 两个数值去计算估计标准误差，这种方法比较简单。计算公式如下：

$$S_{yx}=\sqrt{\frac{\sum y^2-a\sum y-b\sum xy}{n}}$$

现证明如下：

已知回归直线方程及其标准方程组为：

$$\hat{y}=a+bx$$
$$\sum y=na+b\sum x$$
$$\sum xy=a\sum x+b\sum x^2$$

则：

$$\begin{aligned}\sum(y-\hat{y})^2&=\sum(y-a-bx)^2\\&=\sum y^2+na^2+b^2\sum x^2+2ab\sum x-2a\sum y-2b\sum xy\\&=\sum y^2+a(na+b\sum x)+b(a\sum x+b\sum x^2)-2a\sum y-2b\sum xy\\&=\sum y^2+a\sum y+b\sum xy-2a\sum y-2b\sum xy\\&=\sum y^2-a\sum y-b\sum xy\end{aligned}$$

所以，$S_{yx}=\sqrt{\frac{\sum y^2-a\sum y-b\sum xy}{n}}$

仍以上面的例子：

$\sum y^2=6\ 428\ 800$　　$\sum y=8\ 520$　　$\sum xy=46\ 560$

$n=12$　　$a=329.23$　　$b=76.15$

将上述数字代入公式，得：

$$\begin{aligned}S_{yx}&=\sqrt{\frac{\sum y^2-a\sum y-b\sum xy}{n}}\\&=\sqrt{\frac{6\ 428\ 800-329.23\times 8\ 520-76.15\times 46\ 560}{12}}\\&=80.65(\text{元})\end{aligned}$$

计算结果有少许出入，这是由于计算过程中小数点的取舍而造成的。

由上章抽样推断可知，对于机床使用年限(x)和维修费用(y)，(x，y)落在以均值($\bar{x}$，$\bar{y}$)，即(5,710)为中点的 $\pm 2S_{yx}$ 范围内的概率是 95.45%，因此，可在直线 $\hat{y}=329.23+76.15x$ 的两侧做出两条与回归线平行的直线：

$$y_1=329.23-2S_{yx}+76.15x$$
$$y_2=329.23+2S_{yx}+76.15x$$

即可以认为，有 95.45%的 y 值落在两条直线之间。此两条直线为：

$$y_1=167.93+76.15x$$
$$y_2=490.53+76.15x$$

四、相关与回归的关系

（一）在分析中的结合应用

相关与回归分析的结合运用，主要是当两变量间确实存在相关关系时，利用相关系数判断两变量之间相关的紧密程度，如果此紧密程度是显著的，配合回归直线进行回归分析才有意义，否则，就没有意义。

（二）在计算上的联系

1. 从相关求回归

即利用相关系数计算回归方程，其计算公式是：

$$\hat{y}-\bar{y}=r\cdot\frac{\sigma_y}{\sigma_x}(x-\bar{x})$$

式中：σ_y 为 y 数列的标准差；

σ_x 为 x 数列的标准差。

2. 从回归求相关

即先求出回归方程和估计标准误差，再计算相关系数。具体计算公式如下：

$$r=\pm\sqrt{1-\frac{S_{yx}^2}{\sigma_y^2}}$$

式中：σ_y^2 是 y 数列的方差；

S_{yx}^2 是估计标准误差的平方。

根号前面的正负号表明正相关或负相关，具体取舍由回归系数的符号来确定：回归系数为正，则取正；回归系数为负，则取负。在给定相关系数的情况下，估计标准误差的计算公式又为：

$$S_{yx}=\sigma_y\sqrt{1-r^2}$$

由上面的公式可知：

r 越小，S_{yx} 就越大，这表明现象间的相关关系越不密切，直线回归方程的精度就越差。特别地，当 $r=0$ 时，S_{yx} 取得最大值。这时，现象间不存在直线相关关系，直线回归方程与 y 轴重合，此时 x 无论怎样变化，y 始终保持平均水平。

r 越大，估计标准误差 S_{yx} 就越小，这表明现象间的相关关系密切，直线回归方程的估计精度就高。特别地，当 $r=\pm1$，$S_{yx}=0$ 时，现象间完全相关，各相关点均落在回归直线上，此时，对 x 的任何变化，y 总有个相应的确定值与之对应。

3. 相关系数 r 与回归系数 b 的相互推算

$$\text{因为相关系数 } r=\frac{n\sum xy-(\sum x)(\sum y)}{\sqrt{n\sum x^2-(\sum x)^2}\sqrt{n\sum y^2-(\sum y)^2}}=\frac{\sigma_{xy}^2}{\sigma_x\cdot\sigma_y}$$

$$\text{回归系数 } b=\frac{n\sum xy-\sum x\sum y}{n\sum x^2-(\sum x)^2}=\frac{\sigma_{xy}^2}{\sigma_x^2}$$

所以，

$$r=b\frac{\sigma_x}{\sigma_y}\qquad a=\bar{y}-r\frac{\sigma_y}{\sigma_x}\cdot\bar{x}$$

例如，某银行各月存款平均增加额$\bar{x}=165$万元，各月放款平均增加额$\bar{y}=124$万元。又知各月存款放款增加额的标准差分别为$\sigma_x=5$万元，$\sigma_y=4$万元。存款、放款增加额两变量的相关系数为$r=0.8$，试求放款增加额y与存款增加额x的直线回归方程及估计标准误差。

(1) 先求直线回归方程：

$\hat{y}=a+bx$

由公式：$b=r\dfrac{\sigma_y}{\sigma_x}=0.8\times\dfrac{4}{5}=0.64$

$a=\bar{y}-r\dfrac{\sigma_y}{\sigma_x}\cdot\bar{x}=124-0.8\times\dfrac{4}{5}\times165=18.4$

故所求的直线回归方程为：

$\hat{y}=18.4+0.64x$

(2) 求估计标准误差：

$S_{yx}=\sigma_y\sqrt{1-r^2}=4\sqrt{1-0.8^2}=2.4$(万元)

第四节　多元线性回归分析

一、多元线性回归分析的意义

在前面讨论的一元线性回归方程只反映一个因变量受另一个自变量影响的情况，但是社会经济现象是十分复杂的，仅仅受一个因素影响的变量是比较少见的，常常是某一现象的变动要受许多因素的影响。社会经济现象是这样的，自然现象也是这样。例如，粮食亩产量受播种量、施肥量、降雨量等因素的影响；彩电的销售额受彩电价格、广告费支出、消费者购买力等因素的影响；企业产品成本受原材料价格、原材料消耗产量、工艺技术水平等因素的影响。对于上述情况，如果只用一个自变量来进行回归分析，分析的结果就不十分精确，带有较大的误差。如果将影响因变量的多个因素结合在一起分析，则更能揭示现象内在的规律。统计中，将涉及两个及两个以上自变量的线性回归分析，称为“多元线性回归分析”。

二、多元线性回归方程的建立

多元线性回归方程是用于表达一个因变量与多个自变量之间相互关系及其规律性的一种数学模型。当通过研究确定变量y值的变动受$x_1,x_2,x_3,\cdots,x_n$等多个变量的影响，且其关系为线性相关关系时，其线性回归方程可表达为：

$$\hat{y}=a+b_1x_1+b_2x_2+\cdots+b_nx_n$$

式中，$\hat{y}$代表回归估计值；

$a,b_1,b_2,\cdots,b_n$为回归方程的待定参数。

由于二元线性回归方程是典型的多元线性回归方程，通过观察求解二元线性回归方程参数的过程，就可了解其他类型的多元线性回归方程参数的求解方法。因此，为简单起见，我们只对二元线性回归方程的确定做简单介绍。二元线性回归方程的基本模型如下：

$$\hat{y}=a+b_1x_1+b_2x_2$$

式中，$\hat{y}$ 为回归估计值；

a 为常数项；

b_1，b_2 分别为 y 对 x_1 和 x_2 的回归系数。

b_1 表示当 x_2 取固定值时，x_1 每变动一个单位所引起 y 的平均变动量；b_2 表示当 x_1 取固定值时，x_2 每变动一个单位所引起的 y 的平均变动量。由于 b_1 和 b_2 仅仅表明在其他自变量取固定值时某个自变量对因变量的影响作用，故称为"偏回归系数"。

确定 a，b_1，b_2 数值的方法和研究一元回归时的情形相似，仍然采用最小平方法。利用最小平方法可以得出求 a，b_1，b_2 数值的标准方程组为：

$$\sum y = na + b_1 \sum x_1 + b_2 \sum x_2$$

$$\sum x_1 y = a \sum x_1 + b_1 \sum x_1{}^2 + b_2 \sum x_1 x_2$$

$$\sum x_2 y = a \sum x_2 + b_1 \sum x_1 x_2 + b_2 \sum x_2^2$$

解此方程组就可求出 a，b_1，b_2 的数值。此时，二元线性回归方程 $\hat{y}=a+b_1x_1+b_2x_2$ 就可确定了。给定 x_1，x_2 的值，就可估计推算 y 的值。

例如，设某造纸厂要估计其每月生产费用。经验表明，间接生产费用与直接劳动时间、机器运转时间相关，且其关系为线性相关关系。试根据表 7－5 中资料，确定间接生产费用对直接劳动时间和机器运转时间的复回归方程。

表 7－5　某造纸厂有关数据

月份（月）	间接生产费用（万元）y	直接劳动时间（千小时）x_1	机器运转时间（千小时）x_2
1	29	45	16
2	24	42	14
3	27	44	15
4	25	45	13
5	26	43	13
6	28	46	14
7	30	44	16
8	28	45	16
9	28	44	15
10	27	43	15

解：这是二元线性回归问题，其回归方程形式为：

$$\hat{y}=a+b_1x_1+b_2x_2$$

为求解二元线性回归方程，先通过表 7－6 算出有关数据。

表 7-6 二元线性回归计算表

月份	y	x_1	x_2	x_1y	x_2y	x_1x_2	x_1^2	x_2^2	y^2
1	29	45	16	1 305	464	720	2 025	256	841
2	24	42	14	1 008	336	588	1 764	196	576
3	27	44	15	1 188	405	660	1 936	225	729
4	25	45	13	1 125	325	585	2 025	169	625
5	26	43	13	1 118	338	559	1 849	169	676
6	28	46	14	1 288	392	644	2 116	196	784
7	30	44	16	1 320	480	704	1 936	256	900
8	28	45	16	1 260	448	720	2 025	256	784
9	28	44	15	1 232	420	660	1 936	225	784
10	27	43	15	1 161	405	645	1 849	225	729
合计	272	441	147	12 005	4 013	6 485	19 461	2 173	7 428

把有关数据，代入二元线性回归标准方程组得：

$272=10a+441b_1+147b_2$

$12\,005=441a+19\,461b_1+6\,485b_2$

$4\,013=147a+6\,485b_1+2\,173b_2$

解此方程组可得：

$a=-13.828$　　$b_1=0.564$　　$b_2=1.099$

因此，所求复回归方程为：

$\hat{y}=-13.828+0.564x_1+1.099x_2$

一旦回归方程式确立，就可以对月间接生产费用进行估计。

假定造纸厂预计 11 月份的直接劳动时间为 45 000 小时，机器运转时间为 15 000 小时，11 月份间接生产费用的估计，则可以根据回归方程计算如下：

$\hat{y}=-13.828+0.564\times45+1.099\times15=28.04$（万元）

第五节　非线性回归分析

前面讨论的直线回归方程，是研究用直线方程如何表现两个变量的相关关系的。但是客观现象是复杂的，各分布点的趋势往往与直线相距甚远，如果仍然用直线拟合就难以说明两个变量的关系，必须用曲线去配合，才能代表真实的相关关系。下面介绍两种常用的曲线回归分析的方法。

一、二次曲线回归分析

二次曲线回归方程式的一般形式为：

$$\hat{y}=a+bx+cx^2$$

这个方程式含有三个待定参数，它在直角坐标上所描述的曲线是抛物线。

选用二次回归曲线的方法，一般采用逐期增长量法。采用这种方法判断的原则是：当自变量的一级逐期增长量大体相当，而因变量的二级逐期增长量大体相当时，则可配合二次回归曲线，即抛物线。

配合二次回归曲线的方法很多，但采用最小平方法最好。利用最小平方法可以得出求 a，b，c 数值的标准方程组为：

$$\sum y = na + b\sum x + c\sum x^2$$
$$\sum xy = a\sum x + b\sum x^2 + c\sum x^3$$
$$\sum x^2 y = a\sum x^2 + b\sum x^3 + c\sum x^4$$

根据实际资料计算出有关数据代入上述标准方程组，就能求解出 a，b，c。这样，就可建立起二次曲线模型，利用模型便能根据自变量的值计算出因变量的估计值。

例如，某农业研究院研制出一种新的特效复合肥，并进行了实验。在其他条件相同的前提下，选择了八块田地，调查得到施肥量和收获量的资料如表 7－7：

表 7－7　某研究院试验田有关施肥量和产量资料

地块序号	施肥量 x	亩产量 y	xy	x^2	x^2y	x^3	x^4
1	0	304	0	0	0	0	0
2	2	378	756	4	1 512	8	32
3	4	452	1 808	16	7 232	64	256
4	6	500	3 000	36	18 000	216	1 296
5	8	536	4 288	64	34 304	512	4 096
6	10	562	5 620	100	56 200	1 000	10 000
7	12	548	6 576	144	78 912	1 728	20 736
8	14	534	7 476	196	104 664	2 744	38 416
合计	56	3 814	29 524	560	300 824	6 272	74 832

将上表结果代入标准方程组得：

$3\,814=8a+56b+560c$

$29\,524=56a+560b+6\,272c$

$300\,824=560a+6\,272b+74\,832c$

解上述方程组得：

$a=299.77 \quad b=46.437 \quad c=-2.115\,4$

将 a，b，c 的值代入二次曲线回归方程，则施肥量与亩产量的回归模型为：

$\hat{y}=299.77+46.437x-2.115\,4x^2$

按此回归方程，如施肥量是 9 公斤，则亩产量的估计值为：

$\hat{y}=299.77+46.437\times 9-2.115\,4\times 9^2=546.35$（公斤）

二、指数曲线的回归分析

指数曲线回归方程的形式为：

$$\hat{y}=ab^x$$

如何根据所观察的资料来选择配合指数曲线，可根据下列原则进行判断：当自变量的一级逐期增长量大体相当，而因变量的环比增长速度大体相当时，则可配合指数曲线。

将指数曲线回归方程两端取对数得：

$$\lg y=\lg a+x\lg b$$

如令 $Y=\lg y, A=\lg a, B=\lg b$

则指数曲线变形为：

$$Y=A+xB$$

根据最小平方原理可建立方程组如下：

$$\sum Y = nA + B\sum x$$

$$\sum xY = A\sum x + B\sum x^2$$

利用上述方程组求得 A 和 B，查反对数即可求得 a 和 b。

现举例说明如下：12 个同类企业的月产量与单位产品成本资料如表 7－8 所示。

表 7－8　月产量与单位产品成本资料

企业编号	月产量(吨)x	单位产品成本(元)y
1	10	160
2	16	151
3	20	114
4	25	128
5	31	85
6	36	91
7	40	75
8	45	76
9	51	66
10	56	60
11	60	61
12	65	60

根据上述资料列计算表如表 7－9：

表 7-9　计算表

企业编号	月产量(吨)x	单位产品成本(元)y	x^2	Y	xY	$\hat{y}$
1	10	160	100	2.204 1	22.041 0	150.695 4
2	16	151	256	2.179 0	34.864 0	134.338 4
3	20	114	400	2.077 0	41.540 0	124.421 5
4	25	128	625	2.107 2	52.680 0	113.109 7
5	31	85	961	1.929 4	59.811 4	100.832 4
6	36	91	1 296	1.959 0	70.524 0	91.630 5
7	40	75	1 600	1.875 1	75.004 0	84.879 0
8	45	76	2 025	1.880 8	84.63 60	77.143 6
9	51	66	2 601	1.819 5	92.794 5	68.770 2
10	56	60	3 136	1.778 2	99.579 2	62.488 5
11	60	61	3 600	1.785 3	107.118 0	57.889 5
12	65	60	4 225	1.778 2	115.583 0	52.138
合计	455	1 127	20 825	23.352 8	855.751	—

计算过程如下：

$$B=\frac{n\sum xY-\sum x\sum Y}{n\sum x^2-(\sum x)^2}=\frac{12\times 855.751-455\times 23.352\,8}{12\times 20\,825-455^2}=-0.008\,31$$

$$A=\bar{Y}-B\bar{x}=\frac{23.352\,8}{12}-(-0.008\,31)\times\frac{455}{12}=2.261\,2$$

查 A 和 B 的反对数，得 $a=182.4$，$b=0.981$

则指数曲线方程为：

$$\hat{y}=182.4\times 0.981^x$$

第六节　相关与回归分析应注意的问题

相关分析与回归分析都是重要的统计分析方法，在统计学知识体系中占有重要的地位。它们对于人们加深现象间相互依存关系的认识，促使这种认识从定性阶段进入定量阶段都具有重要意义。但是，应该看到，相关分析和回归分析与其他统计方法一样，也有自己的局限性，因此，在实践中应注意以下几个方面的问题：

一、注意定性分析与定量分析的结合

相关分析是分析社会经济现象之间相关关系的，相关系数的计算、回归方程的建立都是基于现象间所固有的客观联系的。而现象之间是否一定存在相关关系，主要是靠定性分析，即依据社会经济理论、专业知识、实际经验对事物进行分析来判定的。不通过定性分析，直接根据样本观测数据进行量化分析,构建模型,有时就可能得出错误的结论。因为任何两列数据,即使是毫不相关的两个现象,都可以计算出相关系数,构建出回归模型。因此,相关分析中的一切量化分析都应建立在定性分析基础之上。

二、注意客观现象质的规定性

现象间所存在的相互依存关系都是有一定数量界限的。例如,一般地说,施肥量越多,粮食产量越高。但是超过一定的限度,施肥量增加,粮食产量反而可能下降。同样的,固定资产投资与国民经济发展速度的关系也是有一个数量界限的。也就是说,某些现象之间的相关关系在一定的限度内是正相关,而超过某一界限,则可能是负相关;在一定的限度内是直线相关,而在另一界限内可能是曲线相关。如果进行统计分析时不加区别,不注意现象间质的数量界限,就可能影响统计分析结论的可信度。

三、注意社会经济现象的复杂性

客观社会经济现象间彼此有着千丝万缕的联系,某一现象发生的原因,有可能是另一现象出现的结果。而且,有时某一事件的出现可能导致诸多事件的发生,产生一系列的连锁反应。因此,进行统计分析时,要充分考虑现象间的复杂性,注意偶然和个别因素的影响,这样才能保证统计分析的质量。

四、注意对相关系数和回归方程的有效性进行检验

应该注意到,相关分析和回归分析中所得出的相关系数、回归方程、估计标准误差等都是根据样本数据求得的,但所做的结论却是对总体的。例如,由 30 个人的身高与体重值计算出相关系数为 0.95,所做出的结论并不是说 30 个人的身高与体重存在着相关关系,而是说人的身高与体重具有相关关系。显然,这里存在一个由样本代表总体的问题。因此,使用相关系数、回归模型进行统计分析时,要对其有效性进行检验。

课后练习

一、思考题

1. 什么是相关关系? 它与函数关系有什么不同?
2. 什么是正相关、负相关、零相关? 试举例说明。
3. 相关系数的意义是什么? 怎样利用相关系数来判别现象的相关关系?
4. 回归分析和相关分析的区别和联系如何?
5. 回归系数 b 与相关系数 r 的关系如何?
6. 什么叫估计标准误差? 它和相关系数的关系如何?

二、单项选择题

1. 当价格不变时,销售额与销售量之间存在着 ( )

   ① 相关关系　② 因果关系　③ 函数关系　④ 比较关系

2. 当变量 x 值增加时,变量 y 值随之下降,那 x 和 y 两个变量之间存在着 ( )

   ① 正相关关系　② 负相关关系　③ 曲线相关关系　④ 直线相关关系

3. 相关系数 ( )

① 只适用于直线相关
② 只适用于曲线相关
③ 既可用于直线相关，也可用于曲线相关
④ 既不适用于直线相关，也不适用于曲线相关

4. 相关系数 r 的取值范围是（　　）
① $0\leqslant r\leqslant 1$　② $-1\leqslant r\leqslant 1$　③ $-1\leqslant r\leqslant 0$　④ $0<r$

5. 如果变量 x 和变量 y 之间的相关系数为 -0.85，这说明两变量之间是（　　）
① 高度相关关系　② 完全相关关系　③ 低度相关关系　④ 完全不相关

6. 已知变量 x 与 y 之间的关系如右图所示，下面四个数字最可能是其相关系数的是（　　）
① -1.01　② -0.23
③ -0.91　④ -0.32

7. 已知某工厂甲产品产量和生产成本有直接关系，在这条直线上，当产量为 500 时，其生产成本为 10 000 元，其中不随产量变化的成本为 2 000 元，则成本总额对产量的回归方程是（　　）
① $y=2\,000+16x$　② $y=2\,000+1.6x$　③ $y=16\,000+2x$　④ $y=16+2\,000x$

8. 在简单回归直线 $y_c=a+bx$ 中，b 表示（　　）
① 当 x 增加一个单位时，y 平均增加 a 个单位
② 当 y 增加一个单位时，x 平均增加 b 个单位
③ 当 x 增加一个单位时，y 平均增加 b 个单位
④ 当 y 增加一个单位时，x 的平均增加值

9. 产品的产量 x(千件)与单位产品成本 y(元)之间的回归方程为 $y_c=110-6.75x$，这意味着产量每提高一个单位(千件)，成本就（　　）
① 提高 110 元　② 降低 110 元　③ 降低 6.75 元　④ 提高 6.75 元

10. 已知 x 与 y 的相关系数 $r=0.87$，$\sigma_y=41.40$，则 x 与 y 的线性回归模型的估计标准误差 S_{xy} 为（　　）
① 27.3　② 20.41　③ 25.6　④ 32.1

三、多项选择题

1. 下列现象属于函数关系的是（　　）
① 圆的半径和圆的周长　②家庭收入和消费支出
③ 产量和总成本　④ 价格不变时，销售量和销售额
⑤ 身高和体重

2. 按照相关性的密切程度，相关关系可以分为（　　）
① 正相关　② 完全相关　③ 负相关
④ 不完全相关　⑤ 无相关

3. 简单线性相关分析的特点是（　　）
① 两个变量是对等关系　② 只能算出一个相关系数
③ 相关系数有正负号　④ 相关的两个变量必须都是随机的
⑤ 相关系数的大小反映两个变量之间相关的密切程度

4. 据统计资料证实，银行利率与股票价格指数有依存关系，即随银行利率的上升，股票指数有下降的趋势，但这种变动不是均等的。可见这种关系是 （ ）

① 函数关系 ② 相关关系 ③ 正相关 ④ 负相关 ⑤曲线相关

5. 建立回归模型的目的是 （ ）

① 描述变量之间的变动关系 ② 用因变量推算自变量

③ 用自变量推算因变量 ④ 自变量和因变量互相推算

⑤ 确定两个变量之间的函数关系

6. 简单线性相关分析与简单线性回归分析的区别在于 （ ）

① 相关分析中的两个变量都是随机的，而回归分析中自变量是给定的数值，因变量是随机的

② 回归分析中的两个变量都是随机的，而相关分析中的自变量是给定的数值，因变量是随机的

③ 相关系数有正负号，而回归系数只能取正值

④ 相关分析的两个变量是对等关系，而回归分析中的两个变量不是对等关系

⑤ 相关分析中根据两个变量只能计算出一个相关系数，而回归分析中根据两个变量可以求出两个回归方程

7. 简单线性回归分析中，下面哪几点正确反映了相关系数 r 和估计标准误差 S_{xy} 关系 （ ）

① r 越大，S_{xy} 越小 ② 二者为同向变动关系

③ 其他条件不变，$r=0$ 时，S_{xy} 取最大值 ④ $r=-1, S_{xy}=0$

⑤ S_{xy} 与 r 是反比关系

8. 估计标准误差是反映 （ ）

① 回归方程代表性的指标 ② 自变量离散程度的指标

③ 因变量数列离散程度的指标 ④ 因变量估计值可靠程度的指标

⑤ 自变量可靠程度的大小

四、判断题

1. 两个变量之间为完全相关即两个变量之间为函数关系。 （ ）
2. 在相关系数的计算中，如果互换自变量和因变量，计算结果会不同。 （ ）
3. x 与 y 的相关系数为 0.89，z 与 y 的相关系数为 −0.92，所以 x 与 y 的相关程度高。 （ ）
4. 相关系数 $r=0$，则两个变量之间没有相关关系。 （ ）
5. 相关系数 r 越大，则变量之间的线性相关关系越强。 （ ）
6. 简单线性回归中，若回归系数为正数，则相关系数也为正数。 （ ）
7. 在回归分析中，自变量和因变量都可以是随机的。 （ ）

五、综合训练

1. 设从某年某地区高考试卷中，用随机重复抽样方式抽取 40 名考生的外语和数学试卷，各科成绩如下表所示：

考生编号	成　绩		考生编号	成　绩	
	外　语	数　学		外　语	数　学
1	77	20	21	68	65
2	15	20	22	70	65
3	20	25	23	60	67
4	70	28	24	60	67
5	75	30	25	80	70
6	25	30	26	50	70
7	60	34	27	55	70
8	40	36	28	54	72
9	28	40	29	50	74
10	32	40	30	72	76
11	60	43	31	80	76
12	80	45	32	54	79
13	46	48	33	85	80
14	79	50	34	70	80
15	70	55	35	78	83
16	64	55	36	66	85
17	75	58	37	65	86
18	82	60	38	70	83
19	85	66	39	62	80
20	50	62	40	60	95

要求：(1) 画出原资料的散点图，并观察相关的趋势。

(2) 求数学成绩和外语成绩的相关系数。

2. 试根据下列资料：

单位：万元

企业序号	生产性固定资产价值	总产值	企业序号	生产性固定资产价值	总产值
1	318	524	6	502	928
2	910	1 019	7	314	605
3	200	638	8	1 210	1 516
4	409	815	9	1 022	1 219
5	415	913	10	1 225	1 624

(1) 计算生产性固定资产价值与总产值的相关系数；

(2) 说明两变量之间的相关方向；

(3) 编制直线回归方程；

(4) 指出方程参数的经济意义；

(5) 计算估计标准误差；

(6) 估计生产性固定资产(自变量)为1 100万元时，总产值(因变量)的可能值。

3. 设已求得 y 对 x 的回归方程为 $y_c=64-1.4x$，并知 $\bar{y}=45$，$\sigma_x=7.2$，$\sigma_y=10.5$，试计算：(1) $\bar{x}$；(2) r；(3) S_{yx}。

4. 已知 x、y 两变量的相关系数 $r=0.8$，$\bar{x}=20$，$\bar{y}=50$，σ_y 为 σ_x 的两倍，求 y 依 x 的回归方程。

5. 已知 x、y 两变量 $\bar{x}=15$，$\bar{y}=41$，在直线回归方程中，当自变量 x 等于0时，$\hat{y}=5$，又已知 $\sigma_x=1.5$，$\sigma_y=6$，试求估计标准误差。

6. 在 x、y 两变量中，σ_x 是 σ_y 的两倍，而 σ_y 又是 S_{yx} 的两倍，试求回归系数 b。

第八章　时间数列

学习目标

本章阐述时间数列编制和时间数列分析指标的计算和运用两类问题。学习本章,要求认识与掌握:1. 从数量方面研究社会经济现象发展变化过程和发展趋势是统计分析的一种重要方法;2. 动态数列编制的基本要求;3. 水平和速度两方面动态分析指标的计算和运用;4. 长期趋势分析和预测的方法。

内容框架图

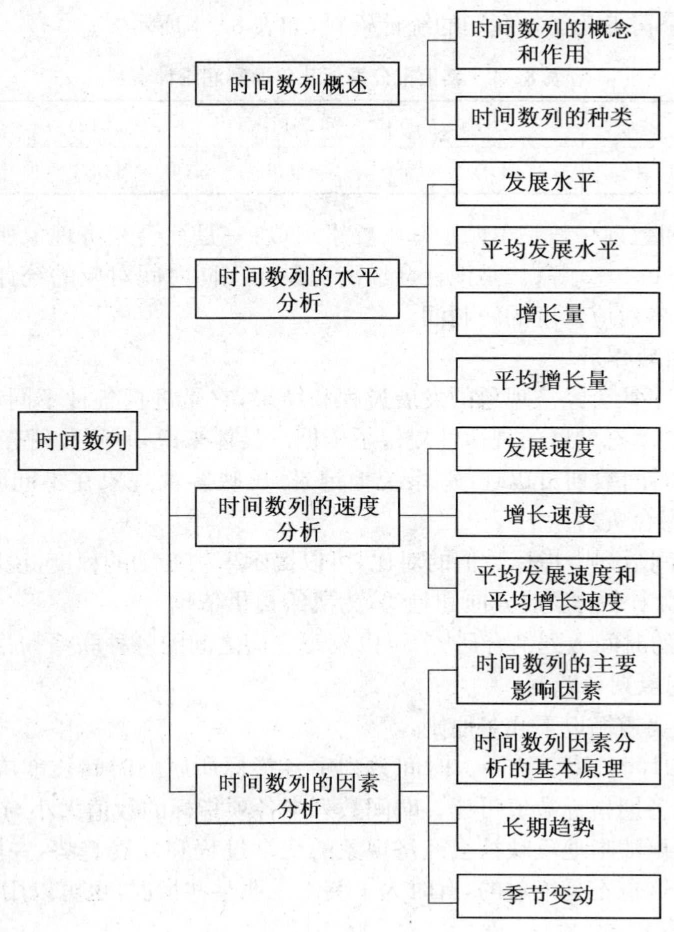

第一节　时间数列概述

社会经济统计不仅要从社会经济现象的静态方面考察，而且要对社会经济现象的发展变化进行分析研究，从动态方面加以考察。

一、时间数列的概念和作用

（一）时间数列的概念

从历史方面研究社会经济现象的数量关系，认识其发展过程和发展规律，并预测其发展变化趋势的分析方法称为动态分析法。编制时间数列就是一种重要的动态分析法。时间数列是统计数列的一种，又称动态数列。它是将某种社会经济现象在同一空间、不同时间的统计指标数值按时间先后顺序排列而成的数列。它是对社会经济现象的运动和发展变化进行的考察，是进行动态考察的重要形式。

例如，某上市公司近几年净利润的统计资料，如表 8-1 所示。

表 8-1　某上市公司近几年净利润统计资料

年份	2010	2011	2012	2013
净利润(万元)	5 010	5 936	6 339	6 980

可以看出，时间数列一般是由两个基本要素组成：一是社会经济现象所属的时间，如上例中的年份 2010、2011、2012 等；二是该社会经济现象在不同时间对应的统计指标数值，如上例中的某上市公司在各对应年度的净利润。

（二）时间数列的作用

时间数列描述了社会经济现象的发展过程和结果，它是进行各种不同动态分析的前提条件，也为研究现象的动态发展的规律性提供了依据。具体来说，时间数列有以下作用：

(1) 通过编制时间数列可以连续、系统地记录、反映客观现象在不同时间上的状况和水平，并且可以积累保存资料。

(2) 通过对时间数列中指标数值的对比，可以揭示事物变动的程度，说明研究现象的发展规律，可以预测事物未来的发展方向和趋势，为决策提供依据。

(3) 把有联系的时间数列结合研究，可以发现它们之间的各种联系和相互影响。

（三）编制时间数列的原则

编制时间数列要遵循以下几条原则：

(1) 各期指标时间长短要统一。时间数列中各指标所属的时间长度应尽可能保持一致，以保证时间数列中各期指标数值可比。时间数列中各项指标的数值大小与时间的长短直接相关，为了便于比较，更清晰地反映社会经济现象的变动过程和发展趋势，一般应使它们的时期长短保持一致。但这也不是绝对的，有时为了突出说明某些情况，也可以用时期不等的指标编制时间数列，例如表 8-2。

表 8-2　我国钢产量统计资料　　单位:万吨

年份	1900—1948	1953—1957	2013
钢产量	760	1 666.7	106 762.2

从上表中可以看出,我国 2013 年的钢产量是第一个五年计划的 64 倍多,是前半个世纪的 140 倍多;第一个五年计划时期的钢产量是前半个世纪的 2 倍多。这个资料有力地说明了新中国成立后工业生产的迅速发展和生产力的迅速提高。

时点数列中的各项指标数值之间的间隔不一定一致,但为了更清楚地说明社会经济现象变动的规律性,间隔仍要力求相等,特别是对那些变动有规律性的社会经济现象更应如此。例如,通过某公司每年年末的资产总额资料,就可以了解该企业每年的资产增减变化情况。

对于时间长度和间隔的选择,一般根据研究的现象本身和研究目的的需要来定。若现象发展比较稳定,时间长度可以长一些;若现象变化起伏较大,时间长度应短一些。特殊情况下,也可以有些指标数值时间长些,这要视研究需要而定。

(2) 各期指标总体范围要一致。总体范围是指统计指标包括的地区范围、隶属范围、分组范围。时间数列中各指标数值的总体范围应保持一致。这样才能保证各指标数值的可比性。例如,要反映某地区的生产发展情况,就要注意该地区的管辖范围是否发生变化,如果发生过变化,就要将资料进行适当的调整,达到总体范围的前后一致后,才能进行动态分析。

(3) 各期指标含义要连贯。编制时间数列时要注意所研究现象的历史条件的变化,引起指标经济内涵的变化,特别是在研究重大经济改革时期的社会经济现象的发展变化时,更应该注意这个问题。例如,我国农业总产值中村办企业的产值,从 1984 年起划归工业总产值统计。这样 1984 年前后的农业总产值的内容就不尽相同了,在进行动态分析时就需要进行相应的调整。

(4) 各期指标计算方法和计量单位应保持一致,保证各期指标数值的一致。

二、时间数列的种类

根据时间数列中统计指标数值的不同表现形式,时间数列可分为三类:绝对数时间数列、相对数时间数列和平均数时间数列。绝对数时间数列,又称总量指标数列,是一种最基本的数列,其他两种时间数列是根据绝对数时间数列计算而来的派生数列,它们从不同方面反映社会经济现象的发展变化过程。

(一) 绝对数时间数列

绝对数时间数列是将不同时间的某一总量指标数值按时间先后顺序排列形成的数列。它反映了社会经济现象的总规模、总水平的发展变化情况。

绝对数时间数列又可分为时期指标时间数列和时点指标时间数列,简称时期数列和时点数列。

1. 时期数列

在绝对数时间数列中,若数列指标反映的是社会经济现象在一段时间内发展过程的总量,这个数列就是时期数列。表 8-1 所列的某上市公司净利润数列就是一个时期数列。

时期数列有三个特点:① 数列中的每个数值都靠经常性地调查、连续累计取得的,反映现象在一段时间内的总量;② 数列中指标数值的大小与其对应的时期长短密切相关;③ 数列中各项数列指标数值可以连续累计相加，反映现象在更长时期的发展总量。

2. 时点数列

在绝对数时间数列中，若数列指标反映的是社会经济现象在某一时点上的总量水平，这个数列就是时点数列。例如表8－3。

表8－3 某上市公司近年期末总资产统计资料

年份	2010	2011	2012	2013
期末总资产(万元)	58 380	59 051	69 692	75 827

时点数列也有三个特点：① 数列中的每个数值都是通过一次性调查登记取得的，反映现象在某一时点上的总量；② 数列中指标数值的大小与其对应的时间长短没有必然联系；③ 数列中各项指标数值连续累计相加没有实际经济意义，不能简单相加。

(二) 相对数时间数列

相对数时间数列是指数列中按时间先后顺序排列的统计指标数值是相对指标数值，是用来反映社会现象之间相互关系的发展过程及其规律的数列。根据相对数指标对比指标的时间是否一致，相对数时间数列可分为静态相对数时间数列和动态相对数时间数列。相对数时间数列中，各项指标数值是不能相加的。

1. 静态相对数时间数列

时间数列中不同时间的相对数指标是由同一时间两个指标对比的结果，这种相对数的数列叫作静态相对数时间数列，例如表8－4。

表8－4 某上市公司近年净资产收益率统计资料

年份	2010	2011	2012	2013
净资产收益率(%)	9.16	10.61	10.37	11.54

2. 动态相对数时间数列

时间数列中不同时间的相对数指标是由同类动态相对数按时间先后顺序排列而成，这种相对数数列叫作动态相对数时间数列，例如表8－5。

表8－5 某上市公司近年销售额动态变动情况统计资料

年份	2010	2011	2012	2013
销售额动态相对数(%)	118.2	121.3	113.7	129.5

(三) 平均数时间数列

时间数列中的统计指标若为平均指标，则该数列为平均数时间数列，例如表8－6。

表8－6 某公司近年职工月平均工资统计资料

年份	2010	2011	2012	2013
职工月平均工资(元)	2 626	2 692	2 851	2 980

第二节 时间数列的水平分析

时间数列的分析结果如果是绝对数,则称为绝对水平分析;如果是平均数,则称为平均水平分析。绝对数分析和平均数分析统称为水平分析。

一、发展水平

如果时间数列中的每个指标数值反映某种社会现象在各个不同时期或时点所达到的水平,那么这个指标数值就称为发展水平。发展水平是最基本的分析指标,是计算其他动态分析指标的基础。发展水平可以是总量指标,也可以是相对指标或平均指标。

发展水平按其在时间数列中所处的位置不同分为最初水平、中间水平、最末水平。在时间数列中,第一项指标数值叫作最初水平;最后一项指标数值叫作最末水平;处在最初水平和最末水平之间的指标数值都称为中间水平。如果用符号表示数列中各个时期的发展水平,则 a_0 代表最初水平,a_n代表最末水平。按其在时间数列中所起的作用不同,发展水平分为报告期水平和基期水平。在动态分析中,我们将所研究的那一时期(或时点)的发展水平称之为报告期水平或计算期水平;把用来进行比较的基础时期(或时点)的发展水平称之为基期水平,一般把发生在后面日期的水平称作报告期水平,把发生在前面日期的水平称作基期水平。

如表 8-6 中,某公司 2010 年的职工月平均工资 2 626 元,即为该数列的最初水平;2013 年的职工月平均工资 2 980 元,即为该数列的最末水平。如果研究 2013 年该公司职工月平均工资并与 2010 年进行对比,则 2010 年为基期,2013 年为报告期。

最初水平、最末水平、报告期水平和基期水平都不是固定不变的,而是根据时间和研究目的的变化而变化的。发展水平一般用“发展到”、“增加到”、“降低到”或“减少到”等文字表述。

二、平均发展水平

将时间数列中不同时间的发展水平进行平均而得到的平均数叫动态平均数,也叫序时平均数或平均发展水平。它是把时间数列中各个指标数值在时间上的变动差异抽象化所计算出来的平均数,它反映某一现象在一段时期内的一般水平。序时平均数与一般平均数的相同之处在于两者都将研究现象的个别数量差异抽象化,概括地反映现象的一般水平。两者的区别是:平均发展水平抽象化的是某一现象在不同时间上的数量差异,从动态上说明现象在某一时期内发展的一般水平,是根据时间数列计算的;而一般平均数是将总体各单位某一数量标志值在同一时间上的数量差异抽象化,从静态上说明现象在具体历史条件下的一般水平,它是根据变量数列来计算的。计算序时平均数,可以消除短时间内偶然变动因素的影响,便于观察长时期的发展变化趋势;还可以使时间长短不等的时期数列指标能够进行比较。

序时平均数可以根据绝对数时间数列计算,也可以根据相对数时间数列或平均数时间数列来计算。从方法上说,计算绝对数动态数列的序时平均数是最基本的。

(一) 绝对数时间数列的序时平均数

绝对数时间数列分时期数列和时点数列,由于时期指标和时点指标性质不同,因而计算序时平均数的方法也不同。

1. 时期数列的序时平均数

由于时期数列的各项指标的时间间隔长度一般相等，指标数值大小与时期长短联系密切，且具有可加性，所以可采用简单算术平均法。计算公式为：

$$\bar{a}=\frac{a_1+a_2+a_3+\cdots+a_n}{n}=\frac{\sum a}{n}$$

公式中，$\bar{a}$代表序时平均数；

a 代表各期指标数值；

n 代表时期项数。

例如，某公司 10 月份的净利润是 70 万元，11 月份的净利润是 110 万元，12 月份的净利润是 120 万元，则该公司季度平均净利润是：

$$\bar{a}=\frac{\sum a}{n}=\frac{70+110+120}{3}=100(\text{万元})$$

2. 时点数列的序时平均数

由于时点数列有连续时点数列与间断时点数列之分，每种情况又要视其掌握的资料情况而有所不同。

(1) 由连续时点数列计算序时平均数。时点数列一般都是不连续的，是有时间间隔的。但是，如果有每天的时点资料，而且又是逐日排列起来的，则这个时点数列即被看成是连续的时点数列。连续时点数列也因其掌握的资料不同而有两种计算方法：

① 若是按原来的时点排列，未做任何分组的资料，用简单算术平均公式：

$$\bar{a}=\frac{\sum a}{n}$$

例如表 8－7。

表 8－7　某公司某月上旬职工出勤人数统计资料

日期	1	2	3	4	5	6	7	8	9	10
职工出勤人数	142	146	145	149	152	150	153	155	164	168

根据资料计算该公司上旬平均每天出勤职工人数。

该公司上旬平均每天出勤职工人数＝(142＋146＋145＋149＋152＋150＋153＋155＋164＋168)/10

＝1 542/10

＝154(人)

② 若是资料经过分组，则用加权算术平均公式：

$$\bar{a}=\frac{\sum af}{\sum f}$$

例如表 8－8。

表 8-8　某公司1月份职工出勤人数统计资料

日期	1～10	11～15	16～24	25～31
每天职工出勤人数	218	200	206	215

根据资料计算该公司1月份平均每天出勤职工人数。

该公司1月份平均每天出勤职工人数＝(218×10＋200×5＋206×9＋215×7)/31

＝211人

(2) 由间断时点数列求序时平均数。间断(不连续)时点数列又分为间隔相等与间隔不等两种情况，其计算方法各不相同。

① 间隔相等间断时点数列。当掌握间隔相等的每期期末或期初资料时，可采用下述公式：

$$\bar{a}=\frac{\frac{a_1+a_2}{2}+\frac{a_2+a_3}{2}+\cdots+\frac{a_{n-1}+a_n}{2}}{n-1}$$

$$=\frac{\frac{a_1}{2}+a_2+a_3+\cdots+a_{n-1}+\frac{a_n}{2}}{n-1}$$

例如表8-9。

表 8-9　某公司近年职工人数统计资料

年份	2008	2009	2010	2011	2012	2013
年末职工人数	154	206	242	312	352	486

根据资料计算2009—2013年该公司的年均职工人数。

解：将数据代入公式得：

$$\bar{a}=\frac{\frac{154}{2}+206+242+312+352+\frac{486}{2}}{6-1}=286(\text{人})$$

这种计算方法又叫“首尾折半法”，但它是假定相邻两个时点间的指标数值是均匀变动的，由于实际并非如此，所以计算结果只能是个近似值。时点数列的间隔应尽量缩短，因为间隔越短，则现象在各时点之间的变动越小，误差就越小；反之，则越大。

② 间隔不等间断时点数列。掌握间隔不等的时点资料计算时序平均数，可用时间间隔长度作为权数，计算加权算术平均数求得。其计算公式为：

$$\bar{a}=\frac{\frac{a_1+a_2}{2}f_1+\frac{a_2+a_3}{2}f_2+\cdots+\frac{a_{n-1}+a_n}{2}f_{n-1}}{f_1+f_2+\cdots+f_{n-1}}$$

式中，f 表示时间间隔。

例如表8-10。

表 8-10　某公司近年职工人数统计资料

年份	2005	2008	2010	2012	2013
年末职工人数	62	154	242	352	486

根据资料计算2005—2013年该公司的年均职工人数。

解:将数据代入公式得

$$\bar{a}=\frac{\frac{62+154}{2}\times3+\frac{154+242}{2}\times2+\frac{242+352}{2}\times2+\frac{352+486}{2}\times1}{3+2+2+1}$$

$$=\frac{324+396+594+419}{8}=\frac{1\ 733}{8}=217(\text{人})$$

(二) 相对数时间数列的序时平均数

这里的相对数时间数列是由静态相对数组成的。静态相对数时间数列是由两个相互联系的绝对数时间数列的相应项对比得到的。因此,根据相对数时间数列计算序时平均数,只要按数列的性质,先分别计算出两个绝对数时间数列的序时平均数,然后加以对比,即可求得。

其基本公式表述为:写出符合相对指标含义的有关分子和分母指标,其相对指标的平均数仍由原分子分母指标的平均数求得。

$$\text{利润率}(c)=\frac{\text{利润额}(a)}{\text{销售额}(b)}$$

$$\text{平均利润率}(\bar{c})=\frac{\text{利润额平均数}(\bar{a})}{\text{销售额平均数}(\bar{b})}$$

计算分子和分母指标的平均数,要根据指标是属于时期指标还是时点指标的特点加以考虑。

例如,计算某企业第二季度生产工人在全部职工中的平均比重,如表8-11所示。

表8-11 某企业第二季度生产工人的比重资料

	3月末	4月末	5月末	6月末
生产工人数(a)	435	453	462	576
全部职工人数(b)	580	580	600	720
生产工人占职工人数比重(c)(%)	75	78	77	80

则第二季度生产工人占全部职工平均比重为:

$$\bar{c}=\frac{\left(\frac{a_1}{2}+a_2+\cdots+\frac{a_n}{2}\right)/(n-1)}{\left(\frac{b_1}{2}+b_2+\cdots+\frac{b_n}{2}\right)/(n-1)}$$

$$=\frac{\bar{a}}{\bar{b}}=\frac{\left(\frac{435}{2}+453+462+\frac{576}{2}\right)\div3}{\left(\frac{580}{2}+580+600+\frac{720}{2}\right)\div3}$$

$$=77.5\%$$

表8-11是由两个时点绝对数对比而形成的相对数时间数列。通常还会遇到由两个时期绝对数对比而形成的相对数时间数列,一个时点绝对数和一个时期绝对数对比而形成的相对数时间数列。它们的计算方法都应依照前述基本公式。

(三) 平均数时间数列的序时平均数

1. 静态平均数时间数列的序时平均数

静态平均数时间数列是由两个相互联系的绝对数时间数列的相应项对比得到的。因此,根据平均数时间数列计算序时平均数，只要按数列的性质，先分别计算出两个绝对数时间数列的序时平均数，然后加以对比，即可求得，例如表 8－12。

表 8－12　某公司职工工资及职工人数统计资料

时间	工资总额(元)	年末职工人数
2010	2 323 200	242
2011	3 379 200	256
2012	4 089 600	284
2013	4 867 200	312

根据资料计算 2010—2013 年该公司的职工年平均工资。

解：职工平均工资是静态平均数时间数列，其计算过程如下：

$$\bar{a}=\frac{3\,379\,200+4\,089\,600+4\,867\,200}{3}=\frac{12\,336\,000}{3}=4\,112\,000(\text{元})$$

$$\bar{b}=\frac{\frac{242}{2}+256+284+\frac{312}{2}}{3}=272(\text{人})$$

$$\bar{c}=\frac{\bar{a}}{\bar{b}}=\frac{4\,112\,000}{272}=15\,117.65(\text{元})$$

2. 动态平均数时间数列的序时平均数

由序时平均数所组成的平均数时间数列求序时平均数时，若序时平均数的时间数列时期相等，可直接采用简单算术平均法来计算。若序时平均数的时间数列时期不等，应直接用以时期为权数的加权算术平均法计算，例如表 8－13。

表 8－13　某公司近年职工人数统计资料

年份	2009	2010	2011	2012	2013
年平均职工人数	180	224	277	332	419

根据资料计算 1999—2003 年该公司的年平职工人数。

解：这是一个动态平均数时间数列，对应时期相等，可以用简单算术平均法计算。即：

1999—2003 年该公司的年平均职工人数＝(180＋224＋277＋332＋419)/5＝286(人)

三、增长量

增长量指标，是发展水平的一个派生指标。它说明某一现象在一定时期内增加或减少的绝对水平，它是报告期水平与基期水平相减的差额，反映报告期增长的绝对水平。正数表示增加量，负数表示减少量。由于基期的选择不同，增长量又可分为以下三种：

1. 累计增长量

又称定基增长量，是报告期水平减某一固定时期水平，说明某一时期的总增长量。用符号表示为：

$$a_1-a_0,a_2-a_0,\cdots,a_n-a_0$$

2. 逐期增长量

即报告期水平减前期水平之差。用符号表示为：

$$a_1-a_0, a_2-a_1, \cdots, a_n-a_{n-1}$$

表 8－14　某公司工业总产值统计资料

分析指标 \ 年份		2009	2010	2011	2012	2013
发展水平：工业总产值(万元)		143	236	261	294	317
增长量(万元)	逐期	—	＋93	＋25	＋33	＋23
	累计	—	＋93	＋118	＋151	＋174

累计增长量与逐期增长量之间存在着如下关系：

一是累计增长量等于各对应逐期增长量之和。表 8－14 中，174＝93＋25＋33＋23＝317－143，验证了上述数量关系。

二是逐期增长量等于两个相邻累计增长量之差。表 8－14 中，25＝118－93，33＝151－118，23＝174－151，验证了上述数量关系。

3. 年距增长量

年距增长量又称同比增长量。在实际工作中，为了消除季节差异的影响，经常以计算可比口径的年距增长量来反映不同年份相同季节实际变动状况。计算公式为：

年距增长量＝本期发展水平－去年同期发展水平

例如，某季节性企业旺季为 7 月份，2003 年 7 月份的销售额为 150 万元，7 月份与淡季的 1～6 月份均无可比性，计算逐期增长量和累计增长量都无意义。如果将其与 2002 年 7 月份的销售额 134 万元相比较，计算年距增长量＝150－134＝16 万元，则可以消除季节影响，反映销量的真实变动。

四、平均增长量

平均增长量是逐期增长量的序时平均数，它说明现象在一定时期内平均每期增长的数量。由于增长量是时期指标，所以平均增长量可以用简单算术平均法计算。计算公式如下：

平均增长量＝逐期增长量之和÷逐期增长量的个数

＝累计增长量÷(时间数列项数－1)

例如表 8－14 中资料，可以计算：

(1) 平均增长量＝逐期增长量之和/逐期增长量的个数

＝(93＋25＋33＋23)/4

＝43.5(万元)

(2) 平均增长量＝累计增长量/(时间数列项数－1)

＝174/(5－1)

＝43.5(万元)

第三节　时间数列的速度分析

时间数列的速度分析主要研究发展速度、增长速度、平均发展速度和平均增长速度。

一、发展速度

发展速度是以相对数形式表示的动态指标，是时间数列中两个不同时期发展水平指标对比的结果，用来说明报告期水平已经发展到基期水平的多少倍或百分之几。计算公式为：

发展速度＝报告期水平/基期水平

发展速度通常用百分数表示，当比值较大时，也可用倍数表示，它说明报告期水平为基期水平的百分之几或若干倍。当它大于100%时，表明报告期比基期有所上升；当它小于100%时，表明报告期比基期有所下降。

根据用来对比的基期不同，发展速度可分为定基发展速度与环比发展速度两种。

定基发展速度就是报告期水平与某一固定期水平对比，说明现象在一较长时间内的变动程度，因此有时又叫发展总速度；环比发展速度是各期水平与前一期水平的对比，表明报告期的水平，对比前一期水平的逐期发展变动的情况。其计算公式为：

定基发展速度：$\frac{a_1}{a_0},\frac{a_2}{a_0},\cdots,\frac{a_{n-1}}{a_0},\frac{a_n}{a_0}$；

环比发展速度：$\frac{a_1}{a_0},\frac{a_2}{a_1},\cdots,\frac{a_{n-1}}{a_{n-2}},\frac{a_n}{a_{n-1}}$。

这两种速度指标之间存在以下联系：

定基发展速度等于相应环比发展速度的连乘积。即：

$$\frac{a_n}{a_0}=\frac{a_1}{a_0}\cdot\frac{a_2}{a_1}\cdot\cdots\cdot\frac{a_{n-1}}{a_{n-2}}\cdot\frac{a_n}{a_{n-1}}$$

相邻时期定基发展速度之比，等于环比发展速度。即：

$$\frac{a_n}{a_0}\div\frac{a_{n-1}}{a_0}=\frac{a_n}{a_{n-1}}$$

表8-15　某公司工业总产值速度分析

指标 \ 年份		2009	2010	2011	2012	2013
工业总产值(万元)		143	236	261	294	317
发展速度%	环比	—	165.0	110.6	112.6	107.8
	定基	100	165.0	182.5	205.6	221.7
增长速度%	环比	—	65.0	10.6	12.6	7.8
	定基	—	65.0	82.5	105.6	121.7
每增长1%绝对数(万元)		—	14.3	23.6	26.1	29.4

上表可以验证环比发展速度连乘积等于相应定基发展速度，故也称定基发展速度为总速度。人们通常利用这一数量关系推算有关数据。

在实际工作中，人们还计算同比发展速度，即报告期水平与上年同期水平之比。它可以消除季节变动的影响，公式为：

同比发展速度＝报告期水平/上年同期水平

二、增长速度

增长速度是反映现象增长或降低程度的相对指标，它是报告期增长量与基期水平之比。它表明某种社会现象的增长变动程度，用以说明报告期水平比基期水平增加或减少了若干倍或百分之几。其公式为：

增长速度＝增长量/基期水平
＝(报告期水平－基期水平)/基期水平
＝发展速度－1(或100%)

当发展速度大于1时，增长速度为正值，表示现象的增长程度；当发展速度小于1时，增长速度为负值，表示现象的减少程度。

由于基期选择不同，增长速度可分为定基增长速度与环比增长速度两种。

(一) 定基增长速度

它表明某种现象在一段时间内总的增长程度，其计算公式为：

定基增长速度＝累计增长量/固定基期水平

(二) 环比增长速度

它表明逐期的增长速度，其计算公式为：

环比增长速度＝逐期增长量/前一时期水平

定基增长速度和环比增长速度的计算举例见表8－15，定基增长速度与环比增长速度之间，不再有像定基发展速度与环比发展速度之间那种直接的数量关系。所以，两者是不能直接相互推算的。但是增长速度与发展速度具有密切关系，两者仅相差一个基数而已，所以将发展速度减1或100%，即可求得增长速度。计算公式为：

$$增长速度=增长量/基期水平=\frac{a_1-a_0}{a_0}=\frac{a_1}{a_0}-\frac{a_0}{a_0}=\frac{a_1}{a_0}-1(或100\%)$$

由此可得：

定基增长速度＝定基发展速度－1(或100%)
环比增长速度＝环比发展速度－1(或100%)

可见，发展速度大于1，则增长速度为正值，表示这种现象增长的程度；反之，如果发展速度小于1，则增长速度为负值，表明这种现象的减少程度。所以，人们利用发展速度与增长速度相差100%这一关系，对增长速度进行间接推算。

(三) 增长1%的绝对数

发展速度和增长速度都是相对指标，它们只能表明现象发展或增长的程度而不能说明现象增长的绝对量。由于相对指标具有抽象化作用，因而在低水平基础上计算的增长速度与在高水平上计算的增长速度的意义是不同的。例如，研究我国人口数量时，九十年代的1995年比1994年增长1%，七十年代的1975年比1974年增长1%，虽然增长速度都是1%，但由于九十年代与七十年代的人口基数不同，其相应增长的人口绝对数相差很大。增长量说明的是现象水平增长的绝对值，虽然反映的问题较具体，但进行对比分析时就不太明显了。为了深入研究现象增长速度与增长水平之间的关系，就需要计算增长1%的绝对数指标。增长1%的绝对数，就是将速度指标和水平指标结合起来，反映现象每增长1%所包含的具体经济内容的绝对值。其计算公式为：

增长1%的绝对数＝逐期增长量/(环比增长速度×100)

＝基期水平/100

每增长1%的绝对数这一指标从本质上说是平均指标，是把基期水平等分成100份的结果，其计算举例见表8－15。

三、平均发展速度和平均增长速度

现象在一个较长时期内逐年发展和增长的速度有快有慢，为了研究其平均发展和平均增长变化的程度，就需要将各环比发展速度之间的差异抽象化，求出平均速度。

平均发展速度和平均增长速度都是平均速度指标。平均发展速度是各时期环比发展速度的序时平均数，说明经济现象在一段较长时期中的平均发展速度；平均增长速度是各时期环比增长速度的序时平均数，说明经济现象在一段较长时期内增长变动的平均程度。

（一）平均发展速度

由于平均发展速度是经济现象在各个时期环比发展速度的序时平均数，其计算基础是各时期环比发展速度之连乘积，而不是各期环比发展速度之和。被平均指标的性质决定它不能用算术平均数法，而只能用几何平均数法和高次方程法。具体计算方法如下：

1. 计算平均发展速度的几何平均法（水平法）

计算公式为：

$$\bar{x}=\sqrt[n]{x_1 x_2 \cdots x_n}$$

$$=\sqrt[n]{\Pi x}$$

或者：

$$\bar{x}=\sqrt[n]{\frac{a_1}{a_0}\times\frac{a_2}{a_1}\times\frac{a_n}{a_{n-1}}}$$

$$=\sqrt[n]{\frac{a_n}{a_0}}$$

式中，x 表示各时期环比发展速度；

n 表示环比发展速度项数；

a_i表示各期发展水平。

2. 计算平均发展速度的方程式法（累计法）

在时间数列中，各期发展水平是基期水平与对应定基发展速度的乘积，也是基期水平与有关各期环比发展速度的连乘积，由此计算各期发展水平之和，从中推算平均发展速度。即：

$$a_0\bar{x}+a_0\bar{x}^2+a_0\bar{x}^3+\cdots+a_0\bar{x}^{n-1}+a_0\bar{x}^n=a_1+a_2+\cdots+a_{n-1}+a_n$$

$$a_0(\bar{x}+\bar{x}^2+\bar{x}^3+\cdots+\bar{x}^{n-1}+\bar{x}^n)=\sum_{i=1}^{n}a_i$$

等式两边除以 a_0，得：$\bar{x}+\bar{x}^2+\bar{x}^3+\cdots+\bar{x}^{n-1}+\bar{x}^n=\frac{\sum_{i=1}^{n}a_i}{a_0}$

解这个关于平均发展速度的高次方程，求得这个方程的正根就是要求的平均发展速度。解此方程式比较困难，实际工作中根据事先编好的《平均发展速度查对表》或《平均增长速度查对表》查得所需平均发展速度。

以上两种计算平均发展速度的方法的区别在于：水平法侧重于考察期末的发展水平，而累计法则侧重于考察现象整个发展期中各期的发展水平。两种计算方法的出发点不同，其计算结果也略有不同。只有在各期的实际发展水平按几何级数变化时，两种计算方法的结果才一致。在实际工作中应依据计算对象的不同特点采用不同方法。例如，基本建设投资、垦荒林的数量等，由于计划工作中一般比较关心长期（比如 5 年或更长）总量计划的完成情况，可以采用方程法。而人口、产量等指标则只侧重于考察最末一年所达到的水平，则适宜采用水平法。水平法是计算平均发展速度最常用的方法。

（二）平均增长速度的计算

平均增长速度是各个环比增长速度的序时平均数，但它不能根据各环比增长速度直接计算，也不能根据定基增长速度直接计算，而是根据发展速度和增长速度的关系，先计算平均发展速度，然后减 1 或 100%来计算。即：

平均增长速度＝平均发展速度－1（或 100%）

当平均发展速度大于 100%时，平均增长速度为正值，表示现象在一定时期内逐期增长的程度，当平均发展速度小于 100%时，平均增长速度为负值，表示现象在一定时期内逐期减少的程度。

（三）应用平均速度指标应注意的问题

1. 速度的发展方向应基本一致

因为平均发展速度代表了某一较长时期各环比发展速度的一般水平，如果各环比发展速度的变动方向不一致，上下起伏很大，则由此计算出的平均发展速度就缺乏现实意义，其代表性就差。例如，某商业企业商品零售额六年的环比发展速度分别为：102%、102%、103%、85%、101%、100.7%，有上升，有下降，变动方向不一致，由此求出的平均发展速度为98.73%，说明该企业商品零售额在这六年中平均以 1.27%的速度向下递减，但事实上并不是这样。所以对这种稳定性差的现象计算平均发展速度的意义就不大。但是，如果在某一较长时期内，偶尔有极少数几期的速度变动方向不同，由此计算的平均发展速度的方向与绝大多数环比发展速度的变动方向是一致的，则仍能应用平均速度指标计算。

2. 计算分段平均速度来补充说明总平均速度

用水平法计算现象在较长时期内发展和增减变化的平均速度时，其实质是反映了现象的最末水平与最初水平之间的变化，并没有反映中间各期的变化，平均速度的高低是取决于最末水平和最初水平。当最末水平和最初水平一定时，中间各期水平无论怎样变化，即使大起大落，也不影响平均速度，在这种情况下计算出的总平均速度，就很难代表全时期的一般速度。因此，通常在计算总平均速度的同时，还要分段计算平均速度，并将总平均速度与分段平均速度结合起来应用，以利于确切地反映现象在较长时期内平均发展和增减变化的程度。例如，要分析我国建国四十八年以来粮食产量的平均发展速度，除了计算总的平均速度外，还有必要按恢复时期、各个五年计划时期分段计算其平均速度，加以补充说明。

3. 计算的平均速度应与现象发展的绝对水平相结合

水平指标分析是速度指标分析的基础，速度分析是水平分析的深入和继续，要把它们结合起来使用。因为如果每期增长量保持不变，就意味着增长速度是逐期下降的，所以只有把两者结合起来使用，才能更全面、更深入地对现象进行分析判断。

第四节 时间数列的因素分析

编制时间数列的目的是通过对时间数列的各种指标分析，认识社会现象变动的规律。时间数列变动分析主要包括以下两个内容：一是对两个或两个以上有联系的时间数列之间的变动关系进行分析，这一般属于相关分析的内容；二是对一个时间数列变动的构成因素进行分解后，分别测定各构成因素变动的影响。这类分析就是本节将要叙述的内容。

一、时间数列的主要影响因素

某种社会经济现象在一个较长的发展过程中往往受到多种因素的影响，要通过时间数列将每一种因素的影响程度分别测定出来是不可能做到的。一般做法是：先将各种因素按其性质不同加以归类，然后按类测定它们对研究现象发展变化的影响程度。影响现象发展变化的因素主要可以归纳为以下四类。

（一）长期趋势(T)

长期趋势是指某种现象由于受某种根本因素的影响，在某一较长的时间内，持续增加而向上发展或持续减少而向下发展的总趋势。这种根本因素可以是生产力发展的本身、社会制度、某种经济体制的变革等。例如，我国的国民生产总值持续向上增长，我国农业人口比重持续下降，则是由国民经济不断发展这个根本因素决定的长期趋势。

认识和掌握现象变动发展的长期趋势，可以把握住现象变动发展的基本特点和规律。

（二）季节变动(S)

季节变动是指现象因受自然条件或社会因素的影响，在一年或更短的时间内，随着时间的变化而引起的周期性变动。这种变动的周期一般短而稳定。季节变动有以一年为周期的，也有以月、周甚至日为周期的。认识和掌握季节变动，对各有关单位的近期行动决策有着重要的作用。例如，羽绒服的销售，冷饮的生产都受季节因素变动的影响。

（三）循环变动(C)

循环变动是指现象以若干年为周期的涨落起伏相间的变动。不同现象变动周期的长短不同，上下波动的程度亦不相同，但每一周期都有呈现盛衰起伏相间的状况。与季节变动因素不同的是：循环变动的周期常在一年以上，且不稳定。与长期趋势因素的不同之处在于循环变动是涨落起伏相间变动，而不是朝单一方向持续发展变动。如经济周期由繁荣至衰退至萧条然后再复苏的周期变动。

（四）不规则变动(I)

不规则变动是指由于意外的、偶然的因素所引起的突然变动。这种变动是不可预料的，也无固定规律可循。例如，战争、自然灾害、谣言等，这些因素往往会打乱正常的经济秩序，使上述三种变动规则出现异常变动。

二、时间数列因素分析的基本原理

要将原时间数列(以 Y 为代表)的发展变化,区分为长期趋势(T)、季节变动(S)、循环变动(C)和不规则变动(I),首先要明确这四种变动因素是以怎样的形式构成时间数列的发展变化的。通常有两种假定,因而有两种不同的构成形式。

(1) 假定 T、S、C、I 四种变动之间存在着某些相互关联影响的关系,则动态数列是各种因素相乘的乘积。

它们之间的结构式为:

$$Y=T\times S\times C\times I$$

根据以上关系式,欲求某种因素变动的影响,用其余因素去除动态数列即可。例如,当求出长期趋势 T 以后,以 $Y/T=S\times C\times I$,即可得出不含长期趋势的派生的动态数列。由此可知,若 $Y/(T\times S\times C)=I$,则可以断定动态数列中只含有不规则变动的影响,如数值和 I 有较大的离差,就要进一步分析循环变动和季节变动的影响了。

(2) 假定四个因素是相互独立的,则动态数列是各个因素加总的和。

它们之间的结构式为:

$$Y=T+S+C+I$$

根据以上关系式,欲求某种因素的影响,将时间数列减去其余因素即可。若时间数列以年度资料表现,无季节变动时,则

$$Y=T+C+I$$

本节重点介绍长期趋势和季节变动因素的分析方法。

三、长期趋势

长期趋势是指客观现象由于受某些基本因素的影响,在一段相当长的时期内,持续向上或向下发展变化的趋势。

测定长期趋势就是采用一定的方法对时间数列进行修匀,以排除季节变动、循环变动和不规则变动的影响,呈现出现象变动的基本趋势。测定长期趋势的目的是为了解和认识数量现象发展变化的内在规律,从而掌握未来的发展趋势。因此,对长期趋势的研究要实现两个目标:一是研究确定数量现象的变化规律,主要介绍时距扩大法和移动平均法两种方法;二是预测未来,了解预期的数量水平,主要介绍直线趋势方程参数求解的最小平方法。

(一) 时距扩大法

时距扩大法是把原来时间数列中各个时距较小的时期或时点数值加以合并,得出较长时距的数值,形成一个新的动态数列,其作用在于消除在时距较小时指标数值所受的非基本因素的影响,使影响原数列短期波动的偶然因素相互抵消,从而显现出长期趋势的内在规律和走向。

表 8－16　某公司某商品销售量统计资料

年份	商品销售量(千件)			
	第一季度	第二季度	第三季度	第四季度
2009	5	7	20	27
2010	6	10	26	32
2011	8	13	30	38
2012	10	18	34	42
2013	14	29	39	47

表 8－16 资料中，该商品的销售量受季节因素影响，以季节为周期变化。为了显示现象发展变化的长期趋势，现在采用时距扩大法将时期由季度扩大为年，即将每年四个季度销售量相加求出总数，编成一个新的动态数列，长期趋势就十分明显了，如表 8－17 所示。

表 8－17　某公司某商品销售量统计资料

年　份	商品销售量(千件)
2009	59
2010	74
2011	89
2012	104
2013	129

时距扩大法计算简单，但也有局限性：它只适用于时期数，而不适用于时点数；它要求扩大得到的各个时期的“时距”必须相等，否则不能比较。

(二) 移动平均法

移动平均法是采用扩大时距、逐期递推移动的方法求得一系列移动平均数，形成一组新的平均数时间数列。其目的在于对原数列进行修匀，以消除短期的偶然因素所引起的波动，从而反映现象的发展趋势和历史走向。

移动平均法有以下三个步骤：

(1) 选定移动项。如用奇数项平均，计算一次即可求得趋势值；如取偶数项平均，则要进行两次移动，才能求得趋势值。

(2) 从时间数列的第一项数值开始，求移动项数内的序时平均数，将平均数对准中间时间项。

(3) 逐项移动，边移动，边平均，直到最终完成。

表 8－18　我国 2002—2012 年粮食产量

年　份	粮食产量(万吨)	三项移动平均	五项移动平均
2002	45 705.75	—	—
2003	43 069.53	45 240.74	—

（续表）

年　份	粮食产量(万吨)	三项移动平均	五项移动平均
2004	46 946.95	46 139.56	46 785.73
2005	48 402.19	48 384.46	47 676.636
2006	49 804.23	49 455.57	49 636.91
2007	50 160.28	50 945.14	50 863.94
2008	52 870.92	52 037.76	52 113.04
2009	53 082.08	53 533.57	53 576.368
2010	54 647.71	54 950.21	55 335.91
2011	57 120.85	56 908.84	—
2012	58 957.97	—	—

资料来源:国家统计局网站

表 8－18 中的粮食产量是原时间数列,其中有些年份的发展水平受偶然因素的影响较大,较其上年下降了,因而现象的变化的趋势不明显。表中另外两个移动平均数动态数列,是作了修匀的,从中可见,我国十年来粮食产量的发展趋势明显是上升的。

表中:三项移动的第一个平均数＝(45 705.75＋43 069.53＋46 946.95)/3

＝45 240.74(万吨)

三项移动的第二个平均数＝(43 069.53＋46 946.95＋48 402.19)/3

＝46 139.56(万吨)

其余各项数值依次逐期类推计算,所得的移动平均数,写在时距最中央那一年的位置上。五项移动平均法与三项移动平均法相同,只是时距更大些。当然还可作七项、九项等移动平均,究竟作几项移动平均好,要根据数列及现象的具体情况而定。新的时间数列项数＝原时间数列项数－时距项数＋1。如上例三项移动平均数列的项数＝11－3＋1＝9 项。

原数列所反映的长期趋势不明显,而且还存在波动现象。但移动平均后所求出的新的平均数时间数列,可以更明显地看出其增长趋势,短期波动也被消除了。应用移动平均法分析长期趋势时,应注意以下几点:

(1) 移动平均的项数要视资料的特点而定。一般以循环周期的长度或倍数为准。若是年度资料,可根据现象的波动周期确定移动项数;若是季度资料,则可采用 4 项移动平均;若是月度资料,则应采用 12 项移动平均。

(2) 采用奇数项移动平均时,一次平均即可,求得的平均值都对准所平均时期的中间;若采用偶数项移动平均,则计算要烦琐些,必须作两次移动平均,以使移动平均数对准各时期。

(3) 移动平均所得趋势值的项数比原数列项数少,移动项数越多,时距就越扩大,就能更好地修匀原数列,但所得的趋势值也越少,因此损失的信息量也越多。

(三) 最小平方法

最小平方法,是分析长期趋势较常用的方法,也是求解趋势方程参数的最佳拟合方法。其数学根据就是实际值与趋势值的离差平方之和为最小值。它既可用于直线趋势,也可用于非直线趋势。本节主要介绍直线趋势方程 $y_C=a+bx$ 中未知参数 a,b 的求解方法。

最小平方法要求满足以下两个基本条件：

(1) $\sum(y-y_C)^2=$ 最小值；

(2) $\sum(y-y_C)=0$。

其中，y 为实际值；

y_C为趋势值。

当时间数列的逐期增长量大致相等时，说明现象发展趋势呈直线状，就可以拟合直线模型来预测未来。直线模型一般形式为：

$$y_C=a+bx$$

式中，x 表示时间数列的时间；

a,b 为两个待定的参数。

根据数学分析中的极值原理，用偏微法可得出趋势方程 $y_C=a+bx$ 中 a,b 两个参数所需的两个标准方程：

$$\begin{cases} y=na+b\sum x \\ \sum xy=a\sum x+b\sum x^2 \end{cases}$$

根据标准方程可得出 a,b 的求解公式为：

$$b=\frac{n\sum xy-\sum x\sum y}{n\sum xx-\sum x\sum x}$$

$$a=\bar{y}-b\bar{x}$$

例如，某企业近年来生产某产品的有关资料见表 8－19，试分析资料中反映的长期趋势拟合适当模型，并预测 2013 年的产量。

表中资料显示某产品的逐期增减量大致相等，说明现象发展趋势呈直线状，直线模型一般为：

$$y_C=a+bx$$

将表中数字代入求参数 a,b 的公式中求出

$$b=6.3$$

$$a=25.38$$

所求拟合直线趋势方程为：$y_C=25.38+6.3x$

如将各年序数值 x 代入拟合方程，就可求得各年的趋势值。如果预测 2013 年的产量，用 $x=13$ 代入方程，则 2013 年产量预测值为：

$$y_{13}=25.38+6.3\times13=107.28(\text{千件})$$

表 8－19　某企业 2013 年某产品产量趋势直线计算表

年份	时间 x	产品产量 y(千件)	逐期增长量	x^2	xy	预测值 y_c
2001	1	34	—	1	34	31.68
2002	2	38	4	4	76	37.98
2003	3	44	6	9	132	44.28

（续表）

年份	时间 x	产品产量 y(千件)	逐期增长量	x^2	xy	预测值 y_c
2004	4	50	6	16	200	50.58
2005	5	55	5	25	275	56.88
2006	6	63	8	36	378	63.18
2007	7	69	6	49	483	69.48
2008	8	74	5	64	592	75.78
2009	9	83	9	81	747	82.08
2010	10	90	7	100	900	88.38
2011	11	94	4	121	1 034	94.68
2012	12	102	8	144	1 224	100.98
合计	78	796	—	650	6 075	—

四、季节变动

季节变动，是指在按月或按季编制的时间数列中存在着的一种周期性、有规律的变动。它有以下三个特点：

（1）每年均出现高峰和低谷；

（2）其高峰和低谷出现的时间，各年大体一致；

（3）高峰和低谷各年的波动程度大体相同。

对季节变动的测定，就是运用一定的方法，测定各个时间相对于平均状态下的波动幅度。测定季节变动主要方法可分为两大类：一是假定不存在长期趋势的影响，直接根据原数列计算，常用的方法是按月（季）平均法；二是将原数列中的长期趋势的影响剔除后，再求季节变动。

（一）按月（季）平均法

这种方法所确定的季节比率是各月份平均水平对全年各月总平均水平之比。它要求至少有连续三年至五年的月份（季度）资料，以保证所求季节比率的代表性。

计算季节比率要求：

（1）根据历年同季（或月）的数据总和，计算历年同季（或月）的平均数。

（2）根据历年各季（或月）的数据总和，计算总的季（或月）的平均数。

（3）将历年同季（或月）的平均数与总的季（或月）的平均数对比，计算季节比率，在求出季节比率后，不仅可以发现周期变动规律，还可以进行预测。

现以某公司 2011—2013 年各月销售额资料为例，来说明季节比率计算过程，见表 8－20。

表 8－20　某公司 2011—2013 年各月销售额资料

月份	商品销售额			3 年同月销售额合计	3 年同月销售额平均	季节比率（%）
	2011 年	2012 年	2013 年			
1	39.2	39.4	46.7	125.3	41.8	128.6
2	34.2	42.7	42.3	119.2	39.7	122.2

（续表）

月份	商品销售额			3年同月销售额合计	3年同月销售额平均	季节比率（%）
	2011年	2012年	2013年			
3	29.3	35.3	39.6	104.2	34.7	106.8
4	30.4	37.8	30.2	98.4	32.8	100.9
5	31.2	28.7	32.4	92.3	30.8	94.8
6	25.6	31.6	27.9	85.1	28.4	87.4
7	16.8	28.3	21.6	66.7	22.2	68.3
8	21.3	20.9	30.3	72.5	24.2	74.5
9	26.4	29.6	28.8	84.8	28.3	87.1
10	24.6	34.8	34.6	94.0	31.3	96.3
11	32.2	34.6	40.8	107.6	35.9	110.5
12	33.2	38.7	48.9	120.8	40.2	124.0
全年	344.4	402.4	424.1	1 170.9	32.5	100.0

第一，求出三年同月份的平均销售额。如一月份平均销售额为

$$(39.2+39.4+46.7)/3=41.8(\text{万元})$$

第二，求三年的总平均数为

1 170.9÷36＝32.5(万元)或(41.8＋39.7＋34.7＋……＋35.9＋40.2)/12＝32.5(万元)

第三，季节比率＝月平均数/总平均数

1月份季节比率＝41.8/32.5＝128.6%

第四，我们把计算的季节比率绘制在直角坐标系里。通常以时间为横坐标，季节比率为纵坐标，把各期季节比率的坐标点连成曲线，就更能直观地反映季节变动的周期变化规律了。

第五，通常我们还可以通过季节比率进行预测，即通过一个变动周期的前期数值预测后期数值。

例如，该公司2013年1、2、3月份的销售额大约分别为44万元、42万元、36万元，那么预测2013年6月份和10月份销售额大约为多少？

6月份销售额＝(44＋42＋36)÷(128.6%＋122.2%＋106.8%)×87.4%

＝122÷3.576×87.4%

＝34.12×87.4%

＝29.8(万元)

10月份销售额＝34.12×96.3%

＝32.9(万元)

（二）趋势剔除求季节比率

由于在季节变动中，还掺杂了长期趋势的影响，因此研究季节变动这一因素时，需要将长期趋势剔除，才能提高准确性。一般用以下几个步骤求得：

(1) 先用移动平均法求出趋势值(T)。

(2) 再用观察值(X)剔除趋势值(T)，即 X/T，可得到新数列。

(3) 把新数列整理后，再用按月平均法可求得趋势剔除后的季节比率。

课后练习

一、思考题

1. 什么叫动态数列？它的意义如何？编制动态数列应注意哪些基本要求？

2. 时期数列和时点数列有哪些不同的特点？

3. 进行动态水平和速度分析分别运用哪些指标？

4. 由时期数列和时点数列计算序时平均数有什么不同？当计算相对指标或平均指标动态数列的序时平均数时，应该怎样利用时期数列和时点数列计算上的特点来进行计算？

5. 发展速度、增长量、增长速度、平均发展速度和平均增长速度等指标的关系如何？

6. 用几何平均法与方程式法计算平均发展速度有什么不同？你认为哪些现象适用几何平均法，哪些现象适用方程式法？举例说明。

7. 为什么要注意速度指标和水平指标的结合运用？如何结合？

8. 长期趋势测定的时距扩大法、移动平均法和数学模型法各有什么不同的特点？

9. 季节变动测定中的按月(季)平均法和移动平均趋势剔除法有什么不同？

二、单项选择题

1. 时间数列的构成要素是 (　　)

① 变量和次数　② 时间和指标数值　③ 时间和次数　④ 主词和宾词

2. 某车间月初工人数资料如下：

一月	二月	三月	四月	五月	六月	七月
280	284	280	300	302	304	320

那么该车间上半年的月平均工人数为 (　　)

① 345　② 300　③ 201.5　④ 295

3. 定基发展速度与环比发展速度之间的关系表现为 (　　)

① 定基发展速度等于其相应的各个环比发展速度的连乘积

② 定基发展速度等于其相应的各个环比发展速度之和

③ 定基发展速度等于其相应的各个环比发展速度之商

④ 以上都不对

4. 十年内每年年末国家黄金储备量是 (　　)

① 时期数列　② 时点数列

③ 既不是时期数列，也不是时点数列　④ 既是时期数列，也是时点数列

5. 假定某产品产量 2010 年比 2005 年增长 35%，那么 2001—2005 年的平均发展速度为 (　　)

① $\sqrt[5]{35\%}$　② $\sqrt[5]{135\%}$　③ $\sqrt[6]{35\%}$　④ $\sqrt[6]{135\%}$

6. 用最小平方法配合直线趋势，如果 $y_c=a+bx$，b 为负数，则说明该现象是 (　　)

① 上升趋势　② 下降趋势

③ 不升不降　④ 上述三种情况都不是

7. 时间数列中的平均发展速度是 (　　)

① 各时期定基发展速度的序时平均数　　② 各时期环比发展速度的算术平均数
③ 各时期环比发展速度的调和平均数　　④ 各时期环比发展速度的几何平均数

8. 根据 2005—2010 年某工业企业各年产量资料配合趋势直线,已知 $\sum x = 21$(2005 年为原点),$\sum y = 150$,$\sum x^2 = 91$,$\sum xy = 558$,则直线趋势方程为　　(　　)
① $y_c = 18.4 + 1.885\,7x$　　② $y_c = 1.885\,7 + 18.4x$
③ $y_c = 18.4 - 1.885\,7x$　　④ $y_c = 1.885\,7 - 18.4x$

9. 采用几何平均法计算平均发展速度的理由是　　(　　)
① 各年环比发展速度之和等于总速度　　② 各年环比发展速度之积等于总速度
③ 各年环比增长速度之积等于总速度　　④ 各年环比增长速度之和等于总速度

10. 计算平均发展速度应用几何平均法的目的在于考察　　(　　)
① 最初时期发展水平　　② 全期发展水平
③ 最末期发展水平　　④ 期中发展水平

11. 当时期数列分析的目的侧重于研究某现象在各时期发展水平的累计总和时,应采用　　(　　)
① 算术平均法计算平均发展速度　　② 调和平均法计算平均发展速度
③ 累计法(方程法)计算平均发展速度　　④ 几何法计算平均发展速度

12. 对原有时间数列进行修匀,以削弱短期的偶然因素引起的变化,从而呈现出较长时期的基本发展趋势的一种简单方法称为　　(　　)
① 移动平均法　　② 移动平均趋势剔除法
③ 按月平均法　　④ 按季平均法

13. 按季平均法测定季节比率时,各季的季节比率之和应等于　　(　　)
① 100%　　② 120%　　③ 400%　　④ 1 200%

三、多项选择题

1. 时间数列中,各项指标数值不能直接相加的有　　(　　)
① 时期数列　　② 连续时点数列　　③ 间断时点数列
④ 相对数时间数列　　⑤ 平均数时间数列

2. 某地区"十五"计划期间有关电视机的统计资料如下,是时期数列的有　　(　　)
① 各年电视机产量　　② 各年电视机的销售量
③ 各年年末电视机库存量　　④ 各年年末城乡居民电视机拥有量
⑤ 各年电视机出口数量

3. 时期数列的特点是　　(　　)
① 各项指标数值可以相加
② 各项指标数值大小与时期长短有直接关系
③ 各项指标数值大小与时间长短没有直接关系
④ 各项指标数值都是通过连续不断登记而取得的
⑤ 各项指标数值都是反映现象在某一时点上的状态

4. 编制时间数列应遵循的基本原则是　　(　　)
① 时期长短应该相等

② 总体范围应该一致

③ 指标的经济内容应该相同

④ 指标的计算方法、计算价格和计量单位应该一致

⑤ 指标的变化幅度应该一致

5. 某工业企业2003年产值为3 000万元,2011年产值为2003年的150%,则年均增长速度及年平均增长量为 ( )

① 年平均增长速度为6.25% ② 年平均增长速度为5.2%

③ 年平均增长速度为4.6% ④ 年平均增长量为125万元

⑤ 年平均增长量为111.111万元

6. 用于分析现象发展水平的指标有 ( )

① 发展速度 ② 发展水平 ③ 平均发展水平

④ 增长量 ⑤ 平均增长量

7. 时间数列按指标的表现形式不同可分为 ( )

① 绝对数时间数列 ② 时点数列 ③ 相对数时间数列

④ 时期数列 ⑤ 平均数时间数列

8. 下列指标构成的时间数列中属于时点数列的是 ( )

① 全国每年大专院校毕业生人数 ② 某企业年末职工人数

③ 某商店各月末商品库存量 ④ 某企业职工工资总额

⑤ 某农场历年年末生猪存栏数

9. 某企业产量2000年比1999年提高2%,2001年与2000年对比为95%,2002年为1999年的1.2倍,2003年该企业年产量为25万吨,比2002年多10%,2004年产量达30万吨,2005年产量为37万吨,则发展速度指标为 ( )

① 2005年以1999年为基期的定基发展速度为158.4%

② 2005年以1999年为基期的定基发展速度为195.4%

③ 1999—2005年平均发展速度为111.8%

④ 1999—2005年平均发展速度为110.0%

⑤ 2003—2004年环比发展速度为120%

四、判断题

1. 总体的同质性是计算平均数和平均速度都应遵守的原则之一。 ( )

2. 在时间数列中,基期和报告期、基期水平和报告期水平是相对的。 ( )

3. 把某大学历年招生的人数按时间先后顺序排列,形成的动态数列属于时期数列。 ( )

4. 某公司产品产量较去年同期相比增加了4倍,即翻了两番。 ( )

5. 在时间数列中,累计增长量等于逐期增长量之和,定基增长速度等于环比增长速度之积。 ( )

6. 若各期的增长量相等,则各期的增长速度也相等。 ( )

7. 某公司产品产量在一段时期内的平均增长速度是正数(正增长),因此其环比增长速度也都是正数。 ( )

8. 发展水平是时间数列中的每一项指标数值,可以是绝对数,也可以是相对数和平均数。 (　　)

9. 平均发展速度等于时间数列各环比发展速度的几何平均数,平均增长速度等于时间数列各环比增长速度的几何平均数。 (　　)

10. 时点数列中的发展水平反映的是现象在一定时期内达到的水平。 (　　)

11. 时间数列中各个指标数值是不能相加的。 (　　)

五、综合训练

1. 某商店 2013 年商品库存额资料如下:

单位:万元

日　期	库存额	日　期	库存额
1 月 1 日	63	7 月 31 日	48
1 月 31 日	60	8 月 31 日	45
2 月 28 日	55	9 月 30 日	54
3 月 31 日	48	10 月 31 日	57
4 月 30 日	43	11 月 30 日	60
5 月 31 日	40	12 月 31 日	68
6 月 30 日	50		

试计算第一季度、第二季度、上半年、下半年和全年的平均库存额。

2. 某企业 2013 年四月份几次工人数变动登记如下:

4 月 1 日	4 月 11 日	4 月 16 日	5 月 1 日
1 210 人	1 240 人	1 300 人	1 270 人

试计算该企业四月份平均工人数。

3. 某企业 2013 年各月份记录在册的工人数如下:

	1 月 1 日	2 月 1 日	4 月 1 日	6 月 1 日	9 月 1 日	12 月 1 日	12 月 31 日
在册工人数	326	330	335	408	414	412	412

试计算 2013 年该企业平均工人数。

4. 某企业 2013 年各季度计划产值和产值计划完成程度的资料如下:

	计划产值(万元)	产值计划完成(%)
第一季度	860	130
第二季度	887	135
第三季度	875	138
第四季度	898	125

试计算该企业年度计划平均完成百分比。

5. 某工厂 2012 年上半年工人数和工业总产值资料如下：

月 份	月初工人数(人)	总产值(万元)
1	1 850	250
2	2 050	272
3	1 950	271
4	2 150	328
5	2 216	374
6	2 190	373

另外，7 月初工人数为 2 250 人。

根据上述资料计算：

(1) 上半年平均工人数；(2) 上半年月平均总产值；(3) 上半年月平均劳动生产率；(4) 上半年劳动生产率。

6. 某公司的两个企业 2012 年二月份产值及每日工人在册资料如下：

企 业	总产值(万元)	工人人数		
		1～15 日	16～20 日	21～28 日
甲	41.5	330	312	345
乙	45.2	332	314	328

试计算各企业和综合两企业的月劳动生产率。

7. 某厂职工人数及非生产人员数资料如下：

	1 月 1 日	2 月 1 日	3 月 1 日	4 月 1 日	5 月 1 日	6 月 1 日	7 月 1 日
职工人数(人)	4 000	4 040	4 050	4 080	4 070	4 090	4 100
其中：非生产人员数(人)	724	716	682	694	666	666	660

要求：(1) 计算第一季度和第二季度非生产人员比重，并进行比较；(2) 计算上半年非生产人员比重。

8. 某煤矿采煤量如下：

单位：吨

日 期	产 量	日 期	产 量	日 期	产 量
1	301	7	805	13	320
2	302	8	312	14	323
3	304	9	315	15	296
4	291	10	810	16	290
5	298	11	308	17	328
6	310	12	319	18	330

（续表）

日　期	产　量	日　期	产　量	日　期	产　量
19	334	23	338	27	342
20	333	24	338	28	856
21	336	25	339	29	350
22	334	26	345	30	351

要求：(1) 按五日和按旬合并煤产量编成动态数列；

(2) 按五日和按旬计算平均日产量编成动态数列；

(3) 运用移动平均法(时距扩大为 4 天和 5 天)编制动态数列。

9. 某地区年粮食总产量如下表所示：

年　份	产量(万吨)	年　份	产量(万吨)
1	230	6	257
2	236	7	262
3	241	8	276
4	246	9	281
5	252	10	286

要求：(1) 试检查该地区的粮食生产发展趋势是否接近于直线型？

(2) 如果是直线型，请分别用平均法和最小平方法配合直线趋势方程；

(3) 预测第 12 年的粮食生产水平。

10. 某企业历年若干指标资料如下表：

年度	发展水平(万元)	增减量(万元)		平均增减量(万元)	发展速度%		增减速度%	
		累计	逐期		定基	环比	定基	环比
2005	285	—	—	—	—	—	—	—
2006				42.5				
2007		106.2						
2008							45.2	
2009						136.0		
2010								3.2

试根据上述资料，计算表中所缺的数字。

11. 某城市 2010—2013 年各月毛线销售量如下表：

	1月	2月	3月	4月	5月	6月	7月	8月	9月	10月	11月	12月
2010年	8 000	6 000	2 000	1 000	600	400	800	1 200	2 000	5 000	21 000	25 000
2011年	15 000	9 000	4 000	2 500	1 000	800	1 200	2 000	3 500	8 500	34 000	35 000
2012年	24 000	15 000	6 000	4 000	2 000	1 100	3 200	4 000	7 000	15 000	42 000	45 000
2013年	28 000	14 000	8 000	3 000	1 200	900	3 700	4 800	8 300	14 000	47 000	51 000

根据上表资料进行两种季节比率的计算：

(1) 按月平均法；

(2) 12月的移动平均趋势剔除法。

第九章　统计指数

学习目标

本章对于指数的意义、指数的编制、指数体系等一系列问题进行了阐述。学习本章的内容,要求:1. 认识指数的现实意义;2. 掌握总指数两种形式的编制方法;3. 能运用指数体系进行因素分析。

内容框架图

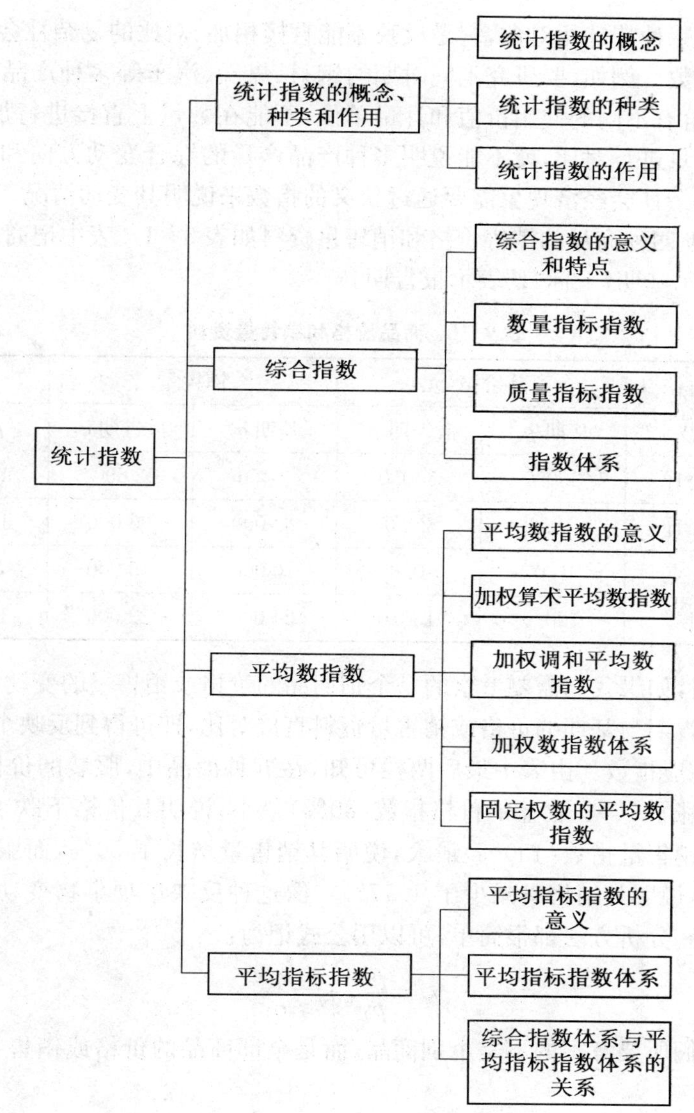

第一节　统计指数的概念、种类和作用

一、统计指数的概念

统计指数这一统计学概念，在社会经济现象的总体数量研究中应用非常广泛。统计指数是人们在统计物价水平的变动中产生和发展起来的，最早可追溯到1650年英国人沃汉所编制的物价指数。随着社会经济活动的广泛深入与发展，指数的应用范围在不断拓宽，指数理论也在不断的充实和完善，指数的概念也在扩展，从最早的只是反映个别商品物价变动的相对数到反映现象动态变化的各种相对数，后来又进一步发展到凡是反映社会经济现象数量对比关系的相对数都叫指数。这就是广义指数的概念。如前面讲过的比较相对数、计划完成情况相对数、动态相对数等。

狭义的指数是一种特殊相对数，它是反映不能直接相加、对比的复杂社会经济现象总体数量综合变动的相对数。例如，要研究不同时期的钢材、煤炭、汽车等多种产品产量的综合变动情况，由于它们各自有不同的使用价值和计量单位，不能在数量上直接进行加总，因而就无法将不同时期的总产量进行对比，就不能说明多种产品产量的综合变动方向和变动程度。这类不能直接加总的复杂社会经济现象需要通过狭义的指数来说明其变动情况。

例如，某市场上四种商品的销售价格和销售量资料如表9-1。表中记商品价格为p，销售量为q；下标“0”表示基期，下标“1”表示报告期。

表9-1　商品价格和销售量资料

商品类别	计量单位	商品价格(元)		销售量		指数(%)	
		基期 p_0	报告期 p_1	基期 q_0	报告期 q_1	p_1/p_0	q_1/q_0
大　米	百公斤	300.0	360.0	2 400	2 600	120.00	108.33
猪　肉	公　斤	18.0	20.0	84 000	95 000	111.11	113.10
食　盐	500克	1.0	0.8	10 000	15 000	80.00	150.00
服　装	件	100.0	130.0	24 000	23 000	130.00	95.83

根据上表资料，如果我们需要考察的是个别商品的价格或销售量的变动情况，那么问题非常简单：只需将报告期与基期的价格或销售量资料直接对比，即可得到反映个别商品价格或销售量变动程度的相应指数。由表中最后两栏可知，在五种商品中，服装的价格指数(130%)最大，说明其价格上涨了30%，食盐的价格指数(80%)最小，说明其价格下跌了20%；从销售量指数来看，食盐的销售量指数(150%)最大，说明其销售量增长了50%，而服装的销售量指数(95.83%)却最小，说明其销售量减少了4.17%。像这种反映单项事物变动程度的指数称为个体指数，其计算和分析方法都很简单，可以用公式记为：

$$i_p=\frac{p_1}{p_0},\ i_q=\frac{q_1}{q_0}$$

但是，如果我们所要考察的不是个别商品，而是全部商品的价格或销售量的变动情况，问题就没有那么简单了。我们既不能将上述四种商品的销售量或价格加总起来进行对比，也不能将上述四种商品的销售量指数或销售价格指数进行简单算术平均。之所以如此，是因为不同的商品具有不同的使用价值，不同价格水平又分属于不同的实物产品，它们之间直接相加对比不具有任何经济意义。在统计上，把这种不能直接相加总的现象称为不能同度量现象。而在实际工作中又常常需要从总体上反映这种不能同度量现象的综合变动。这就产生了解决这一问题的狭义指数理论，我们通常所说的统计指数就是狭义的指数。本章主要研究狭义指数的编制方法及运用。

二、统计指数的种类

统计指数可以从不同角度进行分类，其中主要的分类有以下几种：

（一）个体指数和总指数

指数按其研究对象的范围不同，可分为个体指数和总指数。个体指数又称单项指数，是反映单项事物数值变动的相对数，属于广义指数。例如，某种商品 4 月份销售额是 36 000 元，3 月份是 30 000 元，则该商品 4 月份销售额个体指数是 120%(36 000/30 000)，表明这一商品的销售额增长了 20%。总指数是反映全部事物或多种事物综合变动程度的相对数，即前面所讲的狭义指数。例如，某企业经营的三种不同商品的价格指数是 123%，有的商品价格指数会高一些，有的商品价格指数会低一些，总指数则对三种商品的个体价格指数进行了综合，表明三种不同商品的价格平均上升了 23%。

此外，在个体指数和总指数之间，还存在类指数，它是说明现象总体中各类现象总变动程度的指数。如在编制居民消费价格指数时用的食品类价格指数，衣着类价格指数等。总指数和类指数之间的划分是相对的，没有绝对界限。类指数的考察范围比总指数窄，比个体指数宽，但其计算方法与总指数相同。

（二）数量指标指数和质量指标指数

指数按其说明社会经济现象的性质不同，可分为数量指标指数和质量指标指数。数量指标指数是表明现象总体规模、总数量变动的相对数，如职工人数指数、销售量指数、产品产量指数等。质量指标指数是反映现象相对水平或平均水平变动的相对数，如平均工资指数、销售价格指数、劳动生产率指数等。在统计指数的编制和应用中，必须重视数量指标指数和质量指标指数的差别，分别采用不同的编制方法进行分析，而且在实际统计工作中，往往是将数量指标指数和质量指标指数相互联系、相互结合应用的。

（三）动态指数和静态指数

指数按其反映的时间状况不同，可分为动态指数和静态指数。动态指数又称时间指数，它是将不同时间(时期或时点)的同类现象水平进行比较的结果，反映现象在时间上的变化过程和程度。动态指数按所对比的基期不同，又分为环比指数和定基指数。环比指数是以报告期的前期作为基期，定基指数都是采用某一固定时期作为基期。

静态指数是同一时间条件下不同单位、不同地区间的同类现象数量进行对比所形成的指数，包括空间指数和计划完成程度指数两种。空间指数(地域指数)是将不同空间(如不同国家、地区、部门、企业等)的同类现象水平进行比较的结果，反映现象在空间上的差异程度。计划完成程度指数则是将某种现象的实际水平与计划目标对比的结果，反映计划的执行情况或完成与未完成的程度。

动态指数是出现最早、应用最多的指数，也是理论上最为重要的统计指数。其他指数则是动态指数方法原理的拓展与推广。

(四) 综合指数和平均数指数

指数按其计算方法的不同，可分为综合指数和平均数指数。综合指数是通过同度量因素将不同时期不能同度量的现象指标过渡为可以同度量的现象指标，然后再进行对比以综合反映现象的动态变化。平均数指数则是以个体指数为基础，通过加权平均的方法编制的指数。这两种指数既是独立的指数形式，又存在内在的联系，在指数理论中占有重要地位，也是本章将要阐述的主要内容。

三、统计指数的作用

统计指数被广泛应用于分析研究社会经济现象中的数量关系变化，其主要作用如下：

(一) 综合反映复杂经济现象总体的变动方向和程度

复杂社会经济现象总体往往是由不能直接汇总的许多个别事物构成的，统计指数的作用就在于对这些多种不同使用价值的产品或商品过渡到可以综合比较，从而计算出诸如工业产品产量、商品零售价格等总指数，来反映它们的总变动状态。例如，零售物价指数120%，表明了商品零售价格在总体上其变动方向是上升的，其上升的程度为20%；又如，某工厂综合成本指数为95%，表明该厂各种产品的成本在总体上其变动方向是下降的，其下降程度是5%。

(二) 综合分析各因素变动对复杂社会经济现象总变动的影响方向和影响程度

社会经济现象的数量变动是由它们的诸构成因素变动综合影响的结果。例如，商品销售额的变动就是商品销售量和商品价格两个因素综合的变动结果，而销售量或销售价格自身变动的幅度和变动方向常常是不一致的，对总体变动的影响也不同。例如，编制商品销售量指数和商品价格指数，以便分析它们对商品销售额总变动的影响。这种方法不仅可以对总量指标如工业总产值、生产支出总额及其构成因素进行分析，还可以研究总平均指标的变动中各组标志水平和总体构成变动的影响。例如，职工平均工资的总变动，既受各类职工平均工资水平的影响，又受各类职工人数结构(比重)的影响。因此，需要利用指数，测定总平均工资变动中这两个因素的变化情况及其产生的影响程度。

(三) 研究复杂经济现象总体的长期变化趋势

利用连续编制的动态数列形成的指数数列，可以反映现象的长期发展趋势。如果把两个相互联系的指数数列加以比较，还可以进一步认识复杂现象总体之间数量上的变动关系。

根据上面的阐述可以看出，统计指数具有以下两个重要的性质。一是综合性，即指数综合反映了总体现象中各种事物变动的方向和程度，而不是个别事物的变动；二是平均性，即指数所表明的综合变动是总体现象各种事物的平均变化水平。例如，就物价指数而言，综合性是指数反映了各种商品价格受多因素影响的综合结果，平均性是指数表明了各种商品价格涨落变化的平均水平。

第二节　综合指数

一、综合指数的意义和特点

狭义的统计指数就是总指数，总指数的编制形式一般有两种：一是综合指数，二是平均指数。这两种计算方式根据不同的逻辑进行计算，相互间既有联系，也有区别。其中综合指数是总指数的基本形式。如果一个总量指标受两个或两个以上因素指标的影响时，要观察其中一个因素的变动，将其他因素固定下来，这样计算的总指数就是综合指数。其主要特点是：

(1) 把总指标分解为两个或两个以上的因素指标。分解出的因素指标分为数量因素指标和质量因素指标，以便分别研究其中一个因素指标的变动程度。例如，把商品销售额(pq)分解为销售价格(p)和销售量(q)，其中价格(p)为质量指标，销售量(q)为数量指标，总量指标销售额(pq)为两个因素指标的乘积。

(2) 在分析其中一个因素指标的变动程度时，不能直接将两个不同时期的指标求和对比，而是需要引入同度量因素，先将不能直接相加的数量转换成可以相加的总指标后才能对比。同度量因素是把原来不能直接相加的量过渡到可以相加的数值而引入的一个媒介因素。例如，为了反映价格因素(p)的变动情况，不能直接把报告期价格(p_1)直接加总成$\sum p_1$，也不能把基期价格(p_0)直接求和成为$\sum p_0$，而是需要先转换成总指标销售额$\sum p_1q$或$\sum p_0q$后才能对比。其中销售量就起了同度量因素的作用。

(3) 在分析其中一个因素指标的变动程度时，其余的各个因素指标均保持不变，只考察所需要分析的因素指标的变动。也就是说在分析质量指标因素变动时，数量指标因素保持不变；在分析数量指标因素变动时，质量指标因素保持不变。如上所述，如果反映价格(p)的变动，那么销售量(q)就不能变动，公式为：

$$\bar{k}_p = \frac{\sum p_1 q}{\sum p_0 q}$$

上述公式能够反映价格因素变动的程度。例如，下面这个公式，要想反映D因素的变动，那么其余因素的分子分母都需固定在同一个时期：

$$\bar{k}_D = \frac{\sum A_1 B_1 C_1 D_1 E_0 F_0}{\sum A_1 B_1 C_1 D_0 E_0 F_0}$$

上述公式就是综合指数特点的概括总结。

二、数量指标指数

数量指标指数是说明总变动指标中数量指标综合变动情况的指数。例如，销售量指数、生产量指数、职工人数指数等。

下面以商品销售量指数为例说明数量指标指数计算公式的形成过程。

表 9-2　综合指数计算表

商品名称	计量单位	销售量		价格(元)		销售额(元)		
		q_0	q_1	p_0	p_1	q_0p_0	q_1p_1	q_1p_0
甲	件	400	600	25	20	10 000	12 000	15 000
乙	米	500	600	40	36	20 000	21 600	24 000
丙	千克	200	180	50	60	10 000	10 800	9 000
合计	—	—	—	—	—	40 000	44 400	48 000

根据上述资料,可以计算三种商品销售量的个体指数:

甲商品 $K_{q甲}=q_{1甲}/q_{0甲}=600/400=150\%$

乙商品 $K_{q乙}=q_{1乙}/q_{0乙}=600/500=120\%$

丙商品 $K_{q丙}=q_{1丙}/q_{0丙}=180/200=90\%$

上述三个个体指数表示三种商品销售量的发展速度分别为 150%、120%、90%,销售量分别增长 50%、20%、-10%。现在要解决的问题是从总的方面来说明三种商品销售量变动的方向和程度如何,这就需要通过计算综合指数来解决。

各种商品的计量单位不同,它们的商品销售量不能够直接相加。例如,基期三种商品的销售量分别为:甲商品 400 件,乙商品 500 米,丙商品 200 千克。这三种商品的实物量单位不同,不能直接相加求和,因此无法求出 $\sum q_0$ 和 $\sum q_1$,两者不能直接对比,也就无法计算综合的数量指标指数。为了使不能相加的销售量过渡到能相加的销售额指标,就必须把各个商品销售量乘以价格,把价格 (p) 称作同度量因素,它一方面起着媒介作用,使不能直接相加的销售量过渡到可相加的销售额指标,即可以计算总销售额 $\sum pq$;另一方面还在指数计算过程中起着加权作用,即作为同度量因素的价格(p) 还对所计算的综合指数的大小起着权衡轻重的作用。

我们也不能把两个不同时期的销售额直接进行对比,因为这样比出来的结果反映的是销售额的变动程度,而不仅仅是销售量的变动程度。我们要分析销售量的变动影响,就要把价格固定在同一时期来计算销售额,用公式表示就是:

$$\bar{k}_q=\frac{\sum q_1p}{\sum q_0p}$$

式中,$\bar{k}_q$ 代表数量指标综合指数;

　　p 代表同一时期价格。

这就是数量指标综合指数的一般公式。从公式可以看出,综合指数方法实际上是两个销售总额对比,不过这两个销售额的变化中只有一个因素在变动,即 q 这个因素,一个是报告期(q_1)数量,一个是基期(q_0)数量,而另一个因素是不变动的,即价格(p)是一致的。相比的结果在经济含义上只说明销售量的综合变动程度。这一公式还表明了综合指数所采用的一种假定方法,即假定两个时期的价格相同来测定销售量的变化。

用哪一个时间的同度量因素——价格(p),这是在计算综合指数时需要考虑的另一个问题。计算销售量指数,同度量因素——价格(p)可以有两种选择,或者以基期价格(p_0)为同度量因素,或者以报告期价格(p_1)为同度量因素。那么,究竟采用哪个时期的价格作为同度量因素呢?这就必须根据其编制目的来确定。编制销售量指数目的在于测定各种商品销售量的总变动。这就要求在计算中必须尽量排除价格因素变动的影响。因此，只有采用基期价格作为同度量因素，才能反映销售量本身的变动程度及影响的绝对销售额，而以报告期价格作为同度量因素，则包含了价格和销售量的共同影响，不能确切反映销售量本身变动及其影响的绝对销售额。

根据表 9－2 数据及计算：

$$销售量指数=\frac{\sum q_1p_0}{\sum q_0p_0}=48\,000/40\,000=120\%$$

这一相对数说明三种商品销售量总的变动方向是增长的，增长的程度为 20%。尽管有的商品，如丙商品下降了 10%，但由于其他商品增长抵消，总的增长仍为 20%。销售量指数 120%还说明它不仅是一个相对数，同时还是一个平均数。它是三种商品个体销售量指数 150%、120%、90%的平均数，表明每一种商品销售量平均增长了 20%。

由于商品销售量变动对商品销售额的绝对影响额为：

$$\sum q_1p_0-\sum q_0p_0=48\,000-40\,000=8\,000(元)$$

上述公式对商品销售量综合指数的编制具有普遍意义。由此，我们可以概括出编制数量指标综合指数的一般原则：编制数量指标综合指数时，应引进质量指标作为同度量因素，并将质量指标固定在基期。但这也并不是绝对的。在实际运用中，要注意根据研究目的及资料条件等，针对具体情况灵活运用。如我国在编制工业产品物量指数时，是采用某一固定时期的价格为同度量因素的。其计算公式为：

$$\overline{k}_q=\frac{\sum q_1p_n}{\sum q_0p_n}$$

式中，p_n 代表某一固定时期的价格。

三、质量指标指数

质量指标指数是说明总变动指标中质量指标综合变动情况的指数，如价格指数、平均工资指数、单位成本指数、劳动生产率指数等。这里的质量指标，大都以平均数的形式出现，如价格、平均工资、劳动生产率、单位成本等都属于平均指标。

以销售价格指数为例来说明质量指标指数的计算。在表 9－2 的资料中，可以计算每种商品销售价格的个体指数：

甲商品 $K_{p甲}=p_{1甲}/p_{0甲}=20/25=80\%$

乙商品 $K_{p乙}=p_{1乙}/p_{0乙}=36/40=90\%$

丙商品 $K_{p丙}=p_{1丙}/p_{0丙}=60/50=120\%$

个体价格指数计算表明甲商品销售价格下降了 20%、乙商品销售价格下降了 10%、丙商品销售价格增长了 20%。要计算三种商品销售价格总的变动方向和变动程度，这要通过计算综合价格指数来解决。

多种商品的价格表面上都是用货币形式表现的，好像能够相加，但是由于计量单位不同，各种不同商品的价格相加之和是毫无经济意义的。与计算销售量指数一样，为了使不能相加的销售价格过渡到可以相加的销售额指标，就需要引进销售量作为同度量因素，把价格乘以所对应的销售量得出销售额后就可以相加求和了。要单独反映价格因素变动的影响，就必须假定两个时期的销售额是按同一时期的销售量，不同时期的价格来计算。用公式表示就是：

$$\overline{k}_q = \frac{\sum p_1 q}{\sum p_0 q}$$

式中，q 表示同一时期的销售量。

作为同度量因素的销售量(q)也有两个时期可以选择：一是以基期销售量(q_0)为同度量因素；二是以报告期销售量(q_1)为同度量因素。用基期的销售量为同度量因素，能够单纯反映价格的总变动，而计算表明的是居民在过去的购买量情况下，购买商品支出的金额，这是没有实际意义的。而用报告期销售量作为同度量因素，尽管在反映商品销售价格的同时，也包含有销售量变动因素的部分影响在内，但是，它可以说明在目前的商品销售量条件下，由于价格的变动使商品销售额的变动情况。同时，也可以说明居民在目前购买量条件下，由于物价变动而使支出额变动的差额，这样更具有现实意义。因此，一般选用报告期销售量作为同度量因素来编制销售价格指数。

根据表 9－2 有关资料计算：

$$\text{销售价格综合指数} = \frac{\sum p_1 q_1}{\sum p_0 q_1} = 44\,400/48\,000 = 92.5\%$$

计算的综合价格指数 92.5%表明三种商品的价格总的变动方向是下降的，下降的程度为 7.5%。价格下降对商品销售额的影响绝对额为：

$$\sum p_1 q_1 - \sum p_0 q_1 = 44\,400 - 48\,000 = -3\,600(\text{元})$$

上述公式对商品销售价格综合指数的编制具有普遍意义。由此，我们可以概括出编制质量指标综合指数的一般原则：编制质量指标综合指数时，要引进数量指标作为同度量因素，并将数量指标固定在报告期。

综上所述，我们可以得出编制综合指数的基本原理：编制数量指标综合指数时，应以基期的质量指标为同度量因素；编制质量指标综合指数时，应以报告期的数量指标为同度量因素。

四、指数体系

(一) 指数体系的概念

指数体系是指在经济上有联系、数量上保持一定对等关系的若干个指数所构成的整体。指数体系一般保持两个对等关系，即各影响因素指数的乘积等于现象总体指数；各影响因素变动额之和等于现象总体变动额。例如：

1. 从相对数形式看

工资总额(指数)＝平均工资(指数)×职工人数(指数)

销售总额(指数)＝价格(指数)×销售量(指数)

总成本(指数)＝单位成本(指数)×产量(指数)

2. 从绝对数形式看

工资总额的增减额＝平均工资变动影响的增减额＋职工人数变动影响的增减额

销售总额的增减额＝销售价格变动影响的增减额＋销售量变动影响的增减额

总成本的增减额＝单位成本变动影响的增减额＋产量变动影响的增减额

在指数体系的各个因素指数中，有质量指标指数，也有数量指标指数。其中每个因素指标的权数，既可以是基期的，也可以是报告期的，并且需要在指数体系的等式前后保持均衡。于是根据权数所属时期的不同,就形成多种不同的指数体系。在本节,我们将着重介绍我国目前应用的指数体系。

(二) 指数体系的作用

(1) 利用指数体系可以进行因素分析,即利用指数体系可以分析复杂经济现象总体变动中,各因素变动影响的方向和程度。

(2) 利用指数体系可以进行指数间的相互推算。指数体系是由若干个相互联系的指数组成的,利用这个指数体系中已知的各个指数推算未知的指数,这也是统计常用的方法之一。

例如,某企业销售额报告期比基期增长 50%(销售额指数 150%),而价格却下降了 10%(价格指数 90%),销售量指数是多少?

先写出指标联系关系:销售额=销售价格×销售量。

自然形成指数联系关系:销售额指数=销售价格指数×销售量指数。

则有:140%=90%×销售量指数

销售量指数=140%÷90%=156%

即该企业销售量增长了 56%。

如果在计算销售额指数和价格指数时,掌握了两个指数中有关绝对额的资料,则也可以间接推得商品销售量增长导致销售额增长的绝对额。

利用指数体系中各因素指数之间的关系推算相关的指数,是依据客观存在的经济关系进行的有科学根据的推算,在分析经济现象变动中,可以在很多方面得到应用。

(三) 综合指数体系因素分析

综合指数体系的最基本形式是由总指标指数、数量指标指数和质量指标指数构成,利用这种指数体系进行因素分析叫两因素分析。下面以表 9-2 资料为例,运用指数体系对销售额的变动进行因素分析。

要对销售额的变动进行因素分析,首先要明确销售额的变动受销售量和销售价格两个因素的影响。若要综合分析多种商品销售量和销售价格变动对销售额变动的影响,则要建立总指数体系如下:

$$\frac{\sum p_1q_1}{\sum p_0q_0}=\frac{\sum p_0q_1}{\sum p_0q_0}+\frac{\sum p_1q_1}{\sum p_0q_1}$$

$$\sum p_1q_1-\sum p_0q_0=(\sum p_0q_1-\sum p_0q_0)+(\sum p_1q_1-\sum p_0q_1)$$

$$销售额指数=\frac{\sum p_1q_1}{\sum p_0q_0}=\frac{44\,400}{40\,000}=111\%$$

$$\sum p_1q_1-\sum p_0q_0=44\,400-40\,000=4\,400(元)$$

$$销售量总指数=\frac{\sum p_0q_1}{\sum p_0q_0}=\frac{48\,000}{40\,000}=120\%$$

$$(\sum p_0q_1-\sum p_0q_0)=48\,000-40\,000=8\,000(元)$$

$$价格总指数=\frac{\sum p_1q_1}{\sum p_0q_1}=\frac{44\,400}{48\,000}=92.5\%$$

$$\left(\sum p_1q_1-\sum p_0q_1\right)=44\,400-48\,000=-3\,600(\text{元})$$

所以,销售额指数的相对数分析体系为:

$$111\%=120\%\times92.5\%$$

销售额增加的绝对数分析体系为:

$$4400\text{元}=8\,000\text{元}+(-3600)\text{元}$$

计算结果表明,销售额增长11%,是销售量上升20%和价格下降7.5%共同作用的结果;销售额增加4 400元,是由于销售量上升使销售额增加8 000元,价格下降使销售额下降3 600元这两者共同作用所致。

(四)多因素指数分析

以上分析方法可以推广到多个因素指数的分析方面,现以三因素分析为例简要说明如下:

多因素指数体系的分析方法,仍须根据综合指数编制的一般原理,为了测定某一因素的影响,要把其他因素固定不变。即在测定数量因素变动时,以基期的质量指标为同度量因素;在测定质量因素变动时,以报告期的数量指标为同度量因素。同时要有一个因素的合理编排顺序,一般是数量指标在前,质量指标在后;主要指标在前,次要指标在后。

例如,就工业企业原材料支出总额的组成因素的排列顺序而言,要按产品产量、单位产品原材料消耗量、单位原材料价格的顺序排列。这是因为产品产量相对于单位产品原材料消耗量和原材料价格来说,为数量指标;原材料价格相对于产品产量和单位产品原材料消耗量来说,则是质量指标;而单位产品原材料消耗量相对于产品产量来说是质量指标,相对于原材料价格来说,则为数量指标。因此对应的指数体系为:

原材料支出总额指数=产量指数×单位产品原材料消耗量指数×原材料价格指数

$$\frac{\sum q_1n_1p_1}{\sum q_0n_0p_0}=\frac{\sum q_1n_0p_0}{\sum q_0n_0p_0}\times\frac{\sum q_1n_1p_0}{\sum q_1n_0p_0}\times\frac{\sum q_1n_1p_1}{\sum q_1n_1p_0}$$

变化的绝对差额为:

$$\sum q_1n_1p_1-\sum q_0n_0p_0=\left(\sum q_1n_0p_0-\sum q_0n_0p_0\right)+\left(\sum q_1n_1p_0-\sum q_1n_0p_0\right)+\left(\sum q_1n_1p_1-\sum q_1n_1p_0\right)$$

式中,q_1 为报告期产品产量;q_0 为基期产品产量;n_1 为报告期单位产品原材料消耗量;n_0 为基期单位产品原材料消耗量;p_1 为报告期原材料价格;p_0 为基期原材料价格。

例如,某企业某年11、12月份三种产品的产量、单位产品原材料消耗量、单位产品价格有关资料如表9-3所示。

表9-3 某企业某年11、12月份原材料支出情况

产品名称	产量(件)		原材料名称	单位产品原材料消耗量(千克)		原材料价格(元)		原材料费用总额(元)			
	基期 q_0	报告期 q_1		基期 n_0	报告期 n_1	基期 p_0	报告期 p_1	$q_0n_0p_0$	$q_1n_0p_0$	$q_1n_1p_0$	$q_1n_1p_1$
甲	90	100	A	40	36	40	48	144 000	160 000	144 000	172 800
乙	70	85	B	30	26	40	48	84 000	102 000	88 400	106 080
丙	60	70	C	15	14	32	37	28 800	33 600	31 360	36 260
合计	—	—	—	—	—	—	—	256 800	295 600	263 760	315 140

要求：根据上表资料，计算分析原材料费用总额受产量、单位产品原材料消耗量和单位原材料价格的变动影响。

根据上表资料计算得：

$$\frac{\sum q_1 n_1 p_1}{\sum q_0 n_0 p_0} = \frac{315\,140}{256\,800} = 122.7\%$$

$$\sum q_1 n_1 p_1 - \sum q_0 n_0 p_0 = 315\,140 - 256\,800 = 58\,340(\text{元})$$

$$\frac{\sum q_1 n_0 p_0}{\sum q_0 n_0 p_0} = \frac{295\,600}{256\,800} = 115.1\%$$

$$\sum q_1 n_0 p_0 - \sum q_0 n_0 p_0 = 295\,600 - 256\,800 = 38\,800(\text{元})$$

$$\frac{\sum q_1 n_1 p_0}{\sum q_1 n_0 p_0} = \frac{263\,760}{295\,600} = 89.2\%$$

$$\sum q_1 n_1 p_0 - \sum q_1 n_0 p_0 = 263\,760 - 295\,600 = -31\,840(\text{元})$$

$$\frac{\sum q_1 n_1 p_1}{\sum q_1 n_1 p_0} = \frac{315\,140}{263\,760} = 119.5\%$$

$$\sum q_1 n_1 p_1 - \sum q_1 n_1 p_0 = 315\,140 - 263\,760 = 51\,380(\text{元})$$

则指数体系为：

$$122.7\% = 115.1\% \times 89.2\% \times 119.5\%$$

绝对额的变动为：

$$58\,340\text{元} = 38\,800\text{元} + (-31\,840)\text{元} + 51\,380\text{元}$$

从以上计算结果可以看出：企业 12 月份比 11 月份原材料支出总额增长了 22.7%，增加 58 340 元，是产量增长 15.1%，导致原材料支出额增加 38 800 元；单位产品原材料消耗降低 10.8%，减少原材料支出 31 840 元；原材料价格上涨 9.5%，增加原材料支出 51 380 元三个因素共同影响的结果。

第三节 平均数指数

一、平均数指数的意义

平均数指数是对个体指数进行加权平均求得的指数，是计算总指数的另一种方法，它与综合指数一样，都是为了说明数量指标和质量指标变动的指数，都是为了分析总变动指标受两个因素的影响。两者的区别在于：在应用资料上，综合指数方法要求占有全面的基期、报告期的质量指标和数量指标，而平均数指数方法不一定要求占有全面资料；在计算方法上，综合指数方法要求是先综合再对比，综合的条件是要引进同度量因素，而平均数指数不需要先综合，可直接对个体指数加权平均得到数量指标指数或质量指标指数。

在计算平均数指数过程中，权数的选择很重要。实际工作常用的权数有 $q_0 p_0$ 和 $q_1 p_1$，并

且 q_0p_0 一般用于指数的算术平均形式，而 q_1p_1 常用于指数的调和平均形式。计算平均指数的一般原则是：计算数量指标指数时，采用基期的价值指标（q_0p_0）作为权数进行加权算术平均；计算质量指标指数时，采用报告期的价值指标（q_1p_1）作为权数进行加权调和平均。

二、加权算术平均数指数

使用加权算术平均法计算总指数的步骤为：

（1）计算个体指数。将报告期的数量指标除以基期的数量指标，求得数量指标的个体指数。

（2）取得基期的价值指标（q_0p_0）的数据。

（3）以个体指数为变量，以基期价值指标为权数，用加权算术平均法计算总指数。其公式为：

$$\frac{\sum q_1p_0}{\sum q_0p_0}=\frac{\sum \frac{q_1}{q_0}q_0p_0}{\sum q_0p_0}=\frac{\sum k_q\cdot q_0p_0}{\sum q_0p_0}$$

以表 9－4 为例，计算如下：

表 9－4　某商店三种商品销售量总指数计算表

商品名称	计量单位	销售量			基期销售额（元）	个体指数乘以权数（元）
		q_0	q_1	$\frac{q_1}{q_0}$	p_0q_0	$\left(\frac{q_1}{q_0}\right)(p_0q_0)=p_0q_1$
甲	件	40 000	50 000	1.25	400 000	500 000
乙	米	80 000	80 000	1	640 000	640 000
丙	千克	40 000	42 000	1.05	120 000	126 000
合计	—	—	—		1 160 000	1 266 000

三种商品销售量总指数＝（1.25×400 000＋1×640 000＋1.05×120 000）/（400 000＋640 000＋120 000）
＝1 266 000/1 160 000
＝109.14％

计算结果表明：三种商品销售量总指数为 109.14％，即报告期比基期平均增长 9.14％。分子与分母的绝对值差额说明由于销售量增长 9.14％而使销售额增加 1 266 000－1 160 000＝106 000 元。这个结果与采用综合指数公式的计算结果完全相同。这表明，加权算术平均数指数实际上是综合指数的变形，两者虽然形式不同，但结果和经济内容是一致的，在以 p_0q_0 为权数的情况下，两者之间可以相互转化，加权算术平均数指数适用于编制数量指标指数。

加权算术平均数指数也可以用相对数作为权数。如我国的零售牌价指数、农村工业品零售价格指数、职工生活费价格指数等都是以相对数为加权数，即固定权数的加权算术平均数指数。

三、加权调和平均数指数

调和平均数指数是对所有要综合的个体指数采用加权调和平均数的形式，计算出一个反映全部被综合的事物平均变动程度的总指数。

使用加权调和平均法计算总指数的步骤为：

(1) 计算个体指数。将报告期的质量指标除以基期的质量指标，求得质量指标的个体指数。

(2) 取得报告期的价值指标($q_1 p_1$)的数据。

(3) 以个体指数为变量，以报告期的价值指标为权数，用加权调和平均法计算总指数。其公式为：

$$\bar{k}_p = \frac{\sum p_1 q_1}{\sum p_0 q_1} = \frac{\sum p_1 q_1}{\sum \frac{p_1 q_1}{\frac{p_1}{p_0}}} = \frac{\sum p_1 q_1}{\sum \frac{1}{k_p} p_1 q_1}$$

表 9-5　某商店三种商品销售价格总指数计算表

商品名称	计量单位	销售价格(元)			报告期销售额(元)	个体指数乘以权数(元)
		p_0	p_1	$\frac{p_1}{p_0}$	$p_1 q_1$	$p_1 q_1 \div \left(\frac{p_1}{p_0}\right) = p_0 q_1$
甲	件	10.00	9.50	0.95	475 000	500 000
乙	米	8.00	8.00	1.0	640 000	640 000
丙	千克	3.00	4.50	1.5	189 000	126 000
合计	—	—	—		1 304 000	1 266 000

以表 9-5 为例，计算如下：

三种商品销售价格总指数＝(475 000＋640 000＋189 000)/(475 000÷0.95＋640 000÷1.0＋189 000÷1.5)

＝1 304 000/1 266 000

＝103.00％

计算结果表明：三种商品销售价格总指数为 103.00％，即报告期比基期平均增长 3.00％。分子与分母的绝对值差额说明由于销售价格增长 3.00％而使销售额增加 1 304 000－1 266 000＝38 000 元。这个结果与采用综合指数公式的计算结果完全相同。这表明，加权调和平均数指数实际上是综合指数的变形，两者虽然形式不同，但结果和经济内涵是一致的，在以 $p_1 q_1$ 为权数的情况下，两者之间可以相互转化，加权调和平均数指数适用于编制质量指标指数。

综上所述，当我们掌握了各产品、商品的个体数量指标指数和相应的基期总价值指标时，要求计算综合数量指标总指数时，就可以用基期总价值指标为权数采用加权算术平均数指数来计算；当我们掌握个体质量指标指数和相应的报告期总价值指标时，就可以用调和平均数指数的形式计算综合的质量指标总指数。

四、加权数指数体系

从上面我们可以看出：加权算术平均数指数是数量指标指数的另一种计算形式，调和平均数指数是质量指标指数的另一种计算形式。所以：

总变动动态相对指标＝加权算术平均数指数×加权调和平均数指数

$$\frac{\sum p_1 q_1}{\sum p_0 q_0}=\frac{\sum \frac{q_1}{q_0} q_0 p_0}{\sum q_0 p_0} \times \frac{\sum p_1 q_1}{\sum \frac{p_1 q_1}{\frac{p_1}{p_0}}}$$

其分子分母绝对值差额之间的关系是：

$$\sum p_1 q_1-\sum p_0 q_0=\left(\sum \frac{q_1}{q_0} q_0 p_0-\sum q_0 p_0\right)+\left(\sum p_1 q_1-\sum \frac{p_1 q_1}{\frac{p_1}{p_0}}\right)$$

以表 9－6 为例，计算如下：

表 9－6

产品名称	计量单位	产值(元)		产品产量个体指数 $K_q=q_1/q_0$
		基期 p_0q_0	报告期 p_1q_1	
甲	盒	1 000	2 500	1.30
乙	吨	3 000	3 200	1.10
丙	件	6 000	6 800	1.40
合　计	—	10 000	12 500	—

三种产品产量总指数＝(1.30×1 000＋1.10×3 000＋1.40×6 000)/10 000＝130％

三种产品价格总指数＝12 500/13 000＝96.15％

总产值指数＝12 500/10 000＝125％

指数体系：125％＝130％×96.15％

计算结果表明：三种产品总产值增长 25％，是由于产量增长 30％、价格下降 3.85％两因素共同作用形成的。

绝对值差额：12 500－10 000＝(13 000－10 000)＋(12 500－13 000)

2 500＝3 000＋(－500)

三种产品产值的绝对值差额为 2 500 元，是由于产量增加带来的 3 000 元的产值上升，还因为价格下降带来的 500 元产值下降，两因素共同作用引起的。

五、固定权数的平均数指数

在零售物价指数的编制过程中，在已经掌握个体价格指数(K_p)的基础上，不用加权调和平均数指数方法，而是以各种个体商品销售额所占零售总额的比重 W 为固定权数，用加权算术平均数指数方法求价格指数。

下面以我国居民消费价格指数为例，介绍其编制过程和方法。

居民消费价格指数是度量消费商品及服务项目价格水平随着时间变动的相对数，反映居民购买的商品及服务项目价格变动的情况，通常被用来作为反映通货膨胀或通货紧缩程度的指标，观察和分析价格水平变动对居民货币工资的影响，作为研究居民生活、宏观经济分析决策、价格总水平监测调控的依据。

居民消费价格指数的内容十分广泛，包括了居民用于日常生活的全部消费品和服务项目。

根据国家现行统计制度规定，将居民消费的商品分为八个大类：即食品、烟酒及用品、衣着、家庭设备用品及服务、医疗保健及个人用品、交通和通信、娱乐教育文化用品及服务、居住。在大类之中又根据性质、用途不同，细分为若干个中类，中类之下又有基本分类，基本分类中包括若干代表规格品。例如，衣着大类分为服装、衣着材料、鞋帽袜及其他衣着四个中类；鞋帽袜中类又分为鞋类、袜类、帽子三个基本分类。

在计算居民消费价格指数时一般采取分类、分层计算的方法，即由单项商品或服务的价格指数，加权汇总成为小类指数，再由小类指数继续按加权方法汇总成为中类指数、大类指数及总指数，这样分类、分层计算有利于观察不同种类商品的价格变动趋势及其对居民生活的影响，对计算指数也很方便。

计算居民消费价格指数最基本的公式是：

$$\overline{k}_p=\frac{\sum k_p\cdot W}{\sum W}=\frac{\sum \frac{p_1}{p_0}\cdot W}{\sum W}$$

其中 $\sum W=1=100\%$，是根据全国城乡居民家庭各类商品和服务支出详细比重确定的，权数一经确定，一年以内保持不变，因此也称为固定权数。

计算居民消费价格指数的步骤大致如下：

表 9-7　居民消费价格指数计算表

商品类别及项目	规格等级	计量单位	平均价格		固定权数 W	指数 $K_p=\overline{p}_1/\overline{p}_0$(%)	K_pW
			$\overline{p}_0$	$\overline{p}_1$			
总计					100	122.3	122.287
一、食品					62	125.0	77.5
1. 粮食					9	115.5	10.392
(1) 细粮					62	120.5	74.714
面粉	普通粉	千克	1.72	2.00	35	116.3	40.698
稻米	标二	千克	2.24	2.80	56	125.0	70.0
江米	标二	千克	2.74	2.90	2	105.8	2.117
挂面	高强粉	千克	2.73	3.00	7	109.9	7.692
(2) 粗粮					38	107.2	40.748
玉米面	一等	千克	1.50	1.62	76	108.0	82.08
小米	一等	千克	2.29	2.40	24	104.8	25.153
2. 淀粉及薯类					3	114.8	3.444
……					…	…	…
3. 菜类					13	160.2	20.826
……					…	…	…
……					…	…	…

（续表）

商品类别及项目	规格等级	计量单位	平均价格		固定权数 W	指数 $K_p = \overline{p}_1/\overline{p}_0$（%）	K_pW
			$\overline{p}_0$	$\overline{p}_1$			
二、烟酒及用品					3	122.6	3.678
三、衣着					14	127.4	17.836
四、家庭设备用品及服务					6	110.6	6.636
五、医疗保健和个人用品					3	121.5	3.645
六、交通和通信					2	116.4	2.328
七、娱乐教育、文化用品及服务					4	105.8	4.232
八、居住					6	107.2	6.432

（1）求每种商品或服务项目的个体价格指数。例如，面粉的价格指数为：

$$K_p=\frac{\overline{p}_1}{\overline{p}_0}=\frac{2.00}{1.72}=116.3\%$$

（2）将所有个体价格指数分别乘以相应权数，再除以权数总和，得小类价格指数。如细粮小类价格指数为：

$$\overline{K}_p=\frac{\sum K_pW}{\sum W}=\frac{116.3\%\times 35+125.0\%\times 56+105.8\%\times 2+109.9\%\times 7}{100}=\frac{120.50}{100}=120.5\%$$

（3）根据小类价格指数及相应的权数，按以上的同类方法计算中类价格指数。例如，由细粮小类指数、粗粮小类指数计算粮食类指数为：

$$\overline{K}_p=\frac{\sum K_pW}{\sum W}=\frac{120.5\%\times 62+107.2\%\times 38}{100}=\frac{115.446}{100}=115.446\%$$

（4）根据中类指数及相应的权数，按以上同类方法计算大类指数。例如，由粮食类指数、淀粉类指数、菜类指数等共 16 个中类指数，计算食品类指数为：

$$\overline{K}_p=\frac{\sum K_pW}{\sum W}=\frac{115.5\%\times 9+114.8\%\times 3+160.2\%\times 13+\cdots}{100}=\frac{125}{100}=125.0\%$$

（5）根据大类指数及相应的权数，按以上同类方法计算总指数。根据表 9－7 中已有资料计算如下：

$$\overline{K}_p=\frac{\sum K_pW}{\sum W}=\frac{122.287}{100}=122.3\%$$

第四节　平均指标指数

一、平均指标指数的意义

平均指标指数是由两个不同时期同一总体的加权算术平均数对比计算的指数。常见的有平均工资指数、平均单位成本指数、平均劳动生产率指数。

在资料分组的情况下，加权算术形式的平均指标计算公式为：

$$\bar{x}=\frac{\sum xf}{\sum f}=\sum x\cdot\frac{f}{\sum f}$$

式中，$\bar{x}$ 表示平均指标；

f 为各组次数；

x 为各组标志水平。

若掌握有不同期的次数和标志值，就可以分别计算不同期的平均指标。即

$$\bar{x}_0=\frac{\sum x_0 f_0}{\sum f_0}=\sum x_0\ \frac{f_0}{\sum f_0}$$

$$\bar{x}_1=\frac{\sum x_1 f_1}{\sum f_1}=\sum x_1\ \frac{f_1}{\sum f_1}$$

式中，$\bar{x}_0$ 和 $\bar{x}_1$ 分别表示基期平均水平和报告期平均水平。

从平均指标的计算中可以看到平均指标既受各组标志值水平 x 变动的影响，又受各组的权数或比重的影响。要分析各因素的变动对平均指标变动的影响，就要借助于平均指标指数体系来完成。

二、平均指标指数体系

平均指标指数体系包括：反映平均数动态变动的可变构成指数，反映变量值因素变动对平均数影响的固定构成指数，反映结构因素变动对平均数影响的结构影响指数。下面以平均工资的变动为例介绍其编制方法和应用。

（一）可变指数

在总平均工资指数中，两个时期总平均工资的计算，是分别以各个时期工人人数为权数对各组工人工资水平进行平均计算的。两个时期总平均工资的变化不仅包括各组工人工资水平变动带来的影响，还包括工人人数在各组分配比重（即各组工人的构成）变化带来的影响。这种包括上述两个因素影响的总平均工资指数，称为平均工资的可变构成指数，简称可变指数。其计算公式为：

$$\text{平均工资可变构成指数}=\frac{\bar{x}_1}{\bar{x}_0}=\frac{\dfrac{\sum x_1 f_1}{\sum f_1}}{\dfrac{\sum x_0 f_0}{\sum f_0}}=\frac{\sum x_1\ \dfrac{f_1}{\sum f_1}}{\sum x_0\ \dfrac{f_0}{\sum f_0}}$$

式中，x 表示各组工资水平；

f 表示各组工人数。

公式表明了平均工资指数包括变量值因素(x)和结构因素$\left(\frac{f}{\sum f}\right)$同时变动带来的影响。

以表 9－8 资料为例计算：

表 9－8　某企业职工人数和工资情况

技术级别	平均工资(元)		职工人数(人)		工资总额(元)		
	基期 x_0	报告期 x_1	基期 f_0	报告期 f_1	基期 $x_0 f_0$	报告期 $x_1 f_1$	假定 $x_0 f_1$
初级工	2 000	2 150	75	140	150 000	301 000	280 000
中级工	3 400	3 600	36	42	122 400	151 200	142 800
高级工	3 750	4 200	20	12	75 000	50 400	45 000
合计	—	—	131	194	347 400	502 600	467 800

基期平均工资＝347 400/131＝2 652(元)

报告期平均工资＝502 600/194＝2 590.7(元)

两个时期总平均工资可变构成指数＝2 590.7/2 652＝97.7％

两个时期总平均工资变化的绝对额＝2 590.7－2 652＝－61.3(元)

计算结果表明：报告期工人工资总水平比基期降低了 2.3％，平均每人减少了 61.3 元。这种变化是由工人工资水平和工人人数结构两个因素共同作用引起的，我们要进一步分析每一个因素单独作用带来的影响各是多少。

(二) 固定构成指数

固定构成指数是用来分析各组标志值水平变动对平均指标影响的指数。要分析各组标志值水平变动的影响，就应该把各组次数固定下来。这样就存在把权数 f 固定在报告期还是基期的问题，我们把各组标志水平视作质量指标，把各组次数视为数量指标，按照综合指数编制的一般原则，分析质量指标的变化时，把次数固定在报告期，这样编出的指数为固定构成指数，常用 k_x 表示。

$$k_x = \frac{\dfrac{\sum x_1 f_1}{\sum f_1}}{\dfrac{\sum x_0 f_1}{\sum f_1}} = \frac{\sum x_1 \dfrac{f_1}{\sum f_1}}{\sum x_0 \dfrac{f_1}{\sum f_1}}$$

根据表 9－8，为排除工人人数结构因素的变动带来的影响，反映各组工人工资水平的变动带来的影响程度，要把工人人数结构加以固定，并且固定在报告期上。这种工人人数结构固定在报告期的总平均工资指数，称为平均工资的固定构成指数，这一指数的经济内容为：其分子指标是报告期企业实际平均工资，分母是假定各组工资水平保持在基期不变的情况下的报告期企业平均工资(一种假设)。它们之间的区别，只是由于两个时期各组工人工资水平变动所引起的。从公式中也可明显看出，其各组工人工资水平因素在分子分母中是变动的，工人人数结构因素是报告期的，是固定的，因此称作固定构成指数，同时在计算过程中起同度量作用。

例题计算如下：

平均工资固定构成指数＝(502 600÷194)/(467 800÷194)＝107.4%

各组工人工资水平变动使总平均工资增减变动的绝对额＝502 600÷194－467 800÷194＝179.4(元)

计算结果表明：由于各组工资水平提高，使报告期的平均工资比基期提高了7.4%，平均每人增加179.4元。

（三）结构变动影响指数

要分析各组工人人数结构变动带来的影响，就应该把标志水平固定下来。仍然把标志水平视为质量指标，把各组次数视为数量指标。依据综合指数的一般原则，要分析各组次数变化带来的影响，就需要把各组工资水平固定在基期水平，这样编制的指数称为结构变动影响指数，常用k_f表示。

$$k_f=\frac{\dfrac{\sum x_0 f_1}{\sum f_1}}{\dfrac{\sum x_0 f_0}{\sum f_0}}=\frac{\sum x_0\dfrac{f_1}{\sum f_1}}{\sum x_0\dfrac{f_0}{\sum f_0}}$$

公式中各组工资水平因素不变，起同度量作用，结构因素变动，称结构变动影响指数。

根据表9－8，为了分析工人人数结构变动对企业总平均工资的变动影响程度，要计算结构变动影响指数，在这个指数中，必须把工人工资水平因素固定起来，并把它固定在基期水平上。这个指数的分子指标是假定各组工人工资水平保持在基期水平不变情况下报告期的平均工资（一种假设），分母指标是基期实际平均工资。它们的对比关系，可以表明两个时期中各组工人人数构成变化对企业平均工资变动的影响。具体计算如下：

平均工资结构变动影响指数＝(467 800÷194)/(347 400/131)＝91%

各组工人结构变动使总平均工资增减变动的绝对额＝467 800÷194－347 400/131＝－240.7(元)

计算结果表明：由于工人内部结构的影响，使总平均工资下降了9%，平均每人减少240.7元。

（四）平均指标指数体系

以上讨论的平均指标指数的三种形式，即可变指数、固定构成指数和结构变动影响指数之间具有密切联系，它们可以组成一个指数体系，在这个体系中三者的数量关系可作如下分析：

1. 相对数分析

可变指数＝固定构成指数×结构变动影响指数

根据表9－8的计算结果有：

$$97.7\%=107.4\%\times 91\%$$

2. 平均数分析

同综合指数体系一样，平均指标指数的各因素指数的分子分母差额之间也有联系。表明分子平均数与分母平均数的差距。

总平均指标变动绝对额＝标志水平引起的总平均指标变动绝对额＋结构变动引起的总平均指标变动的绝对额

以表 9-8 资料计算结果代入有：−61.3 元＝179.4 元＋(−240.7)元

指数体系的分析结果说明：由于各组工人工资水平的提高使总平均工资相应增长 7.4%，绝对额提高 179.4 元；由于各组工人结构变动的影响，使总平均工资降低 9%，绝对额降低了 240.7 元；两个因素共同作用的结果，导致总平均工资降低 2.3%，平均每人工资降低了 61.3 元。

三、综合指数体系与平均指标指数体系的关系

综合指数体系是对总指标进行因素分析的形式，而平均指标指数体系是对平均指标进行因素分析的形式，从分析的目的看，它们是两种不同性质的形式。但从运用资料和分析的结构来看，二者又有一定的联系。例如，根据计算平均指标指数体系的资料表 9-8 有关数据，可以计算出综合指数体系：

把工资水平(x)视作质量指标，把工人人数(f)视作数量指标。

$$\overline{K}_{xf} = \overline{K}_x \times \overline{K}_f$$

相对数因素分析：

$$\frac{\sum x_1 f_1}{\sum x_0 f_0} = \frac{\sum x_1 f_1}{\sum x_0 f_1} \times \frac{\sum x_0 f_1}{\sum x_0 f_0}$$

$$\frac{502\,600}{347\,400} = \frac{502\,600}{467\,800} \times \frac{467\,800}{347\,400}$$

$$144.67\% = 107.44\% \times 134.66\%$$

绝对数因素分析：

工资总增长＝工资水平变动对工资总额的影响＋职工人数变动对工资总额的影响

(502 600−347 400)＝(502 600−467 800)＋(467 800−347 400)

155 200 元＝34 800 元＋120 400 元

将这一组数据与平均指标指数体系一组数据加以对比，我们就可以看出，两组数据之间的差别很大。但是原来计算平均指标指数体系中各个指数的资料完全满足了计算综合指数体系中的各个指数的要求。两者之间的主要区别就是，在计算综合指数体系中各个指数的分子分母同时除一个数量指标，就可以得到平均指标指数体系中有关数据，这体现了两种指数体系之间在计算上的联系。

但由于两种指数体系分析的目的和内容资料要求不同，因此在同一资料下，一定要分清用哪一种指数体系，否则容易造成计算上的错误。从通常的计算规律来看，要求：

（一）首先看资料中的数量指标是否能够求和

因为计算平均指标指数必须用数量指标之和作分母，才能求出平均数，然后才能加以对比。如果数量指标不能求和，就没有分母，就无法计算平均数。所以在数量指标不能求和的情况下，只能选用综合指数体系。

（二）在数量指标能求和的情况下，需要看分析目的和要求

如果要求对总指标，如总产值、总成本、销售总额、工资总额一类指标进行因素分析，则宜用综合指数体系；如果对平均指标，如劳动生产率、单位成本、平均价格、平均工资一类指标进行因素分析，则宜用平均指标指数体系。

利用平均指标指数体系进行分析时，要求：

第一，应注意平均指标指数体系中三个指数虽然都是由两个平均指标对比得到，但只有可

变构成指数和固定构成指数反映平均指标的变动程度。其中可变构成指数反映总平均指标的变化，即它反映了各组平均指标与结构两个因素的综合变动。固定构成指数是用来分析总平均指标指数的，它反映了各组平均指标变动及其对总平均指标的影响程度。

第二，结构影响指数是说明在各组平均指标不变的条件下，各组总体单位结构变动对总平均指标的影响程度。反映的是总体单位结构的变化，而不是总体单位总量的变化，二者不能混淆。有时虽然工人总人数增长了许多倍，但由于工人结构没有变化，会使结构变动影响指数为1。

第三，根据平均指标指数体系及其三种指数特点的不同，在具体分析时就要有所侧重。例如，在专业管理局的总平均劳动生产率的变动分析时，若目的是全面反映管理局劳动生产率的提高情况，应采用劳动生产率可变指数；如果只反映企业内部构成因素所促成的劳动生产率的提高情况，就要消除结构变动影响，应用劳动生产率固定构成指数；如果关心的是在职工队伍中加强岗位技术培训对企业劳动生产率的影响，就应该先按职工技术等级分组，再计算劳动生产率结构变动影响指数来反映。

课后练习

一、思考题

1. 应从哪几方面来说明统计指数的作用？

2. 编制总指数的两种方法——综合指数和平均指数，它们之间是怎样区分的？

3. 在一般情况下编制综合指数，对数量指标指数要以基期质量指标为同度量因素，对质量指标指数要以计算期数量指标为同度量因素，原因何在？而这种同度量因素所属时期的确定方法，又不能机械地加以应用，又是什么理由？举例说明。

4. 在什么情况下可以说平均指数是综合指数的变形？为什么又要强调平均指数是计算总指数的一种独立形式？

5. 什么是指数体系？因素分析与指数体系的关系如何？因素分析包括哪两方面内容？

6. 平均指标变动的因素分析应编制哪几种平均指标指数？如何分析？

二、单项选择题

1. 反映个别事物动态变化的相对指标叫做　（　　）

① 总指数　② 综合指数　③ 定基指数　④ 个体指数

2. 说明现象总的规模和水平变动情况的统计指数是　（　　）

① 质量指标指数　② 平均指标指数　③ 数量指标指数　④ 环比指数

3. 某公司所属三个工厂生产同一产品，要反映三个工厂报告期比基期的产量发展变动情况，三个工厂的产品产量　（　　）

① 能够直接加总

② 不能够直接加总

③ 必须用不变价格作同度量因素，才能相加

④ 必须用现行价格作同度量因素，才能相加

4. 若销售量增长5%，零售价格增长2%，则商品销售额增长　（　　）

① 7%　② 10%　③ 7.1%　④ 15%

5. 加权算术平均数指数要成为综合指数的变形，其权数　（　　）

① 必须用 $q_1\ p_1$　　② 必须用 $q_0\ p_0$

③ 必须用 $q_0\ p_1$　　④ 前三者都可用

6. 加权调和平均数指数要成为综合指数的变形，其权数　（　）

① 必须是 $q_1\ p_1$　　② 必须是 $q_1\ p_0$

③ 可以是 $q_0\ p_0$　　④ 前三者都不是

7. 某工厂总生产费用，今年比去年上升了 50%，产量增加了 25%，则单位成本提高了　（　）

① 25%　② 2%　③ 75%　④ 20%

8. 某企业职工工资总额，今年比去年减少了 2%，而平均工资上升 5%，则职工人数减少　（　）

① 3%　② 10%　③ 7%　④ 6.7%

9. 价格总指数：$\overline{K}=\dfrac{\sum P_1Q_1}{\sum P_0Q_1}$是　（　）

① 质量指标指数　　② 平均数指数

③ 平均指标指数　　④ 数量指标指数

10. 广义上的指数是指　（　）

① 反映价格变动的相对数　　② 反映物量变动的相对数

③ 反映动态的各种相对数　　④ 各种相对数

11. 狭义上的指数是指　（　）

① 反映价格变动的相对数　　② 反映动态的各种相对数

③ 个体指数　　④ 总指数

12. $\dfrac{\sum p_1q_1}{\sum p_0q_0}=\dfrac{\sum p_1q_1}{\sum p_0q_1}\times\dfrac{\sum p_0q_1}{\sum p_0q_0}$这个指数体系是　（　）

① 个体指数体系　　② 综合指数体系

③ 加权平均数指数体系　　④ 平均指标指数体系

13. 在由 3 个指数所组成的指数体系中，两个因素指数的同度量因素通常　（　）

① 都固定在基期

② 都固定在报告期

③ 一个固定在基期，一个固定在报告期

④ 采用基期和报告期的平均数

14. 固定权数的加权算术平均数价格指数的计算公式是　（　）

① $\dfrac{\sum \frac{p_1}{p_0}W}{\sum W}$　　② $\dfrac{\sum \frac{q_1}{q_0}W}{\sum W}$

③ $\dfrac{\sum W}{\sum \frac{1}{K}}$　　④ $\dfrac{\sum W}{\sum \frac{p_1}{p_0}W}$

15. 某企业的产值，2010 年比 2009 年增长 21%，其原因可能是　（　）

① 产品价格上升 9%，产量增加了 12%

② 产品价格上升 10%，产量增加了 11%

③ 产品价格上升 10.5%，产量增加了 10.5%

④ 产品价格上升了 10%，产量增加了 10%

16. 在掌握基期产值和几种产品产量个体指数资料的条件下，要计算产量总指数要采用　　（　　）

① 综合指数　　② 加权算术平均数指数

③ 加权调和平均数指数　　④ 可变构成指数

17. 在掌握报告期几种产品实际生产费用和这些产品的成本个体指数资料的条件下，要计算产品成本的平均变动，应采用　　（　　）

① 综合指数　　② 加权算术平均数指数

③ 加权调和平均数指数　　④ 可变构成指数

三、多项选择题

1. 某企业 2012 年三种不同产品的实际产量为计划产量的 105%，这个指数是　　（　　）

① 个体指数　　② 总指数　　③ 数量指标指数

④ 质量指标指数　　⑤ 静态指数

2. 加权算术平均数指数是一种　　（　　）

① 平均数指数　　② 综合指数　　③ 总指数

④ 个体指数　　⑤ 平均指标对比指数

3. 同度量因素的作用有　　（　　）

① 平衡作用　　② 比较作用　　③ 权数作用

④ 稳定作用　　⑤ 同度量作用

4. 某地的小麦播种面积报告期为基期的 120%，这个指数是　　（　　）

① 个体指数　　② 总指数　　③ 数量指标指数

④ 质量指标指数　　⑤动态指数

5. 下列属于质量指标指数的有　　（　　）

① 劳动生产率指数　② 商品销售量指数　③ 价格指数

④ 产品成本指数　　⑤ 职工人数指数

6. 指数的应用范畴包括　　（　　）

① 动态对比　　② 不同地区对比　　③ 不同部门对比

④ 不同国家对比　　⑤ 实际与计划的对比

7. 以 q 代表销售量，以 p 代表商品价格，那么 $\sum p_1q_1 - \sum p_0q_1$ 的意义是　　（　　）

① 由于销售额本身变动而增减的绝对额

② 由于物价的变动而增减的销售额

③ 由于销售量变动而增减的销售额

④ 由于物价变动使居民购买商品多支出或少支出的人民币

⑤ 由于销售量变动而使居民购买商品多支出或少支出的人民币

8. 已知某工业企业报告期生产费用（$\sum z_1q_1$）为 2 850 万元，比基期增长 14%，又知报告

期假定生产费用($\sum z_0 q_1$)为3 000万元,则 (　　)

① 成本降低5%

② 产量增加20%

③ 报告期生产费用比基期增加350万元

④ 由于成本降低而节约的生产费用为150万元

⑤ 由于产量增加而多支出的生产费用为500万元

9. 指数的作用是 (　　)

① 综合反映现象的变动方向

② 综合反映现象的变动程度

③ 分析现象总变动中各因素影响方向和程度

④ 研究现象在长时期内变动趋势

⑤ 解决不同性质数列之间不能对比的问题

10. 综合指数的特点是 (　　)

① 综合反映多种现象的平均变动程度

② 两个总量指标对比的相对数

③ 固定一个或一个以上因素,反映另一个因素的变动

④ 分子与分母是两个或两个以上因素乘积之和

⑤ 分子或分母中有一项假定指标

11. 某市按不变价格计算的工业总产值,今年相当于去年的124%,这是 (　　)

① 数量指标指数　② 质量指标指数　③ 总指数

④ 综合指数　⑤ 平均指标数

12. 用某企业职工人数和劳动生产率分组资料来进行分析时,该企业总的劳动生产率的变动受到 (　　)

① 企业全部职工人数变动的影响

② 企业劳动生产率变动的影响

③ 企业各类职工人数在全部职工人数中所占比重的变动影响

④ 企业各类工人劳动生产率的变动影响

⑤ 各组职工人数和相应劳动生产率两因素的影响

四、判断题

1. 在编制数量指标综合指数时,应将作为同度量因素的质量指标值固定在报告期。 (　　)

2. 算术平均指数是用算术平均法计算和编制的总指数,只适合于质量指标指数的编制。 (　　)

3. 在编制综合指数时,虽然将同度量因素加以固定,但是,同度量因素仍起权数作用。 (　　)

4. 在平均指标变动因素分析中,可变构成指数是专门用以反映总体构成变化影响的指数。 (　　)

5. 若销售量增长5%,零售价格下跌5%,则商品销售额不变。 (　　)

6. 某工厂总生产费用,今年比去年上升了50%,产量增加了25%,则单位成本提高了

25%。（　　）

7. 价格降低后，同样多的人民币可多购买10%商品，则价格指数应为90%。（　　）

8. 在综合指数的编制过程中，指数化指标是可变的，而同度量因素指标是确定的和唯一的。（　　）

五、综合训练

1. 某市1997年社会商品零售额12 000万元，2001年增加为15 600万元。这四年中零售物价指数提高了4%。试计算零售量指数，并分析零售量和零售物价两因素变动对零售总额变动的影响绝对值。

2. 某市几种主要副食品价格和销售量的资料如下：

	基　期		计算期	
	零售价（元/公斤）	销售量（万吨）	零售价（元/公斤）	销售量（万吨）
蔬　菜	0.8	5.00	0.9	5.20
猪　肉	6.4	4.46	7.0	5.52
鲜　蛋	4.4	1.20	4.8	1.15
水产品	8.5	1.15	10.0	1.30

试计算：(1) 各商品零售物价的个体指数；

(2) 四种商品物价总指数；

(3) 由于每种商品和全部商品价格变动使该市居民增加支出的金额。

3. 某工业企业生产甲、乙两种产品，基期和计算期的产量、单位产品成本和出厂价格资料如下：

产　品	产量(件)		单位成本(元/件)		出厂价格(元/件)	
	基期	计算期	基期	计算期	基期	计算期
甲	2 000	2 200	10.5	10.0	12.0	12.5
乙	5 000	6 000	6.0	5.5	6.2	6.0

试计算：(1) 以单位成本为同度量因素的产量总指数；

(2) 以出厂价格为同度量因素的产量总指数；

(3) 单位成本总指数；

(4) 出厂价格总指数；

(5) 总成本指数。

4. 某地区2010年和2011年两类商品的收购价格类指数和收购额资料如下表：

商品种类	收购总额(万元)		收购价格类指数(%)
	2010年	2011年	
甲	140	138.6	105
乙	60	78.4	98

试编制这两类商品收购价格总指数。

5. 试根据以下关于某企业三种产品产值和产量动态的资料，计算三种产品产量总指数。

产　品	实际产值（万元）		2012 年比 2011 年产量增加（%）
	2011 年	2012 年	
甲	200	240	25
乙	450	485	10
丙	350	480	40

6. 试根据下表资料，计算某市副食品物价指数、食品类物价指数和全部零售商品物价数。

类别和项目	权　数	组指数或类指数
一、食品类	(61)	
(一) 粮食	<25>	
1. 细粮	98	100.0
2. 粗粮	2	100.0
(二) 副食品	<48>	
1. 食用植物油及油料	6	106.1
2. 食盐	2	100.0
3. 鲜菜	17	120.5
4. 干菜	4	105.7
5. 肉禽蛋	38	124.6
6. 水产品	21	140.2
7. 调味品	5	98.6
8. 食糖	7	100.0
(三) 烟酒茶	<13>	106.8
(四) 其他食品	<14>	108.2
二、衣着类	(21)	101.1
三、日用品类	(10)	102.1
四、文化娱乐用品类	(3)	98.0
五、医药类	(3)	105.3
六、燃料类	(2)	100.0

7. 某厂 2011 年和 2012 年三种产品的成本及产量资料如下：

产 品	计量单位	2012 年产量		单位成本		
		计 划	实 际	2011 年	2012 年	
					计 划	实 际
甲	台	100	138	1 150	1 100	1 050
乙	件	90	90	1 050	1 000	1 000
丙	台	70	60	3 200	3 000	3 100

要求：

(1) 以 2012 年计划产量为同度量因素，编制计划成本总指数，表明该厂三种产品 2012 年计划规定成本较 2011 年降低了多少？节约金额应为多少？以 2012 年计划产量为同度量因素，编制实际成本指数，反映实际执行的结果，三种产品成本降低程度为多少？节约金额为多少？

(2) 把以上计算的实际成本指数与计划成本指数对比，得出成本计划完成指数，检查降低成本计划的执行情况。

提示：它与直接以 2012 年计划产量为同度量因素的综合指数计算结果完全相同。

(3) 以 2012 年实际产量为同度量因素，编制成本计划完成指数，检查该厂三种产品 2012 年成本降低计划执行情况，它的降低程度为多少？节约金额多少？

(4) 以 2012 年实际产量为同度量因素，编制成本指数，分析该厂三种产品 2012 年比 2011 年的成本降低程度，节约金额为多少？

经过以上分析，你对于该厂降低成本工作作何评价？

8. 对甲、乙两地区的水果交易量和价格进行调查，结果如下表资料：

商 品	计量单位	交易量		价格(元/公斤)	
		甲地区	乙地区	甲地区	乙地区
香蕉	万公斤	25	5	1.6	2.0
橘子	万公斤	10	20	1.6	1.4

计算对比两地区水果价格的地区指数，包括个体指数和总指数。

9. 某管理局所属三个工厂生产同种产品，它们的单位产品成本和产量资料如下：

工 厂	产量(万件)		每件成本(元)	
	2011 年	2012 年	2011 年	2012 年
甲	10	15	2.5	2.4
乙	10	10	2.4	2.4
丙	10	25	2.2	2.0

(1) 根据上表资料，分别计算三个工厂生产这种产品的 2012 年和 2011 年总平均成本，进一步计算平均成本指数，并分析由于平均成本下降所节约的总成本金额。

(2) 在平均成本的总变动中，分析各工厂成本水平变动以及各工厂产量结构变动的影响程度和影响绝对值。

10. 某企业工人基期和报告期的产量资料如下：

工人分组	产量(万吨)		工人数	
	基　期	计算期	基　期	计算期
技术工人	26.0	66.0	650	1 500
普通工人	22.8	25.2	950	1 000
合　计	48.8	91.2	1 600	2 500

试从相对数和绝对数方面分析该企业总平均劳动生产率变动受各个工人组劳动生产率变动和各工人组工人数结构变动的影响程度。

11. 某企业 2012 年和 2011 年的总产值和职工人数资料如下：

年　份	总产值(万元)	职工人数	
		总人数	其中:生产工人数
2011	900	800	640
2012	1 300	840	714

试分析该企业 2012 年比 2011 年总产值增长中受职工人数,生产工人占职工人数比重及工人劳动生产率三个因素相对影响程度和影响绝对值。

12. 某企业基报两期几种产品销售、利税资料如下：

产品	计量单位	基　期			计算期		
		销售量	价格(元)	利税率(%)	销售量	价格(元)	利税率(%)
甲	台	3 000	100	10	2 000	95	10.0
乙	件	2 000	200	30	2 000	200	30.0
丙	台	1 000	300	50	1 800	250	36.1

试分析利税额的变动受销售量、价格和利税率变动的影响程度。

第十章　Excel 在统计中的应用

学习目标

通过本章学习，要求：1. 掌握运用 Excel 搜集与整理数据、计算描述统计量的方法；2. 熟悉用 Excel 处理统计数据及统计分析的基本程序与基本原理；3. 能运用 Excel 进行时间序列分析、指数分析、抽样推断和相关与回归分析。4. 了解 Excel 是统计工作的基本工具。

内容框架图

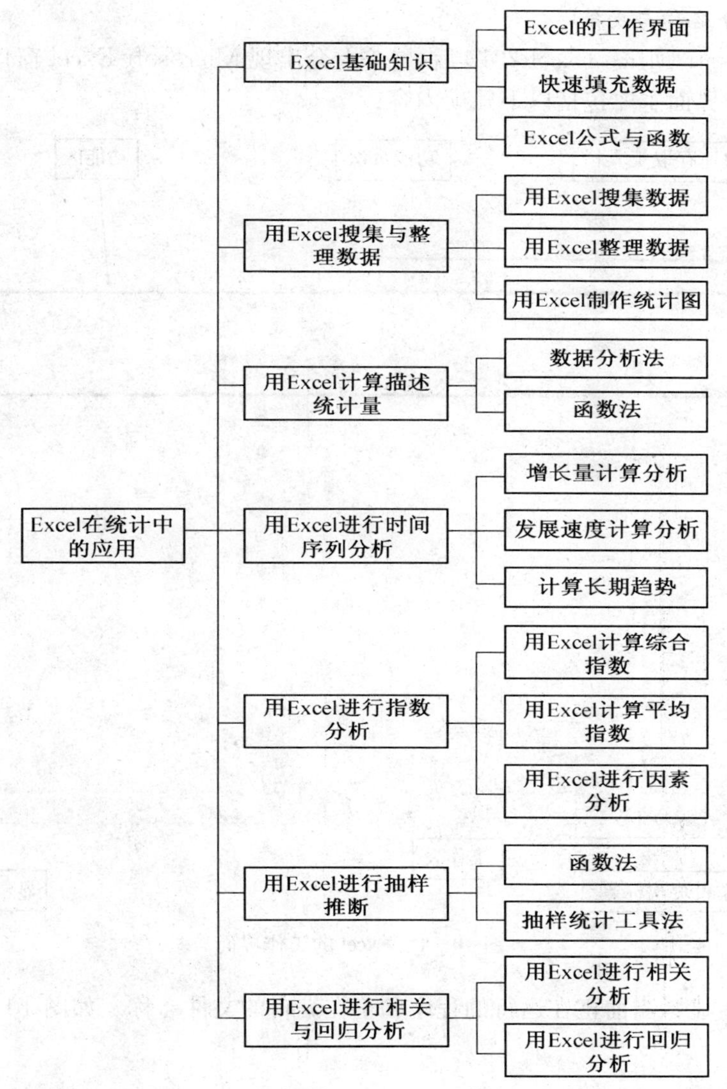

第一节 Excel 基础知识

在统计工作中需要对各种数据进行制表、绘图、分组整理、分析和管理等。在计算机时代，烦琐的数据处理工作离不开先进实用的数据处理软件。在众多的数据处理软件中，由于 Excel 能够与 Windows 操作系统以及 Office 中的其他软件良好结合，而且普及面广、实用简便、功能强大、能够满足一般统计分析的需要，因此成为常用的统计分析工具。利用它可以制作各种复杂的电子表格，完成烦琐的数据计算，将枯燥的数据转换为彩色的图形形象地显示出来，并且可以将各种统计报告和统计图打印出来。目前，Excel 广泛地应用于会计、财务、金融、营销、贸易、统计、行政等领域，是各类经济管理人员最有用的工具之一。

一、Excel 的工作界面

（一）各部分名称与功能

打开 Microsoft Office Excel 2010 后，屏幕上会出现 Microsoft Excel 窗口，如图 10－1 所示，Excel 的工作界面主要包括以下几项内容：

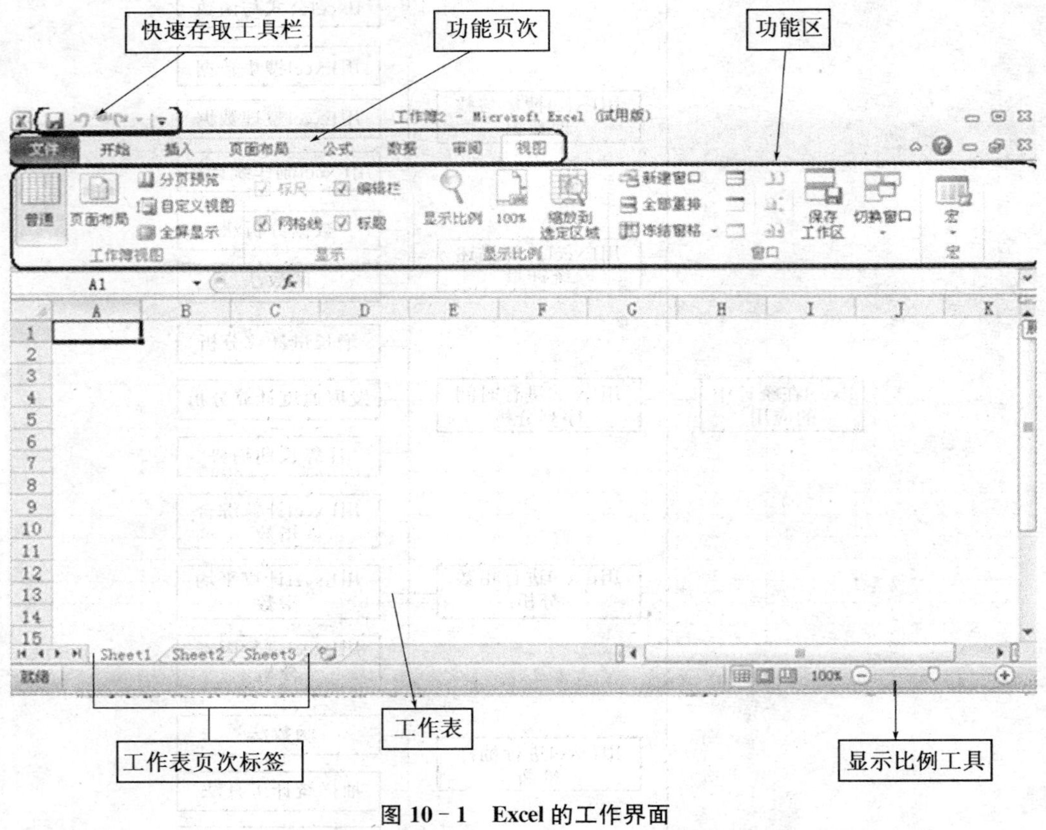

图 10－1 Excel 的工作界面

（1）标题栏：显示当前正在运行的程序和正在编辑的文件名称。如图 10－1 所示，标题栏显示"工作簿 2-Microsoft Excel"表示当前正在运行 Excel,在 Excel 中正在编辑文件"工作簿 2. xls"。

(2) 菜单栏:共有"文件"、"开始"、"插入"、"页面布局"、"公式"、"数据"、"审阅"、"视图"八个菜单。它们分别对应于不同功能的 Excel 命令,当某个菜单被选中时,可以引出一个下拉式的子菜单。各页次中收录相关的功能群组,方便使用者切换、选用。例如,开始页次就是基本的操作功能,像是字型、对齐方式等设定,只要切换到该功能页次即可看到其中包含的内容。

(3) 快速存取工具栏:"快速存取工具栏"顾名思义就是将常用的工具摆放于此,帮助快速完成工作。预设的"快速存取工具栏"只有 3 个常用的工具,分别是"保存"、"撤销键入"及"恢复键入",用户可以根据自己的需要,对常用工具进行设定。

(4) 显示比例工具:视窗右下角是"显示比例"区,显示目前工作表的检视比例,按下"+"可放大工作表的显示比例,每按一次放大 10%,如 90%、100%、110%……反之按下"—"钮会缩小显示比例,每按一次则会缩小 10%,如 110%、100%、90%……或者也可以直接拉拽中间的滑动杆调整显示比例。

(5) 工作表页次标签:工作表是一个由行和列组成的表格。Excel 默认包含三个工作表:sheet1、sheet2、sheet3,当前工作表为 sheet1。

(6) 单元格:行与列的交集称为单元格。

(二) 单元格的表示

每一个单元格通过其位置来表示,即通过相交的行和列来表示。每一个工作表有 65 536 行(以数字 1、2、3、…、65 536 表示)和 256 列(以英文字母 A、B、C、…、IV 表示)组成。因此第 A 列和第 1 行交叉点的单元格被称为单元格 A1。

如果要表示多个单元格,则要借助":"和","来实现。如要表示 A1 到 D5 整个矩形范围的单元格,可用"A1:D5"来实现;如要表示多个不相邻的单元格 A1:C3 和 E4:G6,则可用"A1:C3,E4:G6"来实现。

(三) 工作表与工作簿的关系

一个 Excel 文件就像一本工作簿,而工作簿中的每一页就是一个工作表,每一个工作表有一个自己的标签。在 Excel 中,新的工作簿默认包含三个工作表,标签分别为 sheet1、sheet2、sheet3。用户可以通过用鼠标右击标签名,选择弹出菜单中的"重命名"命令来修改标签名;也可以通过弹出菜单中的"插入"或"删除"命令来插入一个新的工作表或删除一个工作表。

二、快速填充数据

如果工作表中相邻的多个单元格数据相同或具有某种规律,则用户不必逐一输入数据,Excel 提供了快速填充的功能,可以为用户缩短输入数据所需的时间。Excel 的快速填充功能有两个方面:

(一) 利用"填充柄"进行快速填充

选择单元格后,单元格的右下角会出现一个黑色方块,这个黑色方块即被称为填充柄。当鼠标停留在填充柄上时,鼠标形状会变成✚,这表明自动填充功能已经启用。利用"填充柄"可以将单元格内的数据复制到相邻的单元格中,也可以在相邻的单元格中产生具有同样规律的序列数据。

利用"填充柄"快速填充单元格的步骤是:

(1) 移动鼠标选择要作为填充数据起点的单元格(可以是一个单元格,也可以是一个单元格区域,但必须已经输入了数据)。

(2) 将鼠标移动到选定区域的填充柄上,即所选定单元格区右下角的黑色方块,等待鼠标形状变成✚。

(3) 按住鼠标左键拖动填充柄覆盖希望填充的单元格区域。

(4) 释放鼠标左键后,窗口画面上会出现按钮,单击该按钮,从下拉菜单中选择一种填充方式(如图 10-2 所示),完成后即可。

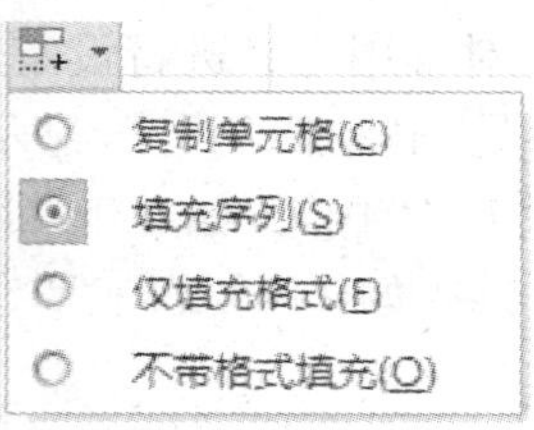

图 10-2 填充方式

其中,按钮的各选项含义分别为(各填充结果如图 10-3 所示,其中第一个单元格为起始单元格):

① 复制单元格:以复制数据的方式填充单元格。

② 填充序列:以递增值为 1 的序列填充单元格。

③ 仅填充格式:仅将单元格填充指定的格式设定。

④ 不带格式填充:仅填充数据,但不包含格式设定。

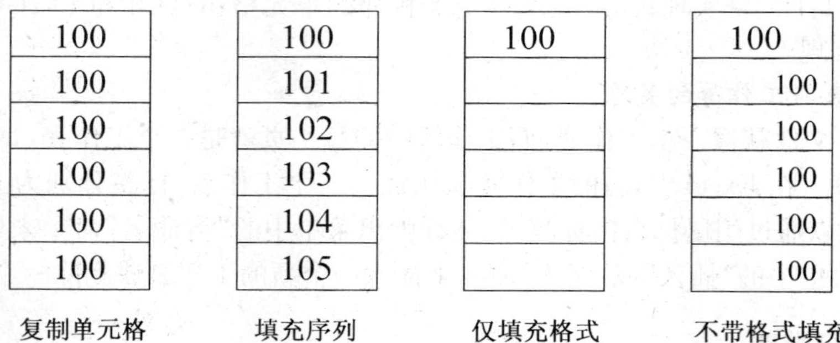

图 10-3 各填充方式填充结果

(二) 利用“序列”对话框进行快速填充

通过鼠标点击菜单“开始”→“填充”→“系列”,调出“系列”对话框,使用该对话框可以生成等差序列、等比序列、日期序列等。例如,要在工作表的 A 列生成 1 到 200 之间、步长值为 5 的等比序列,则操作步骤如下:

(1) 在想要填充数据的起点单元格中输入序列的开始值。例如,在单元格 A1 中输入数值 1。

(2) 移动鼠标从起点单元格开始选取想要填充数据的单元格范围,例如,选中 A 列。然后通过鼠标点击菜单“开始”→“填充”→“系列”,调出“序列”对话框,如图 10-4 所示。

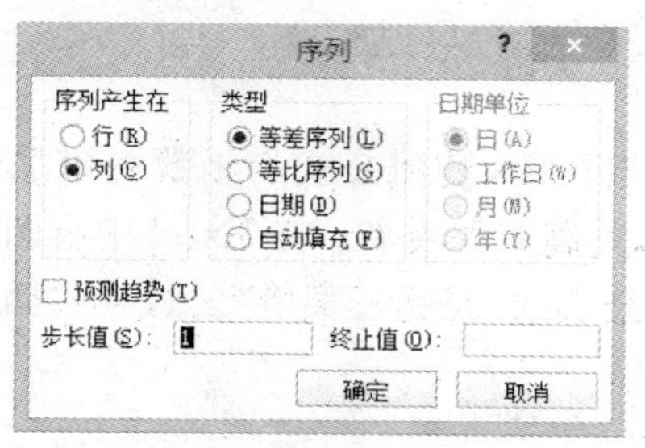
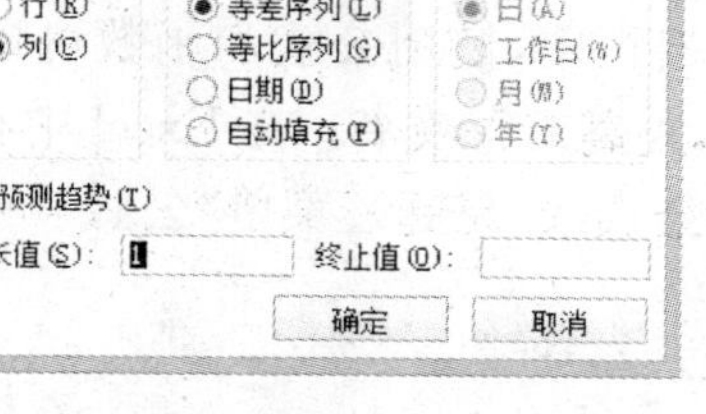

图 10-4　“序列”对话框

图 10-5　“序列”对话框

(3) 如图 10-5 所示，在“序列”对话框的“序列产生在”区选择“列”；在“类型”区选择“等比序列”；在“步长值”区输入数值“5”；在“终止值”区输入数值“200”，“确定”即可。

(4) 完成后，就会在工作表的 A 列产生如图 10-6 所示的序列。

	A	B
1	1	
2	5	
3	25	
4	125	
5		
6		
7		

图 10-6　“序列”填充

利用“序列”对话框，用户可以快速填充步长值为任意数值的等差序列、等比序列、日期序列等。用户还可以根据需要定义自己的序列。通过鼠标点击菜单“文件”→“选项”→“高级”→“常规”→“编辑自定义列表”，Excel 中已有的自定义序列有 11 个，用户可以在“自定义序列”区选择 Excel 中已有的自定义序列，也可以在“自定义序列”区选择“新序列”，然后在“输入序列”区键入自己的序列。键入时一次输入一个条目，按回车键转到另一行，键入完成时单击“添加”以使用户自己的序列可用。最后，单击“确定”按钮关闭对话框(如图 10-7 所示)。

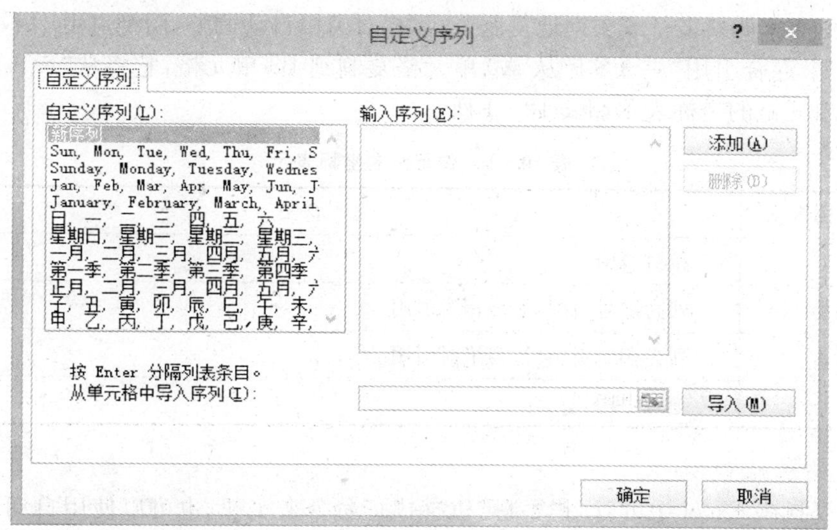

图 10-7　“选项”对话框

三、Excel 公式与函数

Excel 具有很强的公式功能，在数据分析处理过程中，使用公式和函数可以加快运算速度，并且能记住分析的具体步骤，便于检查和修改，提高工作效率。在 Excel 中有两种方式可以在单元格中输入公式，一是直接在单元格中创建公式，二是通过菜单“公式”→“插入函数”，调出“插入函数”对话框。

（一）创建公式

在单元格中创建公式，首先要移动鼠标选择想要输入公式的单元格，待该单元格四周出现方框后，在键盘上输入“＝”号和要进行计算的公式，按回车键完成公式并显示结果。例如，在单元格 A1 中输入公式“＝29＋41”，则回车后单元格 A1 中会显示结果“70”；在单元格 B1 中输入公式“＝C3＊D5”，则回车后单元格 B1 中会显示单元格 C3 中的数值与单元格 D5 中的数值之积。

1. 公式中的单元格引用

在 Excel 中，每一个单元格通过其位置来表示，即通过相交的行（以数字 1、2、3、…、65 536 表示）和列（以英文字母 A、B、C、…、IV 表示）来表示。单元格名称可以和数字、数学运算符及内置函数一起在公式中出现。但单元格的名称，也即其坐标有相对引用和绝对引用之分。

相对引用（如 A1）是基于包含公式和单元格引用的单元格的相对位置。如果公式所在单元格的位置改变，引用也随之改变。如果多行或多列地复制公式，引用会自动调整。默认情况下，新公式使用相对引用。例如，如果将 B2 单元格中的相对引用“＝A1”复制到单元格 B3，将自动从“＝A1”调整到“＝A2”。

绝对引用（如＄A＄1）则总是在指定位置引用单元格。如果公式所在单元格的位置改变，绝对引用保持不变。如果多行或多列地复制公式，绝对引用将不作调整。例如，如果将单元格 B2 中的绝对引用“＝＄A＄1”复制到单元格 B3，则在两个单元格中一样，都是“＝＄A＄1”。

混合引用具有绝对列和相对行，或是绝对行和相对列。绝对引用列采用＄A1、＄B1 等形式，绝对引用行采用 A＄1、B＄1 等形式。如果公式所在单元格的位置改变，则相对引用改变，而绝对引用不变。如果多行或多列地复制公式，相对引用自动调整，而绝对引用不作调整。例如，如果将一个混合引用“＝A＄1”从 A2 单元格复制到 B3 单元格，它将从“＝A＄1”调整到“＝B＄1”。单元格的坐标表示如表 10－1 所示。

表 10－1　单元格的坐标表示

单元格的坐标表示	含义
A1	相对引用
＄A1	列为绝对引用，行为相对引用
A＄1	列为相对引用，行为绝对引用
＄A＄1	绝对引用

2. 公式的复制

公式的复制在 Excel 中可以用“复制”和“粘贴”命令来实现，也可以使用自动填充功能来实现。但需要注意公式的复制会产生单元格地址的变化，会对计算结果产生影响。

当复制的公式中包含相对引用的单元格名称时，Excel 会自动调整公式，以便引用相对于当前公式位置的其他单元格。例如，如图 10－8 所示，要在单元格 C1 中返回单元格 A1 与 B1 之和，则选中单元格 C1 后，输入“＝A1＋B1”并回车。如果将该公式复制到单元格 C2 中，公式引用的单元格坐标将随着发生变化，C2 中的公式将变为“＝A2＋B2”。如果将公式复制到单元格 E5 中，公式将变为“＝C5＋D5”。

SUM =A1+B1

	A	B	C	D	E
1	1	2	=A1+B1		
2	2	3			
3	3	4			
4	4	5			
5	5	6			
6					
7					

图 10－8 公式的复制一

当复制的公式中包含绝对坐标的单元格名称时，不论公式复制到何处，公式的内容及结果都不会发生变化。例如，选中单元格 C1 后，输入“＝＄A＄1＋＄B＄1”并回车，则不管将该公式复制到什么位置，公式都将是“＝＄A＄1＋＄B＄1”。

当复制的公式中包含混合坐标的单元格名称时，如果单元格坐标的行标前加“＄”，则保持“行”不变动，但“列”会随着公式位置的变化而变动；如果单元格坐标的列标前加“＄”，则保持“列”不变动，但“行”会随着公式位置的变化而变动。例如，如图 10－9 所示，选中单元格 C1 后，输入“＝A1＋B＄1”并回车。如果将该公式复制到单元格 C2 中，C2 中的公式将变为“＝A2＋B＄1”。如果将公式复制到单元格 E5 中，公式将变为“＝C5＋D＄1”。

SUM =A1+B$1

	A	B	C	D	E
1	1	2	=A1+B$1		
2	2	3			
3	3	4			
4	4	5			
5	5	6			
6					
7					
8					

图 10－9 公式的复制二

3. 复制公式的计算结果

在 Excel 中也可以只将公式的计算结果复制到目标区域，而并不复制公式本身，具体方法是：首先，移动鼠标选择需要复制的区域，并进行“复制”操作。然后，在目标粘贴区域单击鼠标右键，选择“选择性粘贴”，弹出“选择性粘贴”对话框，如图 10－10 所示。在“粘贴数值”选项中选择“值”即可。

（二）插入函数

图 10－10　选择性粘贴对话框

Excel 具有大量的内置函数，如财务函数、日期与时间函数、数学与三角函数、统计函数等。这些函数均可在 Excel 的运行过程中任意直接调用。除此之外，Excel 还可以根据特定的需要让用户运用 Visual Basic 和宏编辑语言建立起自己的专用函数以供使用。在 Excel 中，函数就是预定义的内置公式，它使用参数并按照特定的顺序进行计算。函数的参数是函数进行计算所必需的初始值。用户把参数传递给函数，函数按特定指令对参数进行计算，把计算的结果返回给使用者。

用户选定想要插入函数的单元格后，移动鼠标点击菜单“公式”→“插入函数”，出现“插入函数”对话框（如图 10－11 所示），用户输入想要执行函数的说明，就会出现可以使用的函数以供选择。或者鼠标点击“或选择类别”的下拉菜单按钮，选择“统计”，同样会出现可供选择的统计函数（如图 10－12 所示）。

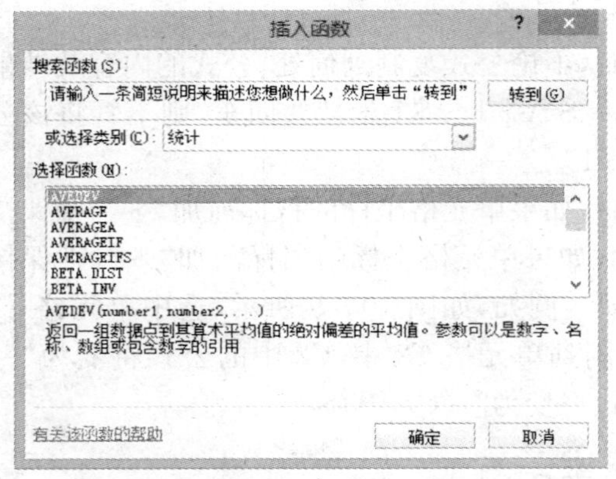

图 10－11　插入函数对话框

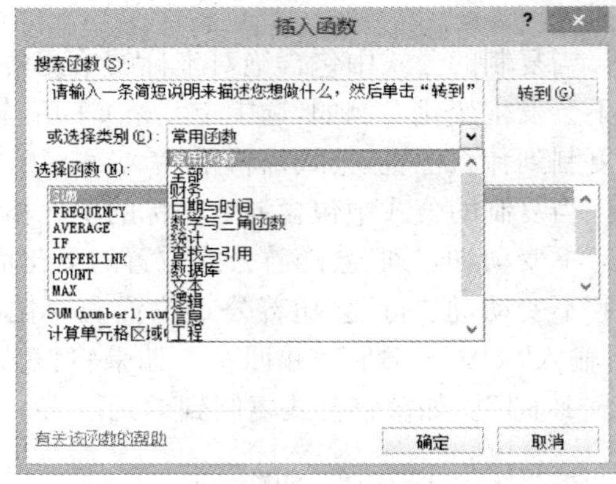

图 10－12　统计函数

第二节　用 Excel 搜集与整理数据

统计数据搜集就是根据统计研究目的和任务的要求，运用科学的统计调查方法，有计划、有组织地收集客观实际资料的工作过程。搜集到的信息可以是没有进行整理的原始资料，也可以是已经经过初步整理，还须进一步系统化的次级资料。利用 Excel 可以很方便地进行数据的搜集和整理。

一、用 Excel 搜集数据

搜集数据的方法有多种，可以采用统计报表、典型调查、重点调查或抽样调查。针对抽样调查，Excel 的数据分析工具中提供了一个专门的“抽样”工具，可以帮助使用者快速完成抽样工作。

【例 10－1】　假设有 100 名学生，从中选取 20 人进行月消费水平调查。

首先，将 100 名学生编号为 1～100 号，输入编号（如图 10－13 所示）。

	A	B	C	D	E	F	G	H	I	J	K
1	1	11	21	31	41	51	61	71	81	91	
2	2	12	22	32	42	52	62	72	82	92	
3	3	13	23	33	43	53	63	73	83	93	
4	4	14	24	34	44	54	64	74	84	94	
5	5	15	25	35	45	55	65	75	85	95	
6	6	16	26	36	46	56	66	76	86	96	
7	7	17	27	37	47	57	67	77	87	97	
8	8	18	28	38	48	58	68	78	88	98	
9	9	19	29	39	49	59	69	79	89	99	
10	10	20	30	40	50	60	70	80	90	100	
11											
12											

图 10－13　100 名学生的编号

其次，利用"抽样"工具进行抽样的具体操作如下：

第一步，单击"数据"菜单，选择"数据分析"选项。

若无数据分析选项，则需先加载分析工具库，具体步骤如下：

(1) 单击"文件"菜单，选择"选项"，在 Excel 选项里选择"加载项"，在非活动应用程序加载项里选择"分析工具库"（如图 10－14 所示）；

图 10－14　"加载项"对话框

(2) 单击“转到(G)...”按钮，在“可用加载宏”里选择“分析工具库”，单击“确定”按钮。这样在“数据”菜单中就会出现“数据分析”（如图 10-15 所示）。

图 10-15 “分析工具库”对话框

第二步，打开“数据分析”对话框，从其对话框的“分析工具”列表中选择“抽样”选项（如图 10-16 所示）。

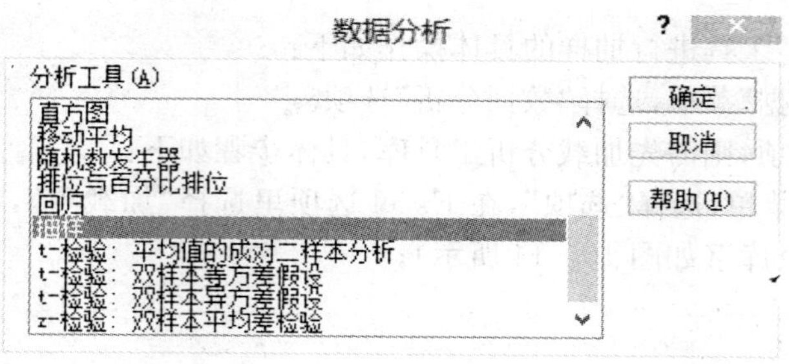

图 10-16 “数据分析”对话框

第三步，单击“确定”按钮，打开“抽样”对话框，确定“输入区域”、“抽样方法”和“输出区域”（如图 10-17）。

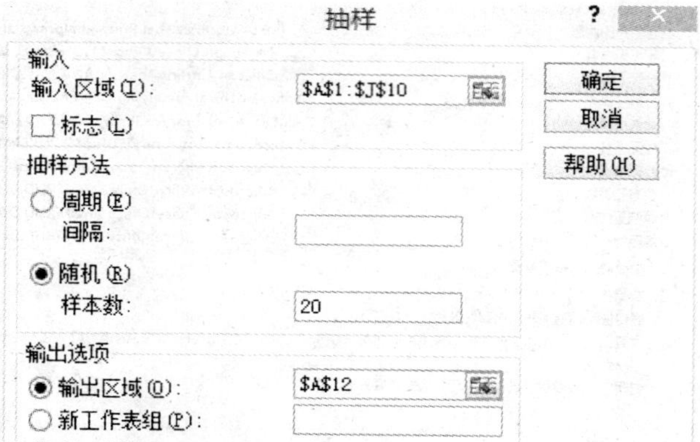

图 10-17 “抽样”对话框

(1) 确定输入区域。

(2) 选定抽样方法。

在“抽样方法”中,有“周期”和“随机”两种抽样模式。

① “周期”即等距抽样。此种抽样方法,需要确定周期间隔,周期间隔由总体单位数除以要抽取的样本数求得。本例中,要在 100 个总体单位中抽取 20 个样本,则在“间隔”框中输入 5;

② “随机”适用于简单随机抽样、类型抽样和整群抽样。

(3) 指定输出方向。

在“输出选项”中有三种输出方式。在“输出区域”中输入总体单位所在的单元格区域的任一单元格。在本例中,输入区域为“＄A＄12”。也可以通过选择“新工作表组”或“新工作簿”在新工作表或工作簿中输出。

第四步:单击“确定”按钮后,在指定的位置出现抽样的结果(如图 10－18 所示)。

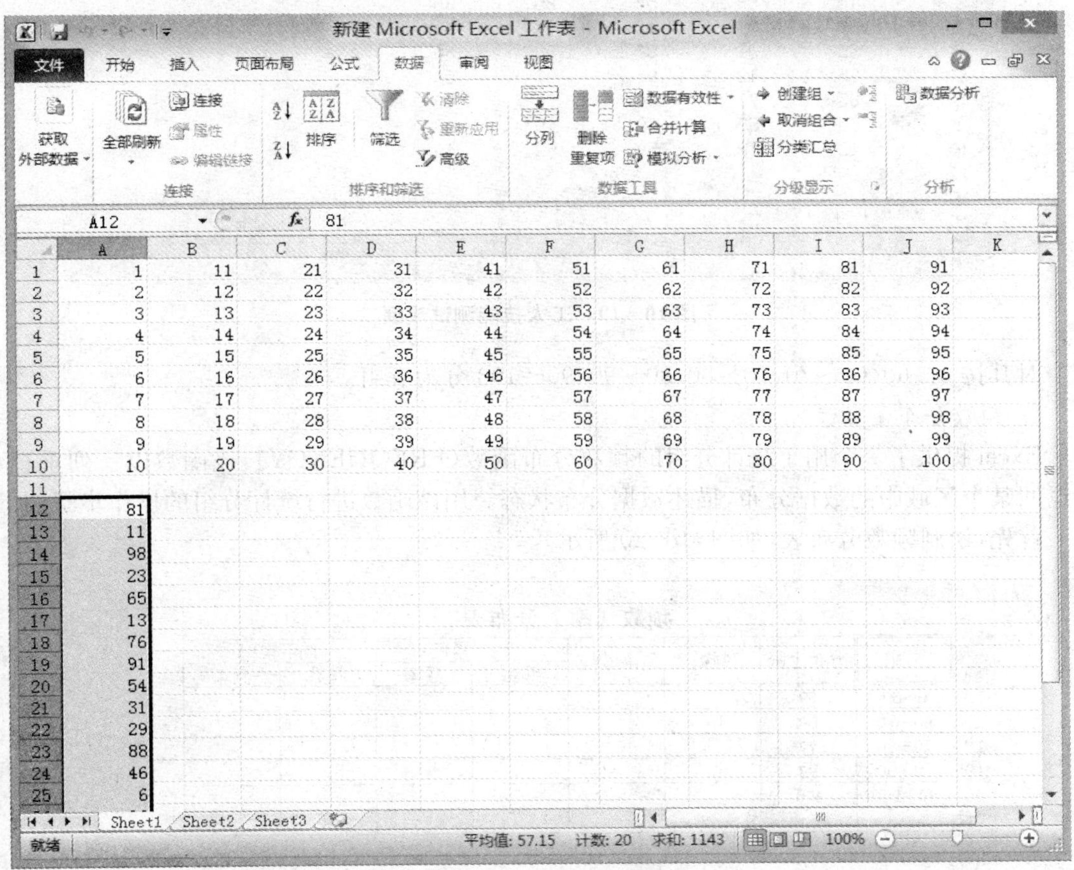

	A	B	C	D	E	F	G	H	I	J	K
1	1	11	21	31	41	51	61	71	81	91	
2	2	12	22	32	42	52	62	72	82	92	
3	3	13	23	33	43	53	63	73	83	93	
4	4	14	24	34	44	54	64	74	84	94	
5	5	15	25	35	45	55	65	75	85	95	
6	6	16	26	36	46	56	66	76	86	96	
7	7	17	27	37	47	57	67	77	87	97	
8	8	18	28	38	48	58	68	78	88	98	
9	9	19	29	39	49	59	69	79	89	99	
10	10	20	30	40	50	60	70	80	90	100	
11											
12	81										
13	11										
14	98										
15	23										
16	65										
17	13										
18	76										
19	91										
20	54										
21	31										
22	29										
23	88										
24	46										
25	6										

图 10－18　抽样结果

二、用 Excel 整理数据

通过统计调查得到的数据是杂乱的,因此需要对搜集到的大量原始数据进行加工整理,经过数据分析得到科学结论。统计整理包括对数据进行分类汇总并计算各类指标,利用统计图或统计表描述统计汇总结果等。Excel 提供了多种数据整理工具,包括频数分布函数与直方图分析工具等。

【例 10－2】 某车间 50 名工人进行技能测试成绩如图 10－19 所示。

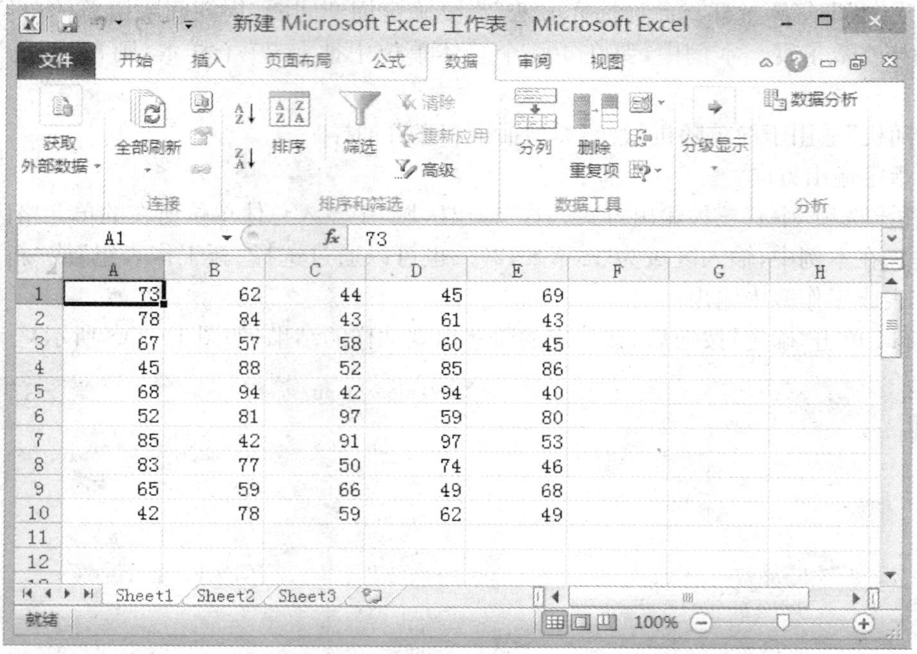

	A	B	C	D	E
1	73	62	44	45	69
2	78	84	43	61	43
3	67	57	58	60	45
4	45	88	52	85	86
5	68	94	42	94	40
6	52	81	97	59	80
7	85	42	91	97	53
8	83	77	50	74	46
9	65	59	66	49	68
10	42	78	59	62	49

图 10－19　工人技能测试成绩

对其按 0～60、60～70、70～80、80～90、90～100 分为五组。

1. 频数分布函数

Excel 提供了一个用于统计分组的频数分布函数(FREQUENCY),该函数以一列垂直数组返回某个区域中的数据分布,描述数据分布状态。用该函数进行统计分组的操作步骤如下。

首先,绘制频数分布表(如图 10－20 所示)。

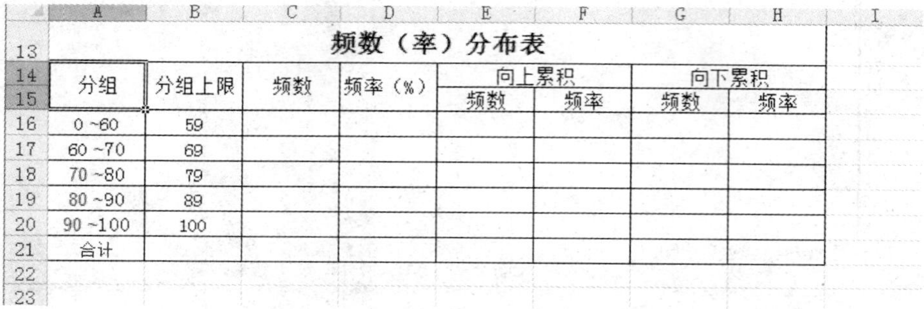

频数（率）分布表

分组	分组上限	频数	频率（%）	向上累积		向下累积	
				频数	频率	频数	频率
0～60	59						
60～70	69						
70～80	79						
80～90	89						
90～100	100						
合计							

图 10－20　绘制频数分布表

然后,利用频数分布函数进行统计分组和计算频数,具体操作步骤如下:

第一步,选定单元格区域,本例中选定的区域为 C16:C20,单击“公式”菜单,选择“插入函数”选项,弹出“插入函数”对话框。在“或选择类别”中选择“统计”,在“选择函数”中选择

"FREQUENCY"(如图 10－21 所示);

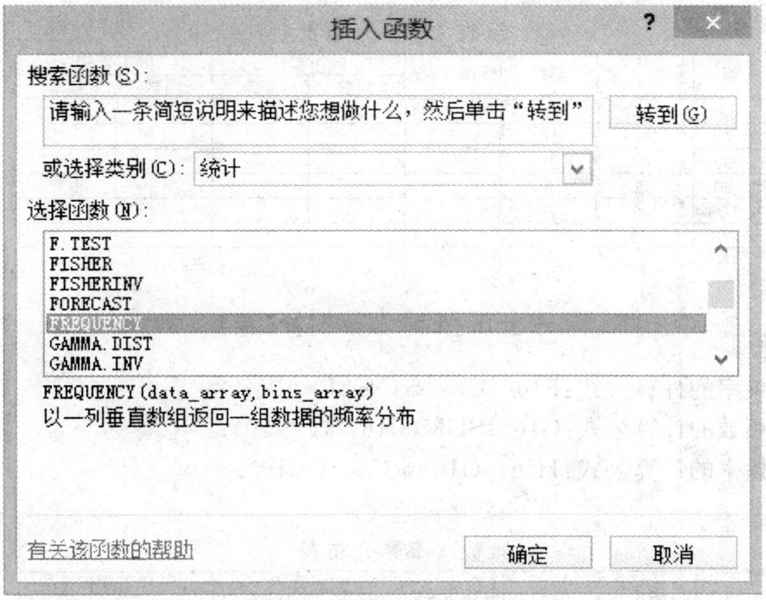

图 10－21 "插入函数"对话框

第二步,打开"FREQUENCY"对话框,输入待分组数据域分组标志(如图 10－22 所示);确定 FREQUENCY 函数两个参数的值。其中,

Data_array:原始数据或其所在单元格区域(A1:E10);

Bins_array:分组各组的上限值或其所在的单元格区域(B16:B20);

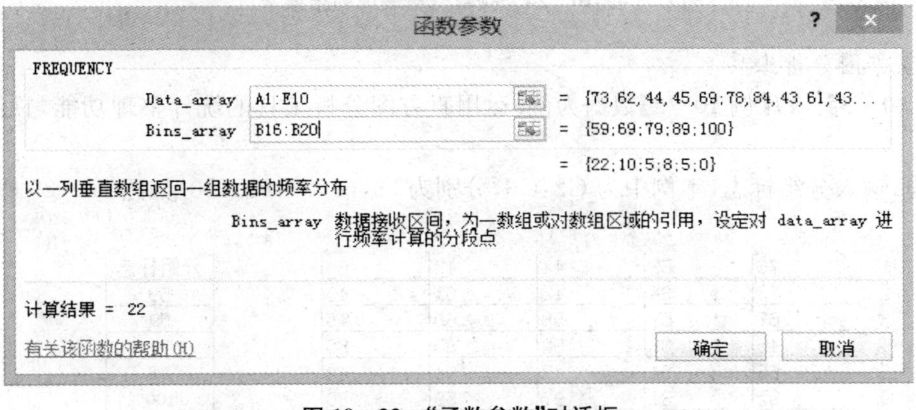

图 10－22 "函数参数"对话框

第三步,按"Ctrl+Shift+Enter"组合键,在最初选定单元格区域内得到频数分布结果,在本例中为 C16:C20(如图 10－23 所示);

第四步,用各种公式计算表中其他各项,结果如图 10－24 所示。

频率的计算公式:D16=C16/$C$21*100;

向上累积频数的计算公式:E16=SUM($C$16:C16);

	A	B	C	D	E	F	G	H
13	频数（率）分布表							
14	分组	分组上限	频数	频率（%）	向上累积		向下累积	
15					频数	频率	频数	频率
16	0~60	59	22					
17	60~70	69	10					
18	70~80	79	5					
19	80~90	89	8					
20	90~100	100	5					
21	合计							

C16 {=FREQUENCY(A1:E10,B16:B20)}

图 10-23 "频数"计算结果

向上累积频率的计算公式：F16＝E16/＄C＄21＊100；

向下累积频数的计算公式：G16＝SUM(C16：＄C＄20)；

向下累积频率的计算公式：H16＝G16/＄C＄21＊100。

	A	B	C	D	E	F	G	H
13	频数（率）分布表							
14	分组	分组上限	频数	频率（%）	向上累积		向下累积	
15					频数	频率	频数	频率
16	0~60	59	22	44	22	44	50	100
17	60~70	69	10	20	32	64	28	56
18	70~80	79	5	10	37	74	18	36
19	80~90	89	8	16	45	90	13	26
20	90~100	100	5	10	50	100	5	10
21	合计		50	100	—	—	—	—

图 10-24 频数分布表填列结果

2. 直方图分析工具

【例 10-3】 以【例 10-2】数据为例，运用直方图分析工具的统计整理功能，具体操作步骤如下。

首先，输入分组标志，本例中为 G2：G6，分别为 59，69，79，89，100（如图 10-25 所示）。

	A	B	C	D	E	F	G
1	73	62	44	45	69		分组标志
2	78	84	43	61	43		59
3	67	57	58	60	45		69
4	45	88	52	85	86		79
5	68	94	42	94	40		89
6	52	81	97	59	80		100
7	85	42	91	97	53		
8	83	77	50	74	46		
9	65	59	66	49	68		
10	42	78	59	62	49		

图 10-25 输入分组标志

然后，利用直方图分析工具进行分析，具体操作步骤如下：

第一步，单击“数据”菜单，选择“数据分析”选项，打开“数据分析”对话框，从“分析工具”列表中选择“直方图”选项（如图 10－26 所示）；

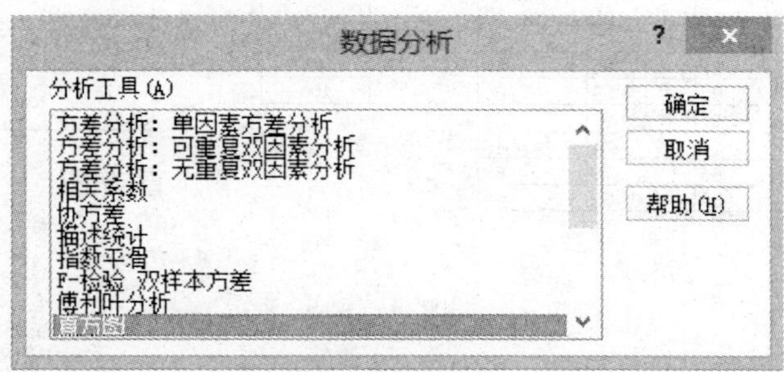

图 10－26　“数据分析”对话框

第二步，打开“直方图”对话框，确定“输入区域”、“接收区域”和“输出区域”（如图 10－27 所示）；

（1）“输入区域”输入待分析数据区域的单元格引用位置，如果输入区域有标志项，则选中“标志”复选框；否则，系统自动生成数据标志。“接收区域”输入接收区域的单元格引用位置，该框可以为空，则系统自动利用输入区域的最小值和最大值建立平均分布的区间间隔的分组。本例中，输入区域为＄A＄1：＄E＄10，接收区域为＄G＄2：＄G＄6。

（2）在“输出选项”中选择输出去向。

（3）选择“柏拉图”可以再输出表中同时按降序排列频数数据；选择“累积百分率”可在输出表中增加一列累积百分比数值，并绘制一条百分比曲线；选择“图标输出”可生成一个嵌入式直方图。

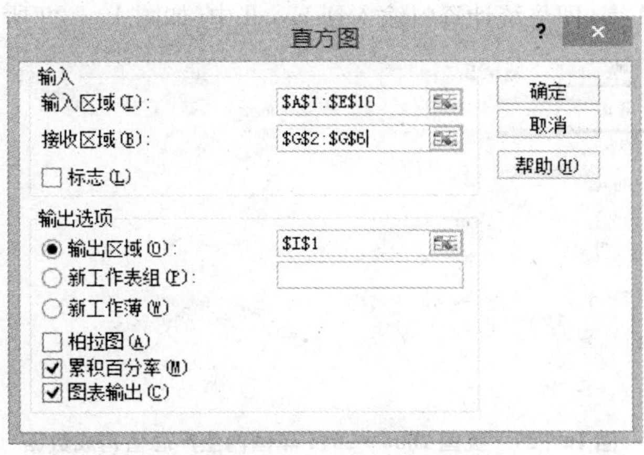

图 10－27　“直方图”对话框

第三步，单击“确定”按钮，在输出区域单元格可得到频数分布（如图 10－28 所示）。

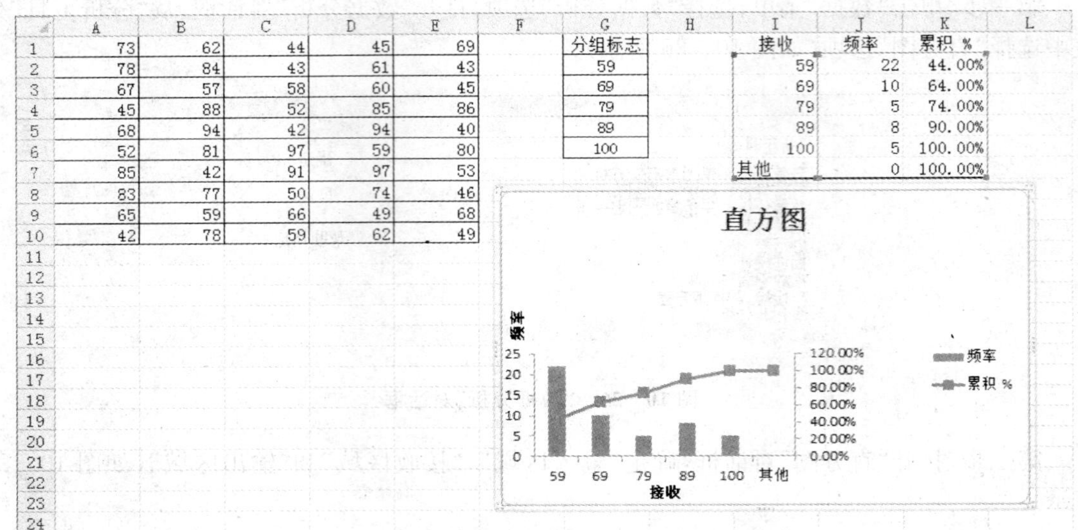

	A	B	C	D	E
1	73	62	44	45	69
2	78	84	43	61	43
3	67	57	58	60	45
4	45	88	52	85	86
5	68	94	42	94	40
6	52	81	97	59	80
7	85	42	91	97	53
8	83	77	50	74	46
9	65	59	66	49	68
10	42	78	59	62	49

分组标志
59
69
79
89
100

接收	频率	累积 %
59	22	44.00%
69	10	64.00%
79	5	74.00%
89	8	90.00%
100	5	100.00%
其他	0	100.00%

图 10-28　频数分布结果及直方图

三、用 Excel 制作统计图

在统计整理中常用的统计图有柱形图、条形图、折线图、饼图、雷达图等。利用 Excel 的图标向导可以很方便地绘制所需统计图。各种图的做法大同小异，限于篇幅，下面仅就柱形图的绘制方法进行说明。

【例 10-4】　根据我国 2006—2011 年国内生产总值构成数据制作相应的统计图。

第一步，创建工作表，即将统计资料输入到 Excel 中（如图 10-29 所示）；

	A	B	C	D	E
1	年份	第一产业（亿元）	第二产业（亿元）	第三产业（亿元）	
2	2006年	24040	103720	88555	
3	2007年	28627	125831	111352	
4	2008年	33702	149003	131340	
5	2009年	35226	157639	148038	
6	2010年	40533.6	187383.2	173596	
7	2011年	47712	220592	203260	
8					
9					

图 10-29　我国 2006—2011 年国内生产总值构成数据

第二步，在需要绘制图形的数据中选择任一单元格，选择“插入”菜单，然后选择需要制作的统计图（如图 10-30 所示）；

第三步，点击选择需要制作的图形，例如，选择“二维柱形图”里面的“簇状柱形图”，则直接出现柱形图（如图 10-31 所示）；

第四步，如果对所产生的图不满意，在统计图上点击鼠标右键，可以更改格式、类型、数据、选项及位置，还可以在“设计”里设置图表的效果。

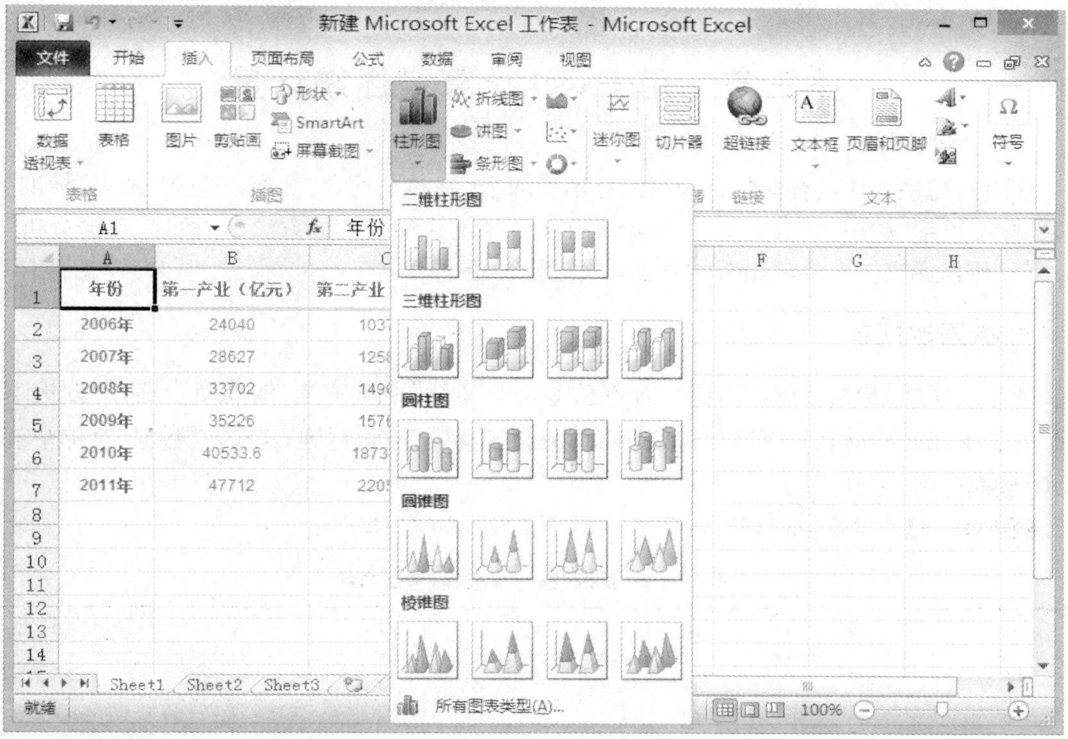

图 10－30　插入统计图

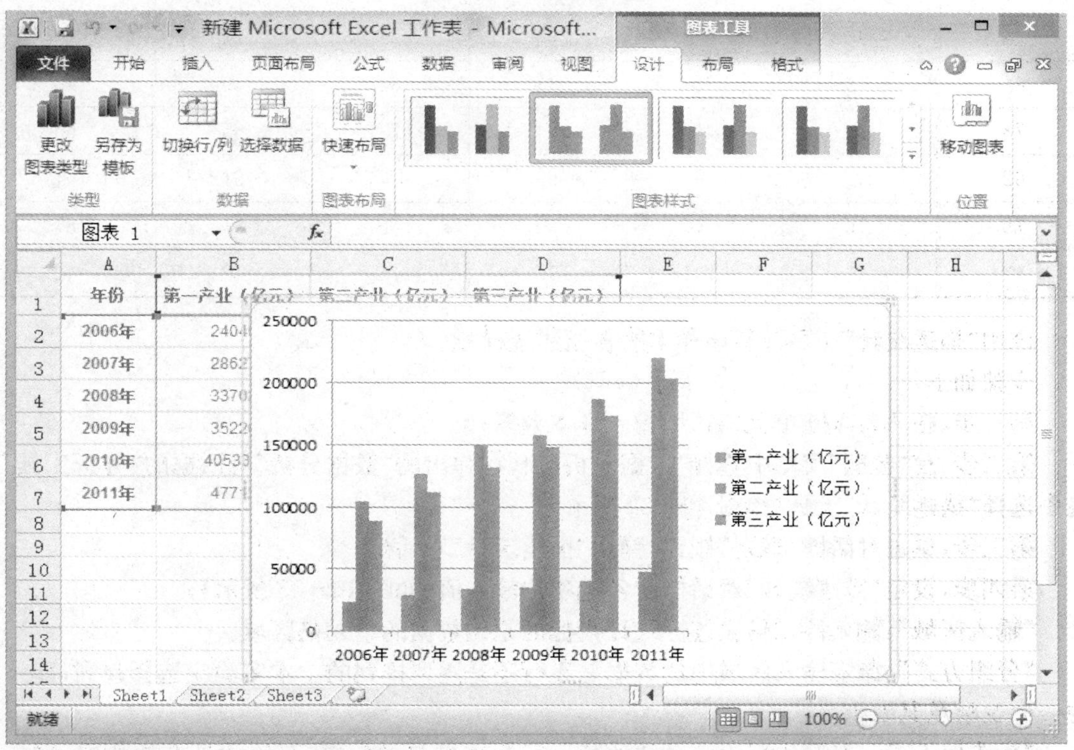

图 10－31　制作簇状柱形图

第三节 用 Excel 计算描述统计量

常用的描述统计量有众数、中位数、算术平均数、调和平均数、几何平均数、极差、标准差、方差、标准差系数等。一般来说，在 Excel 中求这些统计量有两种方法：一种是“数据分析”工具，另一种是函数。本节对此两种方法分别进行介绍。

一、数据分析法

第一次使用“数据分析”工具时，需要在 Excel“文件”菜单中选“加载项”，选择“分析工具库”，点击下面的 转到(G)... ，在弹出对话框的“分析工具库”前面打钩，这样在“数据”菜单中就会出现“数据分析”工具。

【例 10－5】 某班《统计学基础》考试的学生成绩如表 10－2：

表 10－2　某班《统计学基础》考试成绩

65	77	76	68	87	50	50
80	49	95	92	54	75	75
70	83	69	62	81	80	80
66	81	98	48	99	62	62
48	64	78	85	95	71	71
82	57	50	46	62	49	49
73	44	44	74	73	65	65
62	52	86	95	74	61	61
78	57	90	99	68	87	87
43	49	74	76	75	42	42

试用“描述统计”工具计算该样本的各描述统计量。

步骤如下：

第一步，在 A1:A70 单元格区域输入样本数据；

第二步，在“数据”菜单中选择“数据分析”项，在弹出的“数据分析”对话框的“分析工具”列表中选择“描述统计”工具(如图 10－32 所示)；

第三步，单击对话框“确定”按钮，弹出“描述统计”对话框；

第四步，设定“描述统计”对话框中各选项的输入值(如图 10－33 所示)；

“输入区域”：输入待求解描述性统计指标的原始数据的单元格区域。

“分组方式”：指定输入区域中的数据是逐行还是逐列排列的。本实验应选择逐列，即一列为一个变量及其取值。

“标志位于第一行”：如果输入区域的第一行为变量名，第二行开始才是有效数据，则应勾选此复选框；如果输入区域的第一行开始即为有效数据，则不用勾选此复选框。

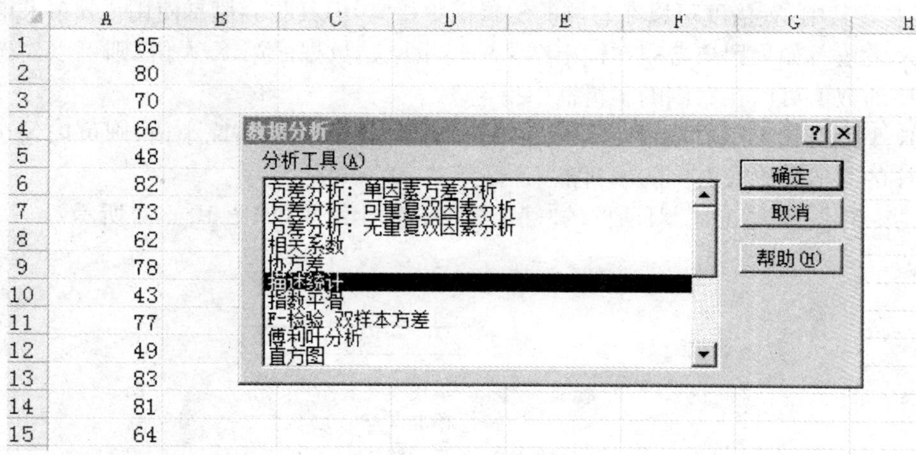

图 10－32　“数据分析”对话框

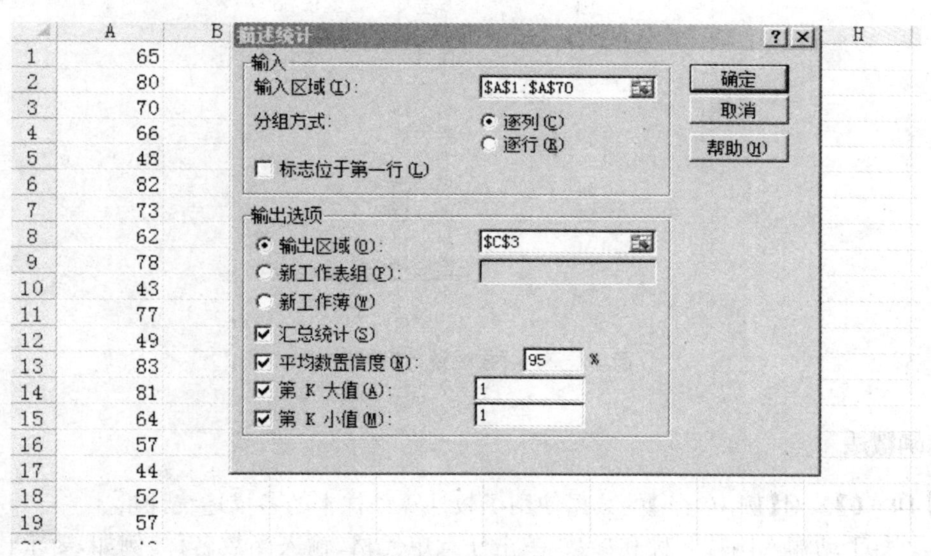

图 10－33　“描述统计”对话框

“输出区域”：如果用户希望在当前工作表中输出结果，则应选择此项，并在其后的文本框中给定输出结果显示的起始位置。

“新工作表组”：如果用户希望在当前工作簿中插入一个新的工作表来输出结果，则选择此项。输出结果将从新工作表的单元格 A1 开始显示。而且用户可以根据需要对新工作表进行命名。

“新工作簿”：如果用户希望创建一个新的工作簿（即一个新的 Excel 文件）来输出结果，则选择此项。

“汇总统计”：勾选“汇总统计”复选框，则可以输出下列描述性统计指标。算术平均值、抽样平均误差、中位数、众数、样本标准差、样本方差、峰度、偏度、全距、最小值、最大值、各变量值总和、样本容量。若用户要计算描述性统计指标，则勾选此项。

“平均数置信度”：勾选此复选框，则可以输出由样本均值对总体均值进行区间估计时的抽样极限误差。其中,置信度可以在右侧的编辑框中指定,但其临界值是使用 t 分布求得的。

"第 K 大值":如果用户希望在输出结果中显示原始数据的第 K 大值,则可以勾选此复选框,并且 K 的数值可以在右侧的编辑框中指定。

"第 K 小值":如果用户希望在输出结果中显示原始数据的第 K 小值,则可以勾选此复选框,并且 K 的数值可以在右侧的编辑框中指定。

第五步:单击"描述统计"对话框的"确定"按钮,输出结果(如图 10－34 所示)。

	A	B	C	D
1	65			
2	80			
3	70		列1	
4	66			
5	48		平均	70.28571
6	82		标准误差	1.88567
7	73		中位数	72
8	62		众数	62
9	78		标准差	15.77665
10	43		方差	248.9027
11	77		峰度	-0.83133
12	49		偏度	-0.02483
13	83		区域	57
14	81		最小值	42
15	64		最大值	99
16	57		求和	4920
17	44		观测数	70
18	52		最大(1)	99
19	57		最小(1)	42
20	49		置信度(95	3.761809
21	99			
22	65			

图 10－34 "描述统计"计算结果

二、函数法

【例 10－6】 对【例 10－5】的数据使用函数计算该样本的各描述统计量。

方法一:手动输入函数名称和参数,单击任意单元格,输入函数名称,例如,要求该组数据的众数,则在单元格内输入"＝MODE(A1:A70)",回车即可(如图 10－35 所示);

	A	B	C	D
1	65			
2	80			
3	70			
4	66			
5	48			
6	82		=MODE(A1:A70)	
7	73			
8	62			
9	78			

图 10－35 手动输入函数法

方法二:函数导入法。在"公式"菜单中选择"插入函数",弹出插入函数对话框,在对话框中确定函数的类别"统计",在"选择函数"中选择函数名称(如图 10－36 所示)。

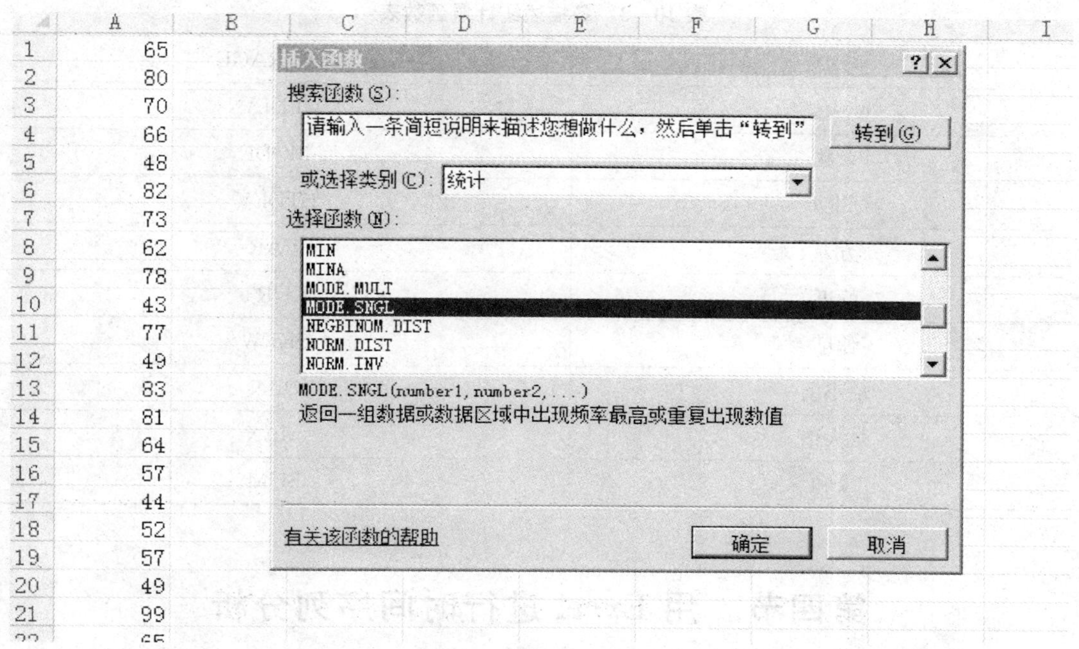

图 10-36　“插入函数”对话框

在弹出的对话框中确定各参数的值，如图10-37所示，点击“确定”，即可得到统计量值。

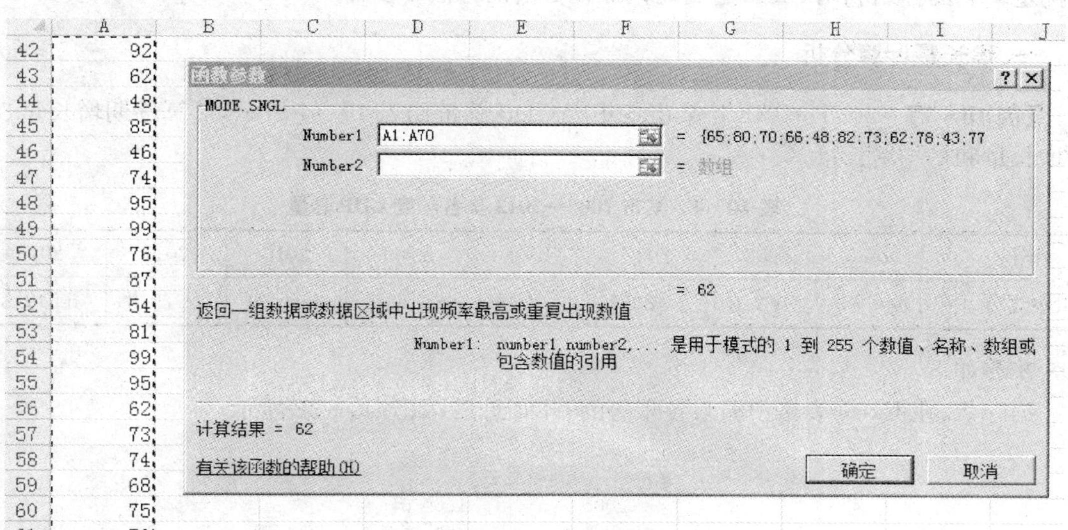

图 10-37　函数参数的设定

附：各描述统计量的Excel工作表函数如表10-3所示。

表 10-3　各描述统计量函数表

平均数	AVERAGE
中位数	MEDIAN
众数	MODE
标准差	STDEV
方差	VAR
峰度	KURT
偏度	SKEW
最小值	MIN
最大值	MAX
求和	SUM

第四节　用 Excel 进行时间序列分析

通过 Excel 可以很方便地完成时间序列的分析，包括对时间分析指标的计算、趋势分析等的测定。下面介绍利用 Excel 进行时间序列分析的方法和步骤。

一、增长量计算分析

【例 10-7】 2005—2012 年某市各年度 GDP 总量如表 10-4 所示，计算逐期增长量、累计增长量和平均增长量。

表 10-4　某市 2005—2012 年各年度 GDP 总量

年份	2005	2006	2007	2008	2009	2010	2011	2012
GDP(亿元)	1 660.6	2 007.8	2 486.7	3 012.8	3 308.5	4 040.9	4 979.8	5 549.8

步骤如下：

第一步，在 Excel 表格中输入各年份的 GDP 总量，如图 10-38 所示；

	A	B	C
1	年份	GDP（亿元）	
2	2005	1660.6	
3	2006	2007.8	
4	2007	2486.7	
5	2008	3012.8	
6	2009	3308.5	
7	2010	4040.9	
8	2011	4979.8	
9	2012	5549.8	
10			

图 10-38　某市 2005—2012 年各年度 GDP 总量

第二步，计算逐期增长量，在 C3 中输入公式"＝B3－B2"，并用鼠标拖动复制公式至

C4:C9;

第三步,计算累计增长量,在D3中输入公式“=B3-$B$2”,并用鼠标拖动复制公式至D4:D9;

第四步,计算平均增长量,在E9中输入“=D9/(2012-2005+1)”即可得到。

具体计算结果如图10-39所示。

	A	B	C	D	E
1	年份	GDP(亿元)	逐期增长量	累计增长量	平均增长量
2	2005	1660.6			
3	2006	2007.8	347.2	347.2	
4	2007	2486.7	478.9	826.1	
5	2008	3012.8	526.1	1352.2	
6	2009	3308.5	295.7	1647.9	
7	2010	4040.9	732.4	2380.3	
8	2011	4979.8	938.9	3319.2	
9	2012	5549.8	570	3889.2	486.15
10					
11					

图10-39 增长量计算结果

二、发展速度计算分析

【例10-8】 以【例10-7】资料为例,计算定基和环比发展速度、平均发展速度、定基和环比增长速度和增长1%绝对值。

第一步,计算定基发展速度,在C3中输入公式“=C2/$B$2”,并用鼠标拖动复制公式至D3:I3;

第二步,计算环比发展速度,在C4中输入公式“=C2/B2”,并用鼠标拖动复制公式至D4:I4;

第三步,计算平均发展速度(水平法),在E9中输入“=GEOMEAN(D3:D9)”即可;

第四步,计算定基增长速度,在C6中输入公式“=C3-100%”,并用鼠标拖动复制公式至D6:I6;

第五步,计算环比增长速度,在C7中输入公式“=C4-100%”,并用鼠标拖动复制公式至D7:I7;

第六步,计算增长1%绝对值,在C8中输入公式“=B2/100”,并用鼠标拖动复制公式至D8:I8。

具体计算结果如图10-40所示。

	A	B	C	D	E	F	G	H	I
1	年份	2005	2006	2007	2008	2009	2010	2011	2012
2	GDP(亿元)	1660.6	2007.8	2486.7	3012.8	3308.5	4040.9	4979.8	5549.8
3	定基发展速度(%)		120.91%	149.75%	181.43%	199.24%	243.34%	299.88%	334.20%
4	环比发展速度(%)		120.91%	123.85%	121.16%	109.81%	122.14%	123.23%	111.45%
5	平均发展速度(%)								206.41%
6	定基增长速度(%)		20.91%	49.75%	81.43%	99.24%	143.34%	199.88%	234.20%
7	环比增长速度(%)		20.91%	23.85%	21.16%	9.81%	22.14%	23.23%	11.45%
8	增长1%绝对值		16.606	20.078	24.867	30.128	33.085	40.409	49.798

图10-40 发展速度计算结果

三、计算长期趋势

【例 10－9】 以【例 10－7】资料为例，预测该市经济的长期发展趋势。

第一步，在工作表中输入各年份 GDP 值；

第二步，在“数据”菜单选择“数据分析”项，在弹出的“数据分析”对话框的“分析工具”列表中选择“移动平均”，如图 10－41 所示；

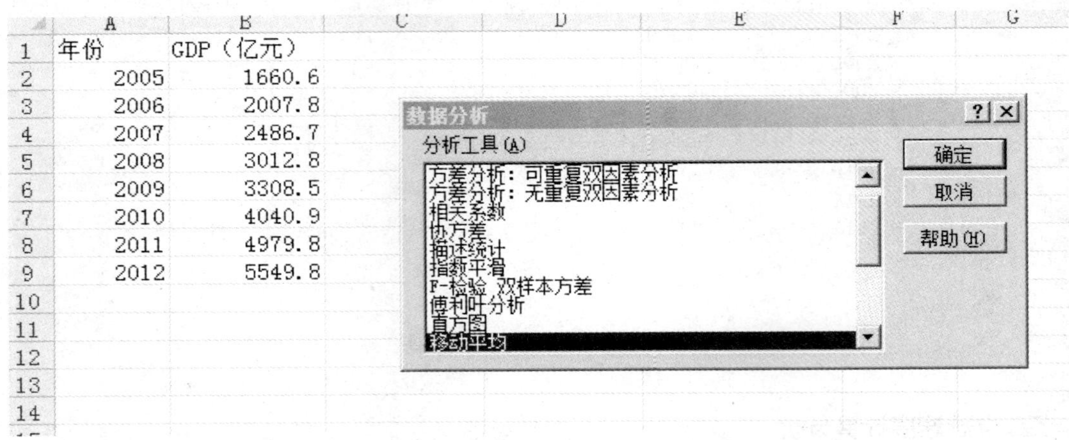

图 10－41 “数据分析”对话框

第三步，单击对话框“确定”按钮，弹出“移动平均”对话框；

第四步，设定“移动平均”对话框各选项的输入值，如图 10－42 所示；

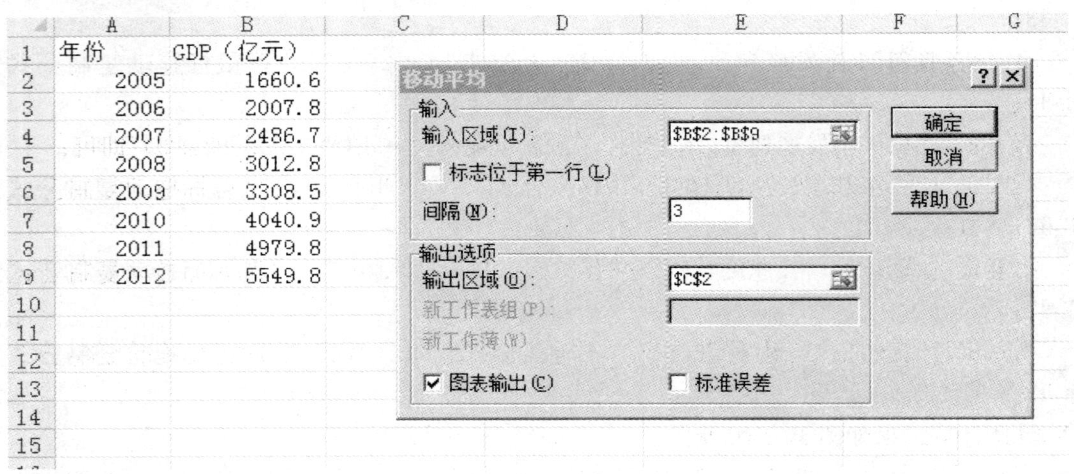

图 10－42 “移动平均”对话框

第五步，单击“移动平均”对话框的“确定”按钮，输出结果如图 10－43 所示。

从图 10－43 可以看到，2005—2012 年度该市 GDP 总体上呈现指数增长的长期趋势。

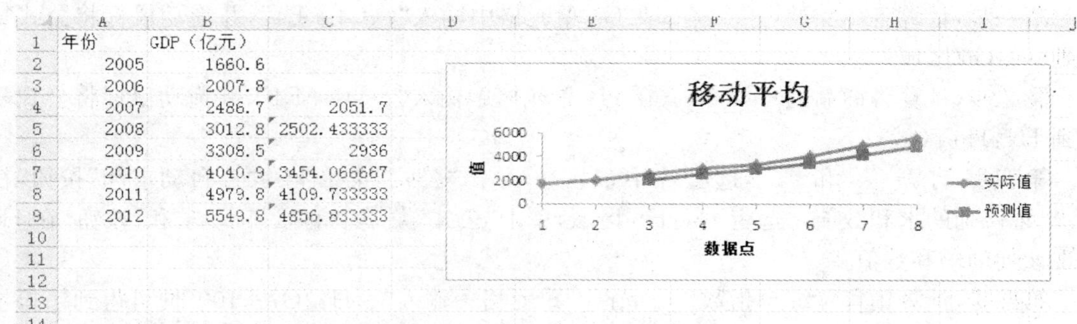

	A	B	C
1	年份	GDP（亿元）	
2	2005	1660.6	
3	2006	2007.8	
4	2007	2486.7	2051.7
5	2008	3012.8	2502.433333
6	2009	3308.5	2936
7	2010	4040.9	3454.066667
8	2011	4979.8	4109.733333
9	2012	5549.8	4856.833333

图 10－43　“移动平均”输出结果

第五节　用 Excel 进行指数分析

统计指数的计算主要用到的是公式和公式复制功能。尤其是当所研究总体包括的个体很多时，公式复制功能就非常重要。下面就如何在 Excel 中实现综合指数和平均指数计算，以及在 Excel 中进行因素分析的方法进行说明。

一、用 Excel 计算综合指数

【例 10－10】　假设某公司销售三种商品，每种商品基期和报告期的销售量和价格资料如表 10－5 所示。试通过编制三种商品的销售量综合指数，分析该商场商品销售量的综合变动情况。

表 10－5　某公司三种商品销售量情况

商品名称	计量单位	销售量		价格(元)	
		基期	报告期	基期	报告期
		q_0	q_1	p_0	p_1
甲	米	20 000	30 000	48	44
乙	吨	25 000	28 000	24	20
丙	件	5 000	4 000	120	110
合计	—	—	—	—	—

计算步骤如下(如图 10－44 所示)。

商品名称	计量单位	销售量		价格（元）		销售额（元）		销售量综合指数(%)
		基期	报告期	基期	报告期	q_0p_0	q_1p_0	
		q_0	q_1	p_0	p_1			
甲	米	20000	30000	48	44	960000	1440000	
乙	吨	25000	28000	24	20	600000	672000	
丙	件	5000	4000	120	110	600000	480000	
合计	—	—	—	—	—	2160000	2592000	120

图 10－44　综合指数的计算

第一步,计算各商品的________,在 G4 单元格中输入"＝C4 * E4",并拖动鼠标将公式复制到 G4:G6 区域;

第二步,计算各商品的________,在 H4 单元格中输入"＝D4 * E4",并拖动鼠标将公式复制到 H4:H6 区域;

第三步,计算____和____,选定 G4:G6 区域,单击"公式"菜单上的"∑自动求和"按钮,在 G7 出现该列的求和数值。选定 H4:H6 区域,单击"公式"菜单上的"∑自动求和"按钮,在 H7 出现该列的求和数值;

第四步,计算销售量综合指数____,在 I7 单元格中输入"＝H7/G7 * 100"便可得到销售量综合指数。

二、用 Excel 计算平均指数

【例 10－11】 以【例 10－10】资料为例,以基期销售额为同度量因素,计算销售量平均指数。

计算步骤如下(如图 10－45 所示)。

	A	B	C	D	E	F	G	H	I	J	K
1	商品名称	计量单位	销售量		价格（元）		基期销售额（元）	个体产量指数	基期销售额*个体产量指数	销售量平均指数(%)	
2			基期	报告期	基期	报告期	q_0p_0	$K_q=q_1/q_0$	$k_qq_0p_0$（$=q_1p_0$）		
3			q_0	q_1	p_0	p_1					
4	甲	米	20000	30000	48	44	960000	1.5	1440000		
5	乙	吨	25000	28000	24	20	600000	1.12	672000		
6	丙	件	5000	4000	120	110	600000	0.8	480000		
7	合计	—	—	—	—	—	2160000	3.42	2592000	120	
8											
9											

图 10－45　平均指数计算

第一步,计算个体指数________,在 H4 单元格中输入"＝D4/C4",并拖动鼠标将公式复制到 H4:H6 区域。选定 H4:H6 区域,单击"公式"菜单上的"∑自动求和"按钮,在 H7 出现该列的求和数值;

第二步,计算________并求和。在 I4 单元格中输入"＝G4 * H4",并拖动鼠标将公式复制到 G4:G6 区域。选定 G4:G6 区域,单击"公式"菜单上的"∑自动求和"按钮,在 G7 出现该列的求和数值;

第三步,计算销售量平均指数,在 J7 单元格中输入"＝I7/G7 * 100"即得到所求数值。

三、用 Excel 进行因素分析

【例 10－12】 仍以【例 10－10】资料为例,运用有关资料进行因素分析的步骤如下(如图 10－46 所示)。

第一步,计算各商品的________,在 G4 单元格中输入"＝C4 * E4",并拖动鼠标将公式复制到 G4:G6 区域。选定 G4:G6 区域,单击"公式"菜单上的"∑自动求和"按钮,在 G7 出现该列的求和数值;

第二步,计算各商品的________,在 H4 单元格中输入"＝D4 * E4",并拖动鼠标将公式复制到 H4:H6 区域。选定 H4:H6 区域,单击"公式"菜单上的"∑自动求和"按钮,在 H7 出现

	A	B	C	D	E	F	G	H	I	J	K	L	M	N	O
1	商品名称	计量单位	销售量		价格（元）		销售额（元）			销售额变动		销售量变动		价格变动	
2			基期	报告期	基期	报告期	q_0p_0	q_1p_0	q_1p_1	相对数(%)	绝对数	相对数(%)	绝对数	相对数(%)	绝对数
3			q_0	q_1	p_0	p_1									
4	甲	米	20000	30000	48	44	960000	1440000	1320000	—	—	—	—	—	—
5	乙	吨	25000	28000	24	20	600000	672000	560000	—	—	—	—	—	—
6	丙	件	5000	4000	120	110	600000	480000	440000	—	—	—	—	—	—
7	合计	—	—	—	—	—	2160000	2592000	2320000	107.4074	160000	120	432000	89.50617	-272000
8															

图 10-46　因素分析

该列的求和数值；

第三步，计算各商品的________，在 I4 单元格中输入"＝D4＊F4"，并拖动鼠标将公式复制到 I4:I6 区域。选定 I4:I6 区域，单击"公式"菜单上的"∑自动求和"按钮，在 I7 出现该列的求和数值；

第四步，计算销售额指数和销售额变动绝对数，在 J7 单元格中输入"＝I7/G7＊100"，计算出来销售额指数；在 K7 单元格中输入"＝I7－G7"，计算出来销售额变动绝对数；

第五步，计算销售量指数和销售量对销售额影响绝对数，在 L7 单元格中输入"＝H7/G7＊100"，计算出来销售量指数；在 M7 单元格中输入"＝H7－G7"，计算出来销售量因素对销售额影响绝对数；

第六步，计算价格指数和价格对销售额影响绝对数，在 N7 单元格中输入"＝I7/H7＊100"，计算出来价格指数；在 O7 单元格中输入"＝I7－H7"，计算出来价格因素对销售额影响绝对数。

第六节　用 Excel 进行抽样推断

抽样推断是建立在随机抽样基础上的，利用 Excel 提供的工具可以很方便地进行点估计和区间估计。计算原始调查数据的平均数区间估计所需指标，有两种计算方法：一种是使用 Excel 中的有关函数或输入计算公式计算，另一种是使用"描述统计"分析工具进行计算，本节对这两种方法分别进行介绍。

一、函数法

【例 10-13】　某工厂随机抽取 100 个工人，其日加工零件数如表 10-6 所示，在置信度为 95%的情况下，估计该厂工人日加工零件的总体平均数。

表 10-6　随机抽取 100 个工人日加工零件数

168	172	164	164	161	166	160	173	172	160
172	163	162	172	167	173	175	170	171	160
179	168	175	178	169	177	176	179	160	177
170	161	161	173	169	160	165	160	171	166
177	165	178	172	174	174	170	170	170	166

（续表）

174	161	168	170	162	164	164	162	172	161
164	178	179	160	178	169	161	163	168	163
163	162	171	161	160	175	171	179	179	165
170	162	165	167	177	160	160	179	175	165
171	167	168	179	164	175	161	178	169	165

步骤如下：

第一步，将数据输入工作表；

第二步，计算样本容量：在 C4 中输入“＝COUNT(A1:A100)”；

第三步，计算样本均值：在 C5 中输入“＝AVERAGE(A1:A100)”；

第四步，计算样本标准差：在 C6 中输入“＝STDEV(A1:A100)”；

第五步，计算抽样误差：在 C7 中输入“＝C6/SQRT(C4)”；

第六步，输入置信度：0.95；

第七步，计算自由度：在 C9 中输入“＝C4－1”；

第八步，计算 t 临界值：在 C10 中输入“＝TINV((1－C8),C9)”；

第九步，计算误差落差：在 C11 中输入“＝C10 * C7”；

第十步，计算置信区间下限：在 C12 中输入“＝C5－C11”；

第十一步，计算置信区间上限：在 C13 中输入“＝C5＋C11”。

具体计算结果如图 10－47 所示。

	A	B	C	D
1	168			
2	172			
3	179			
4	170	样本容量	100	
5	177	样本平均数	168.59	
6	174	样本标准差	6.177664231	
7	164	抽样误差	0.617766423	
8	163	置信度	0.95	
9	170	自由度	99	
10	171	t临界值	1.984216952	
11	172	误差落差	1.225782609	
12	163	估计下限	167.3642174	
13	168	估计上限	169.8157826	
14	161			
15	165			

图 10－47　函数法计算置信区间

二、抽样统计工具法

步骤如下：

第一步，将数据输入工作表；

第二步，使用本章第三节中介绍的“抽样统计”具体步骤计算该组数据的各描述统计量；

第三步，根据描述统计计算结果可得，在 C21 中输入“＝C5－C20”得置信下限，在 C22 中输入“＝C5＋C20”得置信上限，具体计算结果如图 10－48 所示。

	A	B	C	D
1	168			
2	172			
3	179	列1		
4	170			
5	177	平均	168.59	
6	174	标准误差	0.617766423	
7	164	中位数	168.5	
8	163	众数	160	
9	170	标准差	6.177664231	
10	171	方差	38.16353535	
11	172	峰度	-1.208668631	
12	163	偏度	0.189610263	
13	168	区域	19	
14	161	最小值	160	
15	165	最大值	179	
16	161	求和	16859	
17	178	观测数	100	
18	162	最大(1)	179	
19	162	最小(1)	160	
20	167	置信度(95.0%)	1.225782609	
21	164	置信下限	167.3642174	
22	162	置信上限	169.8157826	
23	175			

图 10－48　“描述统计”计算结果

第七节　用 Excel 进行相关与回归分析

相关与回归分析的手工计算比较麻烦，但是采用 Excel 的函数和数据分析工具可以很方便地进行相关与回归分析。

一、用 Excel 进行相关分析

【例 10－14】 根据 1991—2012 年我国城镇居民人均可支配收入和人均支出数据，分析两者之间的关系。

表 10－7　1991—2012 年我国城镇居民人均可支配收入和人均支出

年份	1991	1992	1993	1994	1995	1996	1997	1998	1999	2000	2001
人均收入(元)	1 701	2 027	2 577	3 496	4 283	4 839	5 160	5 425	5 854	6 280	6 860
人均支出(元)	1 454	1 672	2 111	2 851	3 538	3 919	4 186	4 332	4 616	4 998	5 309

（续表）

年份	2002	2003	2004	2005	2006	2007	2008	2009	2010	2011	2012
人均收入(元)	7 703	8 472	9 422	10 493	11 759	13 786	15 781	17 175	19 109	21 810	24 565
人均支出(元)	6 030	6 511	7 182	7 943	8 697	9 997	11 243	11 265	13 471	15 161	16 674

分别采用散点图法、相关函数法和相关分析工具法三种方法来研究两者之间的关系。

方法一：散点图法。

步骤如下：

第一步，将数据输入工作表；

第二步，在"插入"菜单选择"图表"，在"散点图"中选择"仅带数据标记的散点图"（如图10－49所示）；

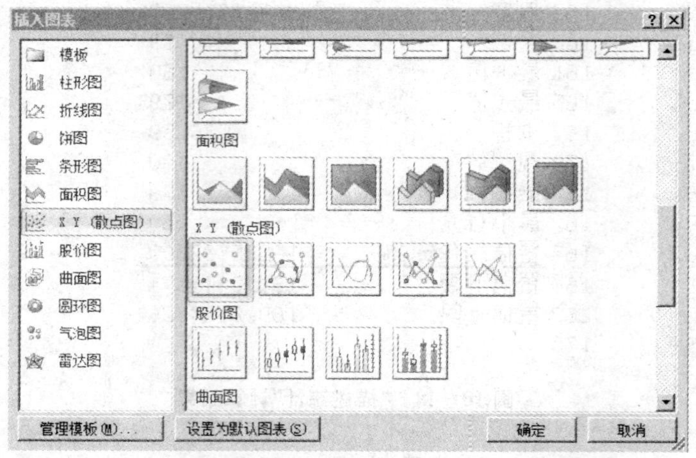

图10－49 "插入图表"对话框

第三步，点击"插入图表"对话框"确认"键；

第四步，生成如图所示的散点图（如图10－50所示）。

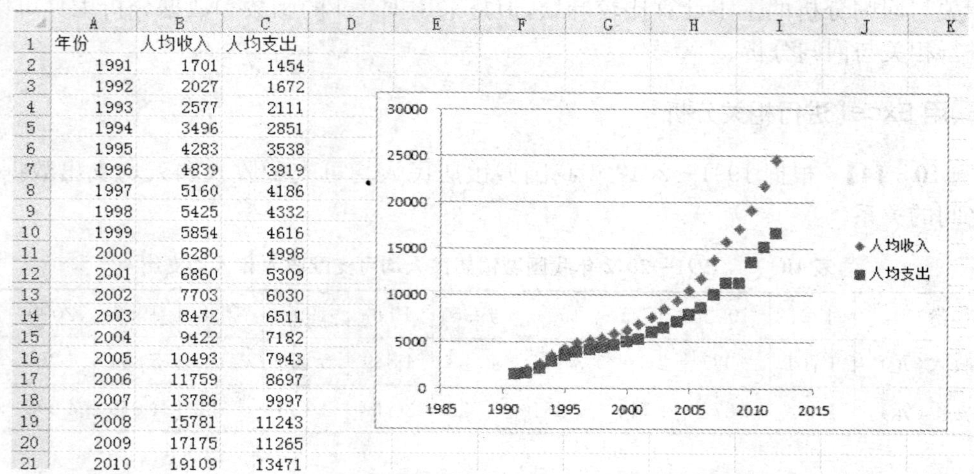

	A	B	C
1	年份	人均收入	人均支出
2	1991	1701	1454
3	1992	2027	1672
4	1993	2577	2111
5	1994	3496	2851
6	1995	4283	3538
7	1996	4839	3919
8	1997	5160	4186
9	1998	5425	4332
10	1999	5854	4616
11	2000	6280	4998
12	2001	6860	5309
13	2002	7703	6030
14	2003	8472	6511
15	2004	9422	7182
16	2005	10493	7943
17	2006	11759	8697
18	2007	13786	9997
19	2008	15781	11243
20	2009	17175	11265
21	2010	19109	13471

图10－50 人均收入与人均支出相关关系散点图

从图上可以看到，人均收入和人均支出之间是正相关关系。

方法二：相关函数法。

第一步，将数据输入工作表；

第二步，在单元格 E4 中输入“＝STDEVP(B2:B23)”用于计算人均收入标准差，在单元格 E5 中输入“＝STDEVP(C2:C23)”用于计算人均支出标准差；

第三步，单击单元格 E6，选择菜单“公式”→“插入函数”，在“统计”类别的对话框下选择“COVARIANCE. P”，单击“确定”按钮，弹出“函数参数”对话框(如图 10－51 所示)；

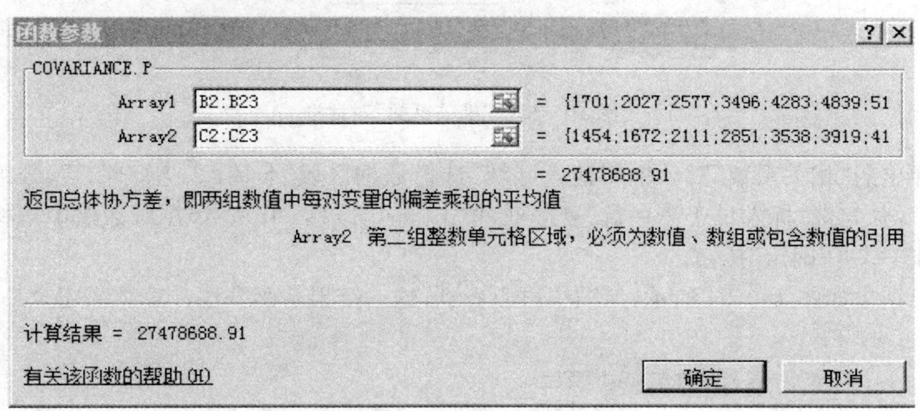

图 10－51　“函数参数”对话框

该函数主要用于计算两个数组区域的协方差。在“Array1”对话框中输入单元格区域“B2:B23”，在“Array2”对话框中输入区域“C2:C23”，单击“确认”按钮，即可得到两组数据的协方差；

第四步，在单元格 E7 中输入“＝E6/(E4 * E5)”，得到两组数据的相关系数，计算结果如图 10－52 所示；

	A	B	C	D	E
1	年份	人均收入	人均支出		
2	1991	1701	1454		
3	1992	2027	1672		
4	1993	2577	2111	人均收入标准差	6444.10685
5	1994	3496	2851	人均支出标准差	4272.08401
6	1995	4283	3538	协方差	27478688.9
7	1996	4839	3919	相关系数	0.99814467
8	1997	5160	4186		
9	1998	5425	4332		
10	1999	5854	4616		

图 10－52　相关系数计算结果

从计算结果可以看到，两组数据之间相关系数较高，二者呈高度正相关关系。

方法三：分析工具法。

第一步，将数据输入工作表；

第二步，在“数据”菜单选择“数据分析”工具，在弹出的“分析工具”对话框中选择“相关系数”，单击“确定”按钮，弹出“相关系数”对话框，如图 10－53 所示；

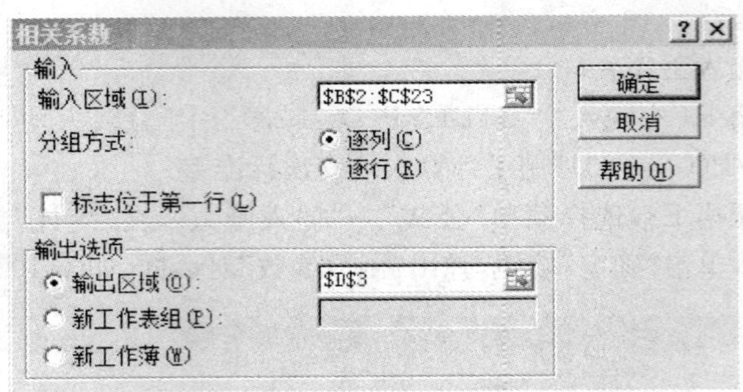

图 10－53 “相关系数”对话框

在弹出的“相关系数”对话框，“输入区域”选择数据区域“＄B＄2：＄C＄23”，分组方式选择“逐列”，并勾选“标志位于第一行”复选框，单击“输出区域”单元格，在对话框中选择单元格“＄D＄3”，单击“确定”按钮。

输出结果如图 10－54 所示，从图中可以看到，这一结果与函数法计算结果完全一致。

	A	B	C	D	E	F
1	年份	人均收入	人均支出			
2	1991	1701	1454			
3	1992	2027	1672		人均收入	人均支出
4	1993	2577	2111	人均收入	1	
5	1994	3496	2851	人均支出	0.99814467	1
6	1995	4283	3538			
7	1996	4839	3919			
8	1997	5160	4186			
9	1998	5425	4332			
10	1999	5854	4616			
11	2000	6280	4998			
12	2001	6860	5309			

图 10－54 相关系数表

二、用 Excel 进行回归分析

【例 10－15】 以【例 10－14】数据为例，以人均可支配收入为自变量，以人均支出为因变量，建立线性回归模型，并对模型进行分析。

步骤如下：

第一步，将数据输入工作表；

第二步，选择“数据”→“数据分析”工具，在弹出的“分析工具”对话框中选择“回归”，单击“确定”按钮，弹出“回归”对话框，如图 10－55 所示。

“回归”分析工具通过对一组观察值使用“最小二乘法”直线拟合来执行线性回归分析。本工具可用来分析单个因变量是如何受一个或几个自变量的值影响的，使用工作表函数 LINEST。其各个函数参数含义如下：

Y 值输入区域：在此输入对因变量数据区域的引用，该区域必须由单列数据组成。

X 值输入区域：在此输入对自变量数据区域的引用，Excel 将对此区域中的自变量从左到

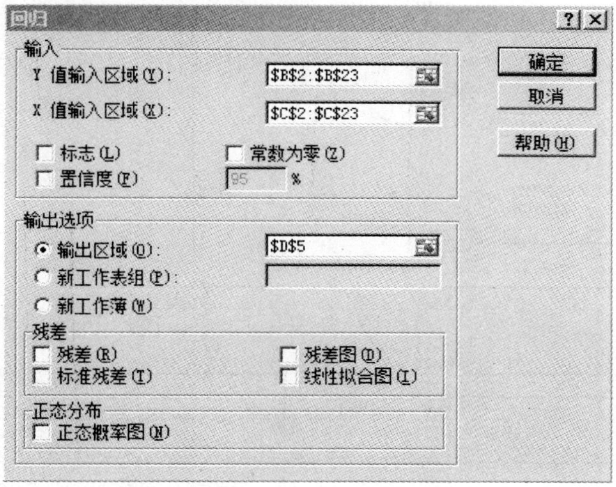

图 10－55　“回归”对话框

右进行升序排列，自变量的个数最多为 16。

标志：如果输入区域的第一行或者第一列包含标志，则选中此复选框。

置信度：如果需要在汇总输出表中包含附加的置信度信息，则选中该复选框，并在右侧的框中输入置信度，默认值为 95%。

常数为零：如果强制回归曲线过原点，则选中该复选框。

输出区域：在此输入对输入表左上角单元格的位置。

新工作表组：在当前工作簿中插入新的工作表，并由新的工作表的 A1 单元格开始显示计算结果。

新工作簿：在新工作簿的新工作表中显示计算结果。

残差：如果需要在残差输出表中包含残差，则选中该复选框。

标准残差：如果需要在残差输出表中包含标准残差，则选中该复选框。

残差图：如果需要为每个自变量及其残差生成一张图表，则选中该复选框。

线性拟合图：如果需要为预测值和观察值生成一张图表，则选中该复选框。

正态概率图：如果需要生成一张正态概率图，则选中该复选框。

本例中，“Y 值输入区域”中输入“＄B＄2：＄B＄23”，“X 值输入区域”中输入“＄C＄2：＄C＄23”，勾选“标志”复选框，并在“输出选项”中单击“输出区域”，在对话框中输入“＄D＄3”，其他保持默认状态，单击确认按钮，得到回归分析结果如图 10－56 所示。

输出结果包含三个部分。

第一张表是“回归统计表”(D5：E10)，其中：

Multiple R：(复相关系数 R)R2 的平方根，又称相关系数，用来衡量自变量 x 与 y 之间的相关程度的大小。本例 R＝0.998 2 表明它们之间的关系为高度正相关。

R Square：复测定系数，上述复相关系数 R 的平方，用来说明自变量解释因变量 y 变差的程度，以测定因变量 y 的拟合效果。此案例中的复测定系数为 0.996 4，表明用自变量可解释因变量变差的 99.64%。

	D	E	F	G	H	I	J	K	L
1									
2									
3	SUMMARY OUTPUT								
4									
5	回归统计								
6	Multiple R	0.998182523							
7	R Square	0.996368348							
8	Adjusted R Square	0.996177209							
9	标准误差	403.1157606							
10	观测值	21							
11									
12	方差分析								
13		df	SS	MS	F	Significance F			
14	回归分析	1	8.47E+08	8.47E+08	5212.779	1.19827E-24			
15	残差	19	3087544	162502.3					
16	总计	20	8.5E+08						
17									
18		Coefficients	标准误差	t Stat	P-value	Lower 95%	Upper 95%	下限 95.0%	上限 95.0%
19	Intercept	-1083.358149	175.1433	-6.18555	6.07E-06	-1449.937321	-716.779	-1449.94	-716.779
20	1454	1.513628473	0.020965	72.19958	1.2E-24	1.46974926	1.557508	1.469749	1.557508
21									

图 10-56 “回归”输出结果

Adjusted R Square：调整后的复测定系数 R2，该值为 0.996 2，说明自变量能说明因变量 y 的 99.62%，因变量 y 的 0.38%要由其他因素来解释。

标准误差：用来衡量拟合程度的大小，也用于计算与回归相关的其他统计量，此值越小，说明拟合程度越好。

观测值：用于估计回归方程的数据的观察值个数。

第二张表是“方差分析表”：主要作用是通过 F 检验来判定回归模型的回归效果。

该例中的 Significance F(F 显著性统计量)的 P 值为 1.198，小于显著性水平 0.05，所以说该回归方程回归效果显著，方程中至少有一个回归系数显著不为 0。

第三张表是“回归参数表”。

Intercept：表示截距。

Coefficient：表示系数。

从而可以得到人均支出(S)和人均收入(PI)之间的简单线性回归方程为：

S＝－1083.36＋1.51 * PI

课后练习

1. 某灯泡厂准备采用一种新工艺，为检查新工艺是否使灯泡的寿命有所延长，对采用新工艺生产的 100 只灯泡进行测试，结果如下：(单位：小时)

	A	B	C	D	E	F	G	H	I	J	K
1	623	839	839	659	702	889	804	844	900	850	
2	793	859	821	895	860	791	700	641	720	683	
3	746	779	617	826	889	844	675	722	877	693	
4	712	604	899	892	625	862	722	651	849	732	
5	701	674	717	604	724	783	748	682	793	600	
6	712	748	858	865	655	868	771	800	607	627	
7	631	889	603	838	671	748	733	812	653	675	
8	769	792	882	894	876	869	867	846	851	740	
9	816	819	667	773	679	742	743	870	757	890	
10	614	662	850	723	879	863	725	670	647	817	
11											

根据以上资料，以组距为 30 进行等距分组，利用 Excel 统计各组频数，绘制直方图，并说明灯泡寿命分布的特点。

2. 从某校所有参加一次数学考试的学生中，随机抽取 50 名学生记录其考试成绩，结果如下：

	A	B	C	D	E	F
1	80	85	92	86	61	
2	99	69	77	77	69	
3	69	87	100	77	76	
4	61	70	83	69	88	
5	73	87	73	66	82	
6	77	68	92	83	90	
7	75	98	77	94	84	
8	69	82	69	63	61	
9	64	93	98	93	61	
10	62	67	74	99	79	
11						

试用“描述统计”工具计算该样本的各描述统计特征。

3. 某企业 2000—2010 年各年产值资料如下：

年份	2000	2001	2002	2003	2004	2005	2006	2007	2008	2009	2010
产值(万元)	500	700	600	800	1 000	950	1 200	1 150	1 205	1 250	1 300

试用 Excel 计算定基和环比发展速度、平均发展速度、定基和环比增长速度和增长 1%绝对值，并预测该企业产值的长期发展趋势。

4. 某企业生产两种产品的有关资料如下：

产品名称	产量(万件)		单位成本(元)	
	基期	报告期	基期	报告期
甲	200	300	10	12
乙	1 500	2 000	20	21

试用 Excel 从相对数和绝对数两方面来分析由于产量和单位成本的变动对总成本的影响程度。

5. 某乡有 7 000 农户，按随机原则重复抽取 200 户调查，得平均每户年纯收入 123 000 元，标准差 2 100 元。

试用 Excel 函数以 95%的概率估计全乡平均每户年纯收入的区间。

6. 某企业汽车使用年限与其维修费用之间的有关资料如下：

序号	汽车使用年限(年)	年维修费用(元)
1	2	400
2	2	540
3	3	510

（续表）

序号	汽车使用年限(年)	年维修费用(元)
4	4	640
5	4	720
6	5	600
7	5	800
8	6	700
9	6	760
10	6	900
11	8	840
12	9	1 080

试用 Excel 计算汽车使用年限与其维修费用之间的相关系数，并以汽车使用年限为自变量建立回归分析直线方程。

附录 1　正态分布概率表

t	F(t)	t	F(t)	t	F(t)	t	F(t)
0.00	0.000 0	0.35	0.273 7	0.70	0.516 1	1.05	0.706 3
0.01	0.008 0	0.36	0.281 2	0.71	0.522 3	1.06	0.710 9
0.02	0.016 0	0.37	0.288 6	0.72	0.825 8	1.07	0.715 4
0.03	0.023 9	0.38	0.296 1	0.73	0.534 6	1.08	0.719 9
0.04	0.031 9	0.39	0.303 5	0.74	0.510 7	1.09	0.724 3
0.05	0.039 9	0.40	0.310 8	0.75	0.416 7	1.10	0.728 7
0.06	0.047 8	0.41	0.318 2	0.76	0.552 9	1.11	0.733 0
0.07	0.055 8	0.42	0.325 5	0.77	0.558 7	1.12	0.737 3
0.08	0.063 8	0.43	0.332 8	0.78	0.564 6	1.13	0.741 5
0.09	0.071 7	0.44	0.340 1	0.79	0.570 5	1.14	0.745 7
0.10	0.079 7	0.45	0.347 3	0.80	0.576 3	1.15	0.749 9
0.11	0.087 6	0.46	0.354 5	0.81	0.582 1	1.16	0.754 0
0.12	0.095 5	0.47	0.361 6	0.82	0.587 8	1.17	0.758 0
0.13	0.103 4	0.48	0.368 8	0.83	0.593 5	1.18	0.762 0
0.14	0.111 3	0.49	0.375 9	0.84	0.599 1	1.19	0.766 0
0.15	0.119 2	0.50	0.382 9	0.85	0.604 7	1.20	0.769 9
0.16	0.127 1	0.51	0.389 9	0.86	0.610 2	1.21	0.773 7
0.17	0.135 0	0.52	0.396 9	0.87	0.615 7	1.22	0.777 5
0.18	0.142 8	0.53	0.403 9	0.88	0.621 1	1.23	0.781 3
0.19	0.150 7	0.54	0.410 8	0.89	0.626 5	1.24	0.785 0
0.20	0.158 5	0.55	0.417 7	0.90	0.631 9	1.25	0.788 7
0.21	0.166 3	0.56	0.424 5	0.91	0.937 2	1.26	0.792 3
0.22	0.174 1	0.57	0.431 3	0.92	0.642 4	1.27	0.795 9
0.23	0.181 9	0.58	0.438 1	0.93	0.647 6	1.28	0.799 5
0.24	0.189 7	0.59	0.444 8	0.94	0.652 8	1.29	0.803 0
0.25	0.197 4	0.60	0.451 5	0.95	0.657 9	1.30	0.806 4
0.26	0.205 1	0.61	0.458 1	0.96	0.692 9	1.31	0.809 8
0.27	0.212 8	0.62	0.464 7	0.97	0.668 0	1.32	0.813 2
0.28	0.220 5	0.63	0.471 3	0.98	0.672 9	1.33	0.816 5
0.29	0.228 2	0.64	0.477 8	0.99	0.677 8	1.34	0.819 8
0.30	0.235 8	0.65	0.484 3	1.00	0.682 7	1.35	0.523 0
0.31	0.243 4	0.66	0.490 7	1.01	0.687 5	1.36	0.826 2
0.32	0.251 0	0.67	0.497 1	1.02	0.692 3	1.37	0.829 3
0.33	0.258 6	0.68	0.503 5	1.03	0.697 0	1.38	0.832 4
0.34	0.266 1	0.69	0.509 8	1.04	0.701 7	1.39	0.835 5

（续表）

t	$F(t)$	t	$F(t)$	t	$F(t)$	t	$F(t)$
1.40	0.838 5	1.70	0.910 9	2.00	0.954 5	2.60	0.990 7
1.41	0.841 5	1.71	0.912 7	2.02	0.956 6	2.62	0.991 2
1.42	0.844 4	1.72	0.914 6	2.04	0.958 7	2.64	0.991 7
1.43	0.847 3	1.73	0.916 4	2.06	0.960 6	2.66	0.992 2
1.44	0.850 1	1.74	0.918 1	2.08	0.962 5	2.68	0.992 6
1.45	0.852 9	1.75	0.919 9	2.10	0.964 3	2.70	0.993 1
1.46	0.855 7	1.76	0.921 6	2.12	0.966 0	2.72	0.993 5
1.47	0.858 4	1.77	0.902 3	2.14	0.967 6	2.74	0.993 9
1.48	0.861 1	1.78	0.924 9	2.16	0.969 2	2.76	0.994 2
1.49	0.863 8	1.79	0.926 5	2.18	0.970 7	2.78	0.994 6
1.50	0.866 4	1.80	0.928 1	2.20	0.972 2	2.80	0.994 9
1.51	0.869 0	1.81	0.929 7	2.22	0.973 6	2.82	0.995 2
1.52	0.871 5	1.82	0.931 2	2.24	0.974 9	2.84	0.995 5
1.53	0.874 0	1.83	0.932 8	2.26	0.976 2	2.86	0.995 8
1.54	0.876 4	1.84	0.903 4	2.28	0.977 4	2.88	0.996 0
1.55	0.868 9	1.85	0.935 7	2.30	0.978 6	2.90	0.996 2
1.56	0.881 2	1.86	0.937 1	2.32	0.979 7＋	2.92	0.996 5
1.57	0.883 6	1.87	0.938 5	2.34	0.980 7	2.94	0.996 7
1.58	0.885 9	1.88	0.939 9	2.36	0.981 7	2.96	0.996 9
1.59	0.888 2	1.89	0.941 2	2.38	0.982 7	2.98	0.997 1
1.60	0.890 4	1.90	0.942 6	2.40	0.983 6	3.00	0.997 3
1.61	0.892 6	1.91	0.943 9	2.42	0.984 5	3.20	0.998 6
1.62	0.894 9	1.92	0.945 1	2.44	0.985 3	3.40	0.999 3
1.63	0.896 9	1.93	0.946 4	2.46	0.986 1	3.60	0.999 68
1.64	0.899 0	1.94	0.947 6	2.48	0.986 9	3.80	0.999 86
		1.95	0.948 8				
1.65	0.901 1			2.50	0.987 6	4.00	0.999 94
1.66	0.903 1	1.96	0.950 0	2.52	0.988 3	4.50	0.999 993
1.67	0.905 1	1.97	0.951 2	2.54	0.988 9	5.00	0.999 999
1.68	0.907 0	1.98	0.952 3	2.56	0.989 5		
1.69	0.909 0	1.99	0.753 4	2.58	0.990 1		

附录 2　相关系数检验表

自由度 $(n-m)$	约束条件(m)				自由度 $(n-m)$	约束条件(m)			
	2	3	4	5		2	3	4	5
	(α=0.05)					(α=0.01)			
1	0.997	0.999	0.999	0.999	1	1.000	1.000	1.000	1.000
2	0.950	0.975	0.983	0.987	2	0.990	0.995	0.997	0.998
3	0.878	0.930	0.950	0.961	3	0.959	0.976	0.983	0.987
4	0.811	0.881	0.912	0.930	4	0.917	0.949	0.963	0.970
5	0.754	0.836	0.874	0.898	5	0.874	0.917	0.937	0.949
6	0.707	0.795	0.839	0.867	6	0.834	0.886	0.911	0.927
7	0.666	0.758	0.807	0.838	7	0.798	0.855	0.885	0.904
8	0.632	0.726	0.777	0.811	8	0.765	0.827	0.860	0.882
9	0.602	0.697	0.750	0.766	9	0.735	0.800	0.835	0.861
10	0.576	0.671	0.726	0.796	10	0.708	0.776	0.814	0.840
11	0.553	0.648	0.703	0.741	11	0.684	0.753	0.793	0.821
12	0.532	0.627	0.683	0.722	12	0.661	0.732	0.773	0.802
13	0.514	0.608	0.664	0.703	13	0.641	0.712	0.755	0.785
14	0.497	0.590	0.646	0.686	14	0.623	0.694	0.737	0.768
15	0.482	0.574	0.630	0.670	15	0.606	0.677	0.721	0.752
16	0.468	0.559	0.615	0.655	16	0.590	0.662	0.706	0.738
17	0.456	0.545	0.601	0.641	17	0.575	0.647	0.691	0.724
18	0.444	0.532	0.587	0.628	18	0.561	0.633	0.678	0.710
19	0.433	0.520	0.575	0.615	19	0.549	0.620	0.665	0.698
20	0.423	0.509	0.563	0.604	20	0.537	0.608	0.652	0.685
25	0.381	0.462	0.514	0.553	25	0.487	0.555	0.600	0.633
30	0.349	0.426	0.476	0.514	30	0.449	0.514	0.558	0.591
35	0.325	0.397	0.445	0.482	35	0.418	0.481	0.523	0.556
40	0.304	0.373	0.419	0.445	40	0.393	0.454	0.494	0.526
50	0.273	0.336	0.379	0.412	50	0.354	0.410	0.449	0.479
60	0.250	0.308	0.348	0.380	60	0.325	0.377	0.414	0.442
70	0.232	0.286	0.324	0.354	70	0.302	0.351	0.384	0.413
80	0.217	0.269	0.304	0.332	80	0.283	0.333	0.362	0.389
100	0.195	0.241	0.274	0.300	100	0.254	0.297	0.327	0.351

附录 3　标准正态概率双侧临界值表

$U_{\alpha/2}$	0.00	0.01	0.02	0.03	0.04
0.0	0.000 0	0.008 0	0.016 0	0.023 9	0.031 9
0.1	0.079 7	0.087 6	0.095 5	0.103 4	0.111 3
0.2	0.158 5	0.166 3	0.174 1	0.181 9	0.189 7
0.3	0.235 8	0.243 4	0.251 0	0.258 6	0.266 1
0.4	0.310 8	0.318 2	0.325 5	0.332 8	0.340 1
0.5	0.382 9	0.389 9	0.396 9	0.403 9	0.410 8
0.6	0.451 5	0.458 1	0.464 7	0.471 3	0.477 8
0.7	0.516 1	0.522 3	0.528 3	0.534 6	0.540 7
0.8	0.576 3	0.582 1	0.587 8	0.593 5	0.599 1
0.9	0.631 9	0.637 2	0.642 4	0.647 6	0.652 8
1.0	0.682 7	0.687 5	0.692 3	0.697 0	0.701 7
1.1	0.728 7	0.733 0	0.737 3	0.741 5	0.745 7
1.2	0.769 9	0.773 7	0.777 5	0.781 3	0.785 0
1.3	0.806 4	0.809 8	0.813 2	0.816 5	0.819 8
1.4	0.838 5	0.841 5	0.844 4	0.847 3	0.850 1
1.5	0.866 4	0.869 0	0.871 5	0.874 0	0.876 4
1.6	0.890 4	0.892 6	0.894 8	0.896 9	0.899 0
1.7	0.910 9	0.912 7	0.914 6	0.916 4	0.918 1
1.8	0.928 1	0.929 7	0.931 2	0.932 8	0.934 2
1.9	0.942 6	0.943 9	0.945 1	0.946 4	0.947 6
2.0	0.954 5	0.955 6	0.956 6	0.957 6	0.958 7
2.1	0.964 3	0.965 5	0.966 0	0.966 8	0.967 6
2.2	0.972 2	0.972 8	0.973 6	0.974 2	0.974 9
2.3	0.978 6	0.979 2	0.979 7	0.980 2	0.980 7
2.4	0.983 6	0.984	0.984 5	0.985 0	0.985 3
2.5	0.987 6	0.988 0	0.988 3	0.988 6	0.988 9
2.6	0.990 7	0.991 0	0.991 2	0.991 4	0.991 7
2.7	0.993 1	0.993 2	0.993 5	0.993 6	0.993 9
2.8	0.994 9	0.995 0	0.995 2	0.995 4	0.995 5
2.9	0.996 2	0.996 4	0.996 5	0.996 6	0.996 7
3.0	0.997 3	0.997 4	0.997 5	0.997 6	0.997 7

（续表）

$U_{\alpha/2}$	0.05	0.06	0.07	0.08	0.09
0.0	0.039 9	0.047 8	0.055 8	0.063 8	0.071 7
0.1	0.119 2	0.127 1	0.135 0	0.142 8	0.150 7
0.2	0.197 4	0.205 1	0.212 8	0.220 5	0.228 2
0.3	0.273 7	0.281 2	0.288 6	0.296 1	0.303 5
0.4	0.347 3	0.354 5	0.361 6	0.368 8	0.375 9
0.5	0.417 7	0.424 5	0.431 3	0.348 1	0.444 8
0.6	0.484 3	0.490 7	0.497 1	0.503 5	0.509 8
0.7	0.546 7	0.552 7	0.558 7	0.564 6	0.570 5
0.8	0.604 7	0.610 2	0.615 7	0.621 1	0.626 5
0.9	0.657 9	0.662 9	0.668 0	0.672 9	0.677 8
1.0	0.706 3	0.710 9	0.715 4	0.719 9	0.724 3
1.1	0.749 9	0.754 0	0.758 0	0.762 0	0.766 0
1.2	0.788 7	7 923.000 0	0.795 7	0.799 5	0.803 0
1.3	0.823 0	0.826 2	0.829 3	0.832 4	0.835 5
1.4	0.852 9	0.855 7	0.858 4	0.861 1	0.863 8
1.5	0.878 9	0.881 2	0.883 6	0.885 9	0.888 2
1.6	0.901 1	0.903 1	0.905 1	0.907 0	0.909 0
1.7	0.919 9	0.921 6	0.923 3	0.924 9	0.926 5
1.8	0.935 7	0.937 1	0.938 5	0.939 9	0.941 2
1.9	0.948 8	0.850 0	0.951 2	0.952 3	0.953 4
2.0	0.959 6	0.960 6	0.961 6	0.962 5	0.963 4
2.1	0.968 4	0.969 2	0.970 0	0.970 7	0.971 4
2.2	0.978 6	0.976 2	0.976 8	0.977 4	0.978 0
2.3	0.981 2	0.981 7	0.982 2	0.982 7	0.983 2
2.4	0.985 8	9 861.000 0	0.986 4	0.986 9	0.987 2
2.5	0.989 2	0.989 5	0.989 8	0.990 1	0.990 4
2.6	0.992 0	0.992 2	0.992 4	0.992 6	0.992 8
2.7	0.994 1	0.994 2	0.994 4	0.994 6	0.994 8
2.8	0.995 6	0.995 8	0.995 9	0.996 0	0.996 7
2.9	0.996 8	0.996 9	0.997 0	0.997 1	0.997 2
3.0	0.997 8	0.997 8	0.997 8	0.998 0	0.998 0

附录 4 随机数字表

63	47	43	73	96	36	96	47	36	61	46	98	63	71	62	33	26	16	80	45	60	11	14	10	95
97	74	24	67	62	42	81	14	57	20	42	53	32	37	32	27	07	36	07	51	24	51	79	89	73
16	76	62	27	66	56	50	26	71	07	32	90	79	78	53	13	55	38	58	89	88	97	51	14	10
12	56	85	99	26	96	96	59	27	31	05	03	72	93	15	57	12	10	14	21	88	26	49	81	76
55	59	56	35	64	38	54	82	46	22	31	62	43	09	90	06	18	44	32	53	23	83	01	30	30
16	22	77	94	39	49	65	43	65	82	17	37	93	23	78	87	35	20	96	43	84	26	34	91	64
84	42	17	53	31	57	24	55	06	88	77	04	74	47	67	21	76	33	50	25	83	92	12	06	76
63	01	63	78	59	15	95	55	67	19	98	10	50	71	75	12	86	73	58	07	44	39	52	38	79
33	21	12	34	29	78	64	45	07	82	52	42	07	44	38	15	51	00	13	43	99	66	02	79	54
57	60	86	22	44	09	47	27	96	54	49	14	46	09	62	90	52	84	77	27	08	02	73	42	28
18	18	07	92	45	44	17	16	58	09	79	83	96	19	62	06	76	50	03	10	55	23	64	05	05
26	62	38	97	75	84	16	07	44	99	86	11	46	32	24	20	14	85	88	45	10	93	72	88	71
23	42	40	64	74	82	97	77	77	81	07	45	32	17	08	32	98	94	07	72	93	85	79	10	75
52	36	28	19	95	50	92	26	11	97	00	56	76	31	38	80	22	02	53	53	86	60	42	04	53
37	85	95	35	12	83	39	50	08	30	42	34	07	96	88	54	42	06	87	98	35	85	99	48	39
70	29	17	12	13	40	33	20	38	26	13	89	51	03	74	17	76	37	13	04	07	74	21	19	30
56	62	18	38	35	96	98	70	87	75	97	12	25	93	47	70	33	24	03	54	97	77	46	44	80
99	49	57	22	77	88	42	09	45	72	16	64	36	16	00	04	46	15	66	79	94	77	24	21	90
16	08	15	04	72	33	27	14	34	09	45	59	34	68	49	12	72	07	34	45	99	27	72	95	14
31	19	93	32	43	50	27	89	87	19	20	15	37	00	49	52	85	66	60	44	38	68	88	11	80
68	34	30	13	70	55	74	30	77	40	44	22	78	84	26	04	33	46	09	52	68	07	97	06	57
74	57	25	65	76	59	29	97	68	60	71	91	38	67	54	13	58	18	24	76	15	54	55	95	52
27	42	37	86	53	48	55	90	65	72	96	57	69	36	10	96	46	92	42	46	97	60	49	04	91
00	39	68	29	61	66	37	32	20	30	77	84	57	03	29	10	45	65	04	26	11	04	96	67	24
29	94	98	94	24	68	49	69	10	82	53	75	91	93	30	34	55	20	57	27	40	48	73	51	92
16	90	82	66	59	83	62	64	11	12	67	19	00	71	74	00	47	21	29	63	02	02	37	03	31
11	27	94	75	06	06	09	19	74	66	02	94	37	34	02	76	70	90	30	86	38	45	04	30	38
35	24	10	16	20	33	32	51	26	38	79	78	40	04	91	16	92	53	56	16	02	75	50	95	98
33	23	16	86	38	42	38	97	01	50	84	75	66	18	41	40	01	75	91	62	48	51	84	08	32
31	96	25	91	47	96	44	33	49	13	34	86	82	53	91	00	53	43	48	85	27	55	26	89	62
66	67	40	67	15	64	05	71	95	86	11	05	65	09	68	76	83	20	37	90	57	16	00	11	66
14	90	84	45	11	75	73	88	05	90	52	27	41	14	86	22	98	12	22	08	07	52	76	95	80
68	05	51	18	00	33	96	02	75	19	07	60	62	93	55	59	33	82	43	90	49	37	38	44	59
20	64	75	73	90	97	51	40	14	02	04	02	33	31	08	39	54	16	49	36	47	95	93	13	30
64	19	08	97	79	15	06	15	93	20	01	90	10	95	06	40	78	78	89	62	02	67	74	17	33

（续表）

05	06	93	70	60	22	35	85	15	13	92	03	51	59	77	59	56	78	06	83	52	91	05	70	74
07	97	10	88	23	09	98	42	99	64	61	71	62	99	15	06	51	29	16	93	58	05	77	09	51
68	71	86	85	85	54	87	66	47	54	73	32	08	11	12	44	95	92	63	16	29	56	24	29	48
26	99	61	65	53	58	37	78	80	70	42	10	50	67	42	32	17	55	85	74	94	44	49	16	94
14	65	52	68	75	87	59	36	22	41	26	78	94	06	55	13	08	27	01	50	15	29	39	39	43
17	53	77	58	71	71	41	61	50	72	12	41	94	96	26	44	95	27	36	99	02	96	74	30	83
90	26	59	21	19	23	52	23	33	12	96	93	02	18	39	07	02	18	36	07	25	99	32	90	23
41	23	52	55	99	31	04	49	69	96	10	47	48	45	88	12	41	43	89	20	97	17	14	49	17
60	20	50	81	69	31	99	73	68	68	35	81	33	03	76	24	30	12	48	60	18	99	10	72	34
91	25	38	05	90	94	58	28	41	36	45	37	59	03	09	90	35	57	29	12	82	62	54	65	60
54	50	57	74	37	98	80	33	00	91	09	77	93	19	82	74	94	80	04	04	45	07	31	66	49
85	22	04	59	43	73	81	53	94	79	53	62	46	86	28	08	31	54	46	31	53	94	13	38	47
09	79	13	77	48	73	82	97	22	21	05	03	27	24	83	72	89	44	05	60	35	80	39	94	88
88	75	80	18	14	22	95	75	42	49	39	32	82	22	49	02	48	07	70	37	16	04	61	67	87
90	96	23	70	00	39	00	03	06	90	55	85	78	38	36	84	37	30	69	32	90	89	00	76	33
53	74	23	99	67	61	32	28	69	84	94	62	67	86	24	98	33	04	19	95	47	53	53	38	09
63	38	06	86	54	99	00	65	26	94	02	82	90	23	07	79	62	67	80	60	75	91	12	81	19
35	30	58	21	46	06	72	17	10	94	25	21	31	75	96	49	28	24	00	47	35	65	79	78	07
63	43	36	82	69	95	51	18	37	88	61	38	44	12	45	32	92	85	88	65	54	34	81	85	35
98	28	37	55	26	01	91	82	81	46	74	71	12	94	97	24	02	71	34	07	03	92	18	66	75
02	63	21	17	69	71	50	80	89	56	38	15	70	11	48	43	40	45	86	98	00	83	26	91	03
64	55	22	21	82	48	22	28	06	00	64	54	13	41	91	82	78	12	23	29	06	66	24	12	27
85	07	26	13	89	01	10	07	82	04	59	63	69	36	03	69	11	15	83	80	13	29	54	19	28
58	54	16	24	15	51	54	44	82	00	62	61	65	04	69	38	18	65	18	97	85	72	13	49	21
34	85	27	84	87	61	48	64	56	26	90	18	48	13	26	37	70	15	42	57	65	65	80	39	07
03	92	18	27	46	57	99	16	96	56	30	33	72	85	22	84	64	38	56	93	99	01	30	98	64
62	93	30	27	59	37	86	41	66	48	86	97	80	61	45	23	53	04	01	63	45	76	08	64	27
08	45	93	15	22	60	21	75	46	91	98	77	27	85	42	28	88	61	08	84	69	62	03	42	73
07	08	55	08	40	45	44	75	13	90	24	94	96	61	02	57	55	66	83	15	73	42	37	11	61
01	85	89	95	66	51	10	19	34	88	15	84	97	19	75	12	76	39	43	78	64	63	91	08	25
72	84	71	14	35	19	11	58	49	26	50	11	17	17	76	86	31	57	20	18	95	60	78	46	75
88	78	28	16	84	13	52	53	94	53	75	45	69	30	96	73	89	65	70	32	99	17	43	48	76
45	17	75	65	57	28	40	19	72	12	25	12	74	75	67	60	40	60	81	19	24	62	01	61	16
96	76	28	12	54	22	01	11	94	25	71	96	16	16	88	68	64	36	74	45	19	59	50	88	92
43	31	67	72	30	24	02	94	08	63	38	32	36	66	02	69	36	38	25	39	48	03	45	15	22

（续表）

50	44	66	44	21	66	06	58	05	62	68	15	54	35	02	42	35	48	96	32	14	52	41	52	48
22	66	22	15	86	26	63	75	41	99	58	42	36	72	24	58	37	52	18	51	03	37	18	39	11
96	24	40	14	51	23	22	30	88	57	75	67	47	29	83	94	69	40	06	07	18	16	36	78	86
31	73	91	61	19	60	20	72	92	48	98	57	07	23	69	65	95	39	69	58	56	80	30	19	44
78	60	73	99	84	43	89	94	36	45	56	69	47	07	41	90	22	91	07	12	18	35	34	08	72
84	37	90	61	56	70	10	23	98	05	85	11	34	76	60	76	48	45	34	60	01	64	18	39	96
36	67	10	08	23	98	93	35	08	86	99	29	76	29	81	33	34	91	58	93	63	14	52	32	52
07	28	59	07	48	89	64	48	89	75	83	85	62	27	89	30	14	78	56	27	86	63	59	80	02
10	15	83	87	60	79	24	31	66	56	21	48	24	06	93	91	98	94	05	49	01	48	59	38	00
55	19	68	97	65	03	73	52	16	56	00	53	55	90	27	33	42	29	38	87	22	13	88	83	34
53	81	29	13	39	35	01	20	71	34	62	33	74	82	14	53	73	19	09	03	56	54	29	56	93
51	83	32	68	92	33	98	74	66	99	40	14	71	94	58	45	94	17	38	81	14	44	99	81	07
35	91	70	29	13	80	03	54	07	27	96	94	78	32	66	50	75	52	74	33	13	80	55	62	54
37	71	67	95	13	20	02	44	95	94	64	85	04	05	72	01	31	90	76	14	53	89	74	60	41
93	66	13	83	27	92	79	64	64	72	28	54	96	53	84	48	14	52	98	94	56	07	93	89	30
02	96	08	45	65	13	05	00	41	84	93	07	54	27	59	21	45	57	09	77	19	48	56	17	44
49	83	43	48	35	82	88	33	69	96	72	36	04	19	76	47	45	15	18	60	82	11	08	95	97
84	60	71	62	46	40	80	81	30	37	34	39	23	05	38	25	15	35	71	30	88	12	57	21	77
18	17	30	88	71	44	91	14	88	47	89	23	30	63	15	56	34	20	47	89	99	82	93	24	98
79	69	10	61	78	71	32	76	95	62	87	00	22	58	40	92	54	01	75	25	43	11	71	99	31
75	92	36	57	83	56	20	14	82	11	74	21	97	90	65	96	42	68	63	86	74	54	13	26	94
38	30	92	29	03	06	28	81	39	38	62	25	06	84	63	61	29	08	93	67	04	32	92	08	09
51	29	50	10	34	31	57	75	95	80	51	97	02	74	77	76	15	18	49	44	18	55	63	77	09
21	31	38	86	24	37	79	81	53	74	73	24	16	10	33	52	83	90	94	76	70	47	14	54	36
29	01	23	87	88	58	02	39	37	67	42	10	14	20	92	16	55	23	42	45	54	96	09	11	06
95	33	92	22	00	18	74	72	00	18	38	79	58	69	32	81	76	80	26	92	82	80	84	25	39
90	84	60	79	80	24	36	59	87	38	82	07	53	89	35	96	35	23	79	18	05	98	90	07	35
46	40	62	98	82	54	97	20	56	95	15	74	80	08	32	16	46	70	50	80	67	72	16	42	79
20	31	89	03	43	38	46	82	68	72	32	14	82	99	70	80	60	47	18	97	63	49	30	21	30
71	59	73	05	50	08	22	23	71	77	91	01	93	20	49	82	96	59	26	94	66	39	67	98	60

参考文献

1. 李洁明,祁新娥.统计学原理.上海:复旦大学出版社,2007.
2. 杨缅昆,方国松.统计学概论.北京:清华大学出版社,2009.
3. 贾俊平,何晓群,金勇进.统计学.北京:中国人民大学出版社,2007.
4. 何卫平.统计学.北京:北京交通大学出版社,2008.
5. 施金龙,吕洁.应用统计学.南京:南京大学出版社,2005.
6. 吴有庆,童立华.统计学原理.上海:上海财经大学出版社,2013.
7. 耿修林.统计学基础.北京:科学出版社,2010.
8. 刘永录,陈英乾.统计学.郑州:黄河水利出版社,2004.
9. 迟艳琴.统计学基础.中国财政经济出版社,2012.
10. 黄良文,陈仁恩.统计学原理,北京:中央广播电视大学出版社,2006.
11. 陈正伟,新编统计学,北京:北京邮电大学出版社,2012.
12. 中华人民共和国国家统计局 http://www.stats.gov.cn/.